DES
DONATIONS ENTRE ÉPOUX

EN

DROIT INTERNATIONAL PRIVÉ

THÈSE POUR LE DOCTORAT

PAR

Alexandre CALIXTE

Pour que l'égalité soit réelle entre l'étranger et l'indigène, il faut que le juge décide la question qui lui est soumise, d'après la nature du fait juridique, et en appliquant, à titre égal, la loi nationale ou la loi étrangère, selon que l'espèce du litige le demande. . . . .

A son berceau, l'humanité excluait l'étranger de tout droit ; arrivée au terme de son perfectionnement, elle formera une grande famille, au sein de laquelle régneront la fraternité et l'égalité.

(Laurent, DROIT CIVIL INTERNATIONAL, *t. 2, p. 65, 66.)*

PARIS
LIBRAIRIE NOUVELLE DE DROIT ET DE JURISPRUDENCE
ARTHUR ROUSSEAU
ÉDITEUR

14, rue Soufflot, et rue Toullier, 13

1895

THÈSE

POUR LE

DOCTORAT

DES
DONATIONS ENTRE ÉPOUX

EN

DROIT INTERNATIONAL PRIVÉ

THÈSE POUR LE DOCTORAT

L'ACTE PUBLIC SUR LES MATIÈRES CI-APRÈS

sera soutenu le Samedi 21 Décembre 1895, à 9 heures 1/2

PAR

ALEXANDRE CALIXTE

Président : M. LAINÉ, *professeur.*

Suffragants : { MM. WEISS, *professeur.*
CHÉNON, *agrégé.*

PARIS
LIBRAIRIE NOUVELLE DE DROIT ET DE JURISPRUDENCE
ARTHUR ROUSSEAU
ÉDITEUR
14, rue Soufflot, et rue Toullier, 13

1895

A LA MÉMOIRE DE MES PÈRE ET MÈRE.

———

A MON FRÈRE.

———

A MA COUSINE

Hommage d'affection filiale.

INTRODUCTION

Si le fond de la nature humaine est le même sous toutes les latitudes, dans toutes les régions, sous tous les climats, la diversité des législations positives n'en apparaît pas moins comme un phénomène nécessaire. « Les lois, dit Montesquieu, doivent être tellement propres au peuple pour lequel elles sont faites, que c'est un très-grand hasard si celles d'une nation peuvent convenir à une autre (1) ». Formées sous l'action de courants divers, elles représentent la variété des climats, des mœurs, des coutumes, de tout ce qui constitue les éléments de la vie d'un peuple. Sans doute, les nations civilisées, par leurs contacts fréquents, ont une tendance à fondre les différences de leur nature et, par un penchant naturel à l'esprit humain, à se modeler les unes sur les autres. L'unité des principes de philosophie et de morale conduit à l'uniformité du droit sur les points essentiels. Mais à quelque degré qu'on suppose arrivé le rapprochement entre les peuples, cette unité ne sera point complète, tant qu'il y aura des nations diverses, autonomes et indépendantes, voulant bien se conformer aux principes du droit naturel, mais conserver en même temps leurs caractères propres. La solution des conflits qui peuvent s'élever entre les lois contraires des divers pays est le principal objet du droit international

(1) *Esprit des Lois*, livre 1er, chap. 3.

privé. « Justice sociale, justice internationale », tel est le besoin et le désir de notre époque, a dit un historien contemporain (1). La Justice internationale ne s'applique pas uniquement aux rapports des États entre eux, elle doit également régir l'action des individus.

A une époque où l'activité humaine ne connaît plus de frontières, où les progrès du commerce et de la civilisation multiplient les rapports entre nations et les moyens de communication entre les diverses contrées, il est nécessaire que l'étude du droit international occupe la place légitime qui lui est due. Ce sera la gloire et l'honneur des jurisconsultes et des écrivains de notre siècle d'avoir donné à cette science, à peine entrevue par les rédacteurs du Code civil, un développement prodigieux. Partout l'on assiste à une superbe floraison de la doctrine ; des Congrès se réunissent pour établir sur des bases solides et rationnelles cette communauté de droit entre nations.

Il y a six ans, les Républiques sud-américaines, représentées par leurs délégués, concluaient à Montevideo un accord sur les principales questions de droit international (2) ; plus récemment, s'ouvrait à la Haye, sous les auspices du gouvernement hollandais, une conférence où la France était représentée par notre savant maître, M. Renault, professeur de Droit des gens à la Faculté de Paris. Cette conférence avait pour but d'élaborer un projet de règles uniformes pour la solution des conflits des lois civiles. Les paroles prononcées à l'inauguration des tra-

---

(1) M. Lavisse, *Lettre aux étudiants de Gand.* (Journal *le Temps* du 3 mars 1892).

(2) *Revue de droit international*, 1889, t. 21, p. 217 et suiv., 561 et suiv. Exposé de M. Pradier-Fodéré.

vaux, par M. Van Tienhoven, Ministre des Affaires étrangères, méritent d'être reproduites : « La sécurité des intérêts privés par la sûreté des droits, non seulement dans les rapports d'un même pays, mais aussi dans ceux avec l'étranger, est la condition indispensable du bien-être des individus et des nations, en même temps que de tout progrès social... Pour garantir les intérêts qui, à notre époque, unissent les différentes nations, on ne saurait nier, dans les relations internationales, la nécessité absolue de règles précises et uniformes destinées à mettre fin à l'incertitude qui résulte de la différence des lois des divers pays. Comment établir ces règles tout en respectant l'autonomie et la souveraineté de chaque État ?... Au-dessus de la souveraineté des peuples s'élève la souraineté de la justice et du droit devant laquelle s'inclinent toutes les nations civilisées. Il ne s'agit pas en effet ici, d'une conséquence découlant de la *comitas gentium*, ni d'une nécessité créée exclusivement par les intérêts matériels, mais, avant tout, du principe primordial de Justice qui veut qu'à chacun soit attribué ce qui lui revient, *jus suum cuique*. Le triomphe de ce principe appliqué à toutes les situations, dans tous les pays, n'est qu'une question de temps » (1). C'est ce principe supérieur de justice qui nous fera connaître les règles applicables à notre sujet.

Notre travail sera divisé en trois chapitres :

1° L'ancien droit ;

2° Le Droit français ;

3° Les Législations étrangères.

(1) Journal de Clunet, 1894, p. 14, 15.

CHAPITRE PREMIER

§ 1er. — Droit interne.

a). Droit romain. — Dans les premiers temps de Rome et jusqu'à une époque assez avancée de son histoire, aucune restriction ne paraît avoir été apportée au droit des époux de se faire des libéralités entre vifs. La plupart des mariages plaçant la femme sous la *manus*, sa personne était absorbée dans celle de son mari ; dès lors la prohibition eût été aussi inutile que pour le fils sous la puissance paternelle. N'ayant rien, la femme ne pouvait rien donner ; ne pouvant rien acquérir pour elle-même, toute donation à elle faite par son mari eût été sans effet. Plus tard, lorsque la *manus* commença à tomber en désuétude, on se rendit compte des abus que peuvent entraîner des libéralités inspirées par un amour aveugle, et, dans la crainte qu'une générosité imprévoyante ne fût victime de calculs égoïstes, on prohiba les donations entre époux. Quelques donations excessives faites après menace d'abandon ou suivies d'ingratitude, amenèrent la réaction qui, ici comme toujours, dut commencer par les mœurs pour s'achever par le travail des prudents. L'époque de ce changement nous est inconnue, il est toutefois vraisemblable qu'elle est postérieure à la loi Cincia (an 549 ou 550 de Rome) qui range les époux au nombre des personnes à qui les donations dépassant un certain taux sont exceptionnellement permises ; en tout cas, du temps de Labéon, sous le principat d'Auguste, la prohibition existe. Cette prohibition ne frappe que les personnes unies par les liens d'un véritable mariage, elle ne s'applique ni aux concubins, ni, en principe, aux personnes dont le mariage est nul par suite d'un empêchement légal (1). Elle ne s'applique pas aux personnes unies par le *concubinatus*, car elle a pour but de sauvegarder la dignité du mariage, et le concubinat, bien que reconnu par la loi, est une union d'ordre inférieur qui n'exige pas une parfaite délicatesse de sentiments. Quant aux personnes qui ont contracté un mariage contraire aux lois, la nullité du mariage devrait entraîner la validité de la donation. Mais le législateur veut punir ceux qui ont enfreint sa loi ; il annule la donation pour ne pas améliorer la condition des délinquants et l'attribue au fisc. Toutefois, lorsque la violation de la loi est excusable, soit parce que la responsabilité n'en peut être imputée au donateur, soit à cause de son jeune âge, le fisc est écarté et le donateur recouvre la chose donnée. La prohibition s'étend aux personnes placées sous la puissance du conjoint ou soumises à la même puissance que lui, car dans l'organisation de la famille romaine, ces personnes appartiennent à une même communauté pécuniaire, ayant pour chef le *paterfami-*

____

(1) Ni aux pérégrins, car ils ne sont pas citoyens romains.

lias. Toute donation faite au mépris de la prohibition est entièrement nulle et dépourvue d'éffet ; ainsi, la tradition ne transfère pas la propriété, l'usucapion est impossible ; le donateur peut à toute époque revendiquer et, si la chose a été consommée, agir par *condictio* ; s'il s'est obligé, l'obligation est nulle ; enfin, si la donation résulte de la remise d'une dette, par exemple d'une acceptilation, la dette subsiste. Cependant, soit par la revendication, soit par la *condictio*, le donateur ne peut obtenir plus qu'il n'a donné ; ses droits se mesurent à l'enrichissement du donataire sans s'étendre au-delà de la valeur dont il s'est appauvri. Il doit donc rembourser au donataire le montant de ses améliorations ; si l'argent donné a servi à acheter un objet de moindre valeur, c'est la valeur de cet objet qui est due, et, au cas où la chose a complètement péri par cas fortuit, le donataire est libéré.

L'époux donataire, bien qu'il possède au mépris d'une défense qu'il ne doit pas ignorer, n'est pas assimilé à un possesseur de mauvaise foi. Il y aurait en effet quelque injustice à le traiter aussi sévèrement, alors que sa possession, si viciée qu'elle soit, n'existe que par la volonté du propriétaire. Il ne rendra donc que le profit qui lui reste au jour de la *litiscontestatio* ; s'il résiste à la revendication et refuse d'obéir à l'ordre du juge, il ne sera condamné qu'à payer la valeur exacte de la chose sans que le donateur soit admis à la fixer sous serment. Enfin, après le paiement, il pourra, comme tout acheteur, exiger une promesse de garantie en cas d'éviction. Dans certains cas exceptionnels, on fait fléchir la règle prohibitive, soit à cause des liens d'affection qui unissent les époux, soit parce qu'il n'y a pas lieu de craindre que ces donations portent atteinte à la dignité du mariage et à la liberté des conjoints. Ainsi sont exceptées : les donations de la femme au mari *honoris causa*, pour lui permettre d'acheter une dignité, de subvenir à certaines charges, d'entrer dans l'ordre des sénateurs, etc. ; les donations destinées à la reconstruction d'une maison incendiée ; les donations d'usage, d'habitation, les donations faites à un conjoint exilé. Sont également en dehors de la prohibition : la donation d'un esclave pour affranchissement, parce que il n'y a pas là une véritable donation ; les donations pour cause de mort et pour cause de divorce, car elles n'ont effet qu'après la dissolution du mariage. Enfin, ne sont pas comprises : les donations apparentes, celles qui ne réunissent pas tous les caractères constitutifs de la donation en droit romain : un acte entre vifs, l'appauvrissement du donateur, l'esprit de libéralité, l'enrichissement du donataire. L'appauvrissement du donateur et l'enrichissement du donataire sont donc des conditions essentielles pour qu'il y ait donation. Si donc l'un des époux répudie un legs ou une hérédité pour en faire profiter son conjoint appelé à son défaut ; s'il donne à son conjoint un terrain destiné à servir de sépulture ou à être consacré au culte : dans le premier cas, il n'a pas diminué son capital ; dans le second, il n'a pas enrichi le donataire ; partant, dans les deux, il n'a pas fait une donation.

Tel fut l'état de la législation jusque vers la fin du règne de Septime Sévère (an 206 de notre ère), époque à laquelle, sur la proposition d'Antonin Caracalla, associé à l'Empire, le Sénat y apporta des modifications. Aux termes de ce sénatus-consulte, la donation entre époux, toujours nulle de plein droit, devient valable et efficace lorsque le donateur meurt pendant le mariage sans avoir révoqué sa libéralité.

La nullité ne devient donc définitive que par le repentir du donateur, le prédécès du donataire ou le divorce. D'où il ressort que, depuis le sénatus-consulte, la donation entre époux présente une grande ressemblance avec la donation *mortis causa*, surtout dans le cas où celle-ci est faite par un acte purement conditionnel et demeure révocable à volonté. Aussi les jurisconsultes la soumirent-ils aux règles de la Falcidie et aux dispositions restrictives des lois caducaires. Mais en réponse à une question du barreau d'Illyrie, Justinien décida qu'elle pouvait, comme la donation entre vifs depuis cet empereur, se former par simple pacte, tandis que la donation *mortis causa* exigeait toujours, pour être valable, une tradition, une promesse ou tout autre acte juridique. De plus il la soumit à l'insinuation, ce qui achevait de lui donner le caractère d'une donation entre vifs. A défaut d'insinuation, la donation entre époux ne put valoir que jusqu'à concurrence de 500 solides ; passé ce taux elle devait, pour l'excédent, être confirmée par acte de dernière volonté et assimilée à une disposition *mortis causa*. En cela, Justinien revenait à la législation qui avait précédé le sénatus-consulte.

Pour compléter cet exposé, il ne nous reste plus qu'à mentionner les trois constitutions : *Feminæ quæ*, *Generaliter*, *Hac edictali*, destinées à protéger les enfants d'un précédent mariage contre les entraînements du convol.

Nous retrouverons leurs dispositions dans l'Edit des secondes noces (1).

____

(1) Digeste. *De donationibus iuter virum et uxorem*. Livre XXIV, tit. 1. Code. *De donat. int. vir. et uxor. et a parentibus in liberos*

b). *Droit barbare.* — Dans les deux branches de la famille gothique, les Germains et les Scandinaves, les lois qui régissent le mariage et la condition des époux présentent un caractère particulier. La femme ne peut se marier, quel que soit son âge, qu'à la condition d'être donnée par son plus proche parent mâle. C'est ce parent qui reçoit la demande et l'agrée, c'est à lui que doit être payé le prix stipulé. « Ce n'est point la femme qui offre une dot à son mari (1), c'est au contraire l'époux qui offre une dot à sa femme. Les ascendants et les proches assistent à l'entrevue et agréent les présents. Ces présents ne sont ni de ces frivolités qui plaisent aux femmes, ni de ces ornements qui parent une nouvelle mariée. Ce sont des bœufs, un cheval tout bridé, un écu avec la framée et le glaive ; c'est avec ces dons qu'on achète une épouse (2). »

Ce prix d'achat porte des noms divers chez chaque

---

factis, et de ratihabitione, liv. V, t. 16. Code. *De secundis nuptiis*, l. 3, 5, 6, 8, 9. Novelles, 2, C. 1 ; 23, C. 26 ; 22, C. 30, 46, 27, 28, 31 ; 127, C. 3 ; 162, C. 1, §1. — Von Jhering, *Esprit du droit romain*, t. 2, p. 182. *Fragmenta Vaticana*, 93, 262, 269, 276, 294, 266, 268, 298 à 310. — Pellat, *Textes sur la dot*, p. 359. — Bufnoir, *Théorie de la condition en droit romain*, p. 413, 422. — Boissonnade, *Essai sur l'histoire des donations entre époux.* — Glasson, *Etude sur les donations à cause de mort*, p. 103. — Savigny, *Traité de droit romain*, traduction Guénoux, t. 4, p. 1 à 200. — Accarias, *Droit romain*, t. 1, nos 309 à 311. — Laboulaye, *Condition civile et politique des femmes*, passim.

(1) Toutefois, à la différence de l'ancien droit germanique, le droit scandinave connaissait dès l'origine la dot apportée par la femme. *Lois de Kanut le Grand*, C. LXXIII. Dareste, *Mémoire sur les anciennes lois Suédoises et Norvégiennes.*

(2) Tacite, *De Moribus Germaniæ*, XVIII.

peuple : *Sponsalitium* dans un passage de la loi lombarde ; *Pretium nuptiale* dans la loi des Bourguignons qui nomme aussi cette libéralité *Wittemon* (1). Le lendemain des noces, le mari donne à sa femme le don du matin, *Morgengabe* dans les lois germaines, *Morgongafva* dans les lois suédoises (2). C'est comme le θεωρειρον des Grecs, le prix de la virginité. Les veuves n'ont point de *Morgengabe*, mais on finit par leur reconnaître une donation semblable, l'*Abendgade* (don du soir).

En dehors de ces libéralités qui accompagnent la formation du mariage, les lois barbares permettent-elles aux époux de se faire d'autres libéralités pendant le mariage? Nous trouvons ici une certaine variété entre les diverses lois germaniques. La loi lombarde de Luitprand défend au mari de donner quoi que ce soit à sa femme, en dehors de la dot et du *morgengabe* (3).

Cette prohibition ne s'étendant qu'au mari, il s'ensuit que la femme est pleinement capable de donner à son mari. La loi des Ripuaires, titre 48, admet au contraire les donations entre époux. La loi des Visigoths contient une curieuse disposition : elle défend aux époux de se faire des donations pendant la première année du mariage ; elle le leur permet donc après ce temps, par la raison sans doute que la libéralité sera l'œuvre d'une volonté plus réfléchie. La loi salique est moins explicite. Néanmoins

(1) Une autre espèce de libéralité également faite par le fiancé à la fiancée c'est l'*osculum,* don qui se faisait après le baiser officiel des fiançailles.

(2) Johannes Loccenius, *De jure conjugii*, p. 40 et suiv.

(3) Livre VI, chap. 102.

M. Pardessus, dans son beau travail sur ce monument
des origines nationales, tire de différents textes, rappro-
chés de formules comme celles de Marculfe, les conclusions suivantes : 1° les donations étaient permises entre
époux chez les Francs saliens ; 2° elles étaient irrévocables ; 3° la réciprocité n'en était pas nécessaire, quoiqu'en fait elle se rencontrât très souvent ; 4° les biens
donnés pouvaient être non seulement les conquêts du
mariage, mais encore les biens propres aux époux ; 5° ils
ne consistaient qu'en usufruit, usufruit plus étendu que
celui du droit romain, puisque l'époux survivant avait la
faculté de les consommer pour vivre ou d'en faire des
dons pieux, mais il ne pouvait les transmettre à ses héritiers ; après sa mort, les biens étaient recueillis par les
héritiers du donateur (1).

Les lois suédoises, dont le régime matrimonial primitif
paraît avoir été le régime sans communauté, prohibent
les donations entre époux, pendant le mariage, même les
donations à cause de mort. « *Quicumque plus donaverit
quam jam est dictum, fit irritum, et si plus donatum
fuerit, restituatur heredibus* (Leges Suecorum Gotho-
rum que, lib. III, c. IX, p. 88).

Des seconds mariages. — Les Germains, au dire de
Tacite, n'étaient pas favorables aux seconds mariages : « Plus
sages encore sont les cités où les seules vierges trouvent
un mari, et où l'espoir et le désir d'être épousée s'épuisent
en une seule fois. La femme n'a jamais qu'un époux,
comme elle n'a qu'un corps et qu'une âme, sa pensée ni sa
passion ne peuvent rien rêver au-delà de cette première

____

(1) *Textes de la loi salique*, p. 678, 679.

union, et ce qu'il lui faut aimer dans l'époux qu'on lui a choisi, c'est moins le mari que le mariage (1) ».

La loi salique est peu favorable aux secondes noces (2) ; en cas de convol de la femme survivante, elle attribue exclusivement aux enfants du premier lit les biens provenus de leur père ; cela ne s'applique pas toutefois à la dot qui, représentant un prix d'achat, n'était pas une acquisition gratuite et restait à la femme. Celle-ci devait payer au plus proche parent mâle du premier mari une somme proportionnelle au montant de la dot qu'elle avait reçue ; c'était l'*achasius*, sorte de réparation de l'injure faite à la mémoire du mari. Celui qui épousait une veuve devait à son tour payer aux mêmes parents du premier mari le prix du *mundim* qu'il acquérait sur elle : trois sols et un denier ; c'était le *reipus* (lien) (3). Le morgengabe était-il perdu pour la femme remariée ? La question est douteuse. M. Pardessus se prononce pour l'affirmative, l'esprit de la loi étant de conserver aux enfants du premier mariage tout ce que leur mère tenait de la libéralité de son premier mari (4). La loi des Bavarois le décide expressément, mais celle des Burgondes décide que le morgengabe n'est pas perdu au cas de convol. Les secondes noces du mari n'étaient pas non plus à l'abri de toute défaveur, le titre VIII des *capita extravagantia* de la loi salique contient des dispositions protectrices des intérêts des enfants ou des héritiers de la femme.

(1) TACITE, *De moribus Germaniæ*, XIX.

(2) *Cap. extravag.*, t. VII, PARDESSUS, p. 686 et suiv.

(3) *Loi salique*, tit. XLIV. *Du Reipus*, édition Pardessus, p. 56.

(4) *Op. cit.*, p. 688, tit. XV, ch. 6 et 7.

Les lois suédoises, qui n'admettent pas les donations
pendant le mariage, obligent l'époux qui se remarie à partager d'abord avec ses enfants les biens provenant du
défunt. Ce partage se fait après quelques prélèvements en
deux parts égales dont l'une revient aux enfants et l'autre
au survivant (1).

c). Epoque féodale. — Lorsque, par la force même des
choses, la fusion se fut opérée entre les éléments dispa-
rates qui occupaient le sol de la Gaule et que les lois
barbares tombèrent en désuétude, on put croire un instant
qu'un immense Empire allait être fondé qui continuerait
la civilisation romaine. Mais les faibles successeurs de
Charlemagne, impuissants à conserver l'héritage du grand
empereur, abdiquent leur souveraineté entre les mains des
seigneurs (2). Le capitulaire de Kiersy-sur-Oise avait reconnu l'hérédité des bénéfices et de tous les offices royaux.
La France est partagée en principautés diverses : duchés,
comtés, baronnies, châtellenies ; chacun de ces petits Etats
est souverain et a sa coutume particulière également souveraine, qui régit les hommes et les choses ; aucune loi
étrangère ne peut étendre son empire sur un territoire

(1) Dareste, *op. cit.* Johannes Loccenius, *De jure conjugii*, p. 44
et 45.

(2) Charlemagne brilla comme une grande aurore boréale au milieu
des ténèbres d'une nuit épaisse ; il n'eut point dans ses successeurs au
trône d'héritiers de son génie. La substitution de la territorialité à la
personnalité des lois, que la volonté d'un grand homme semblait
seule pouvoir commander, fut au contraire le résultat d'évènements
presque fortuits, et même une suite de la faiblesse, on pourrait dire
sans exagération, de l'anéantissement de l'autorité royale. Pardessus,
Mémoire sur les origines du droit coutumier en France, p. 19.

soumis à un autre souverain (1). La propriété et la souveraineté sont confondues ; chaque baron, dit Beaumanoir, est roi dans sa baronnie. Ainsi naquit la féodalité qui, au point de vue du droit, est la localisation de la souveraineté. Les baronnies et châtellenies sont autant de petits Etats dans le territoire desquels le seigneur exerce sa puissance souveraine ; en dehors de ces limites étroites, il n'a plus aucun pouvoir, puisqu'il n'est plus propriétaire. Il en devait être de même des coutumes qui, tenant lieu de lois, étaient l'expression de ces souverainetés locales : elles ne pouvaient exercer leur empire hors du territoire où elles avaient pris naissance. De là la territorialité du droit et la réalité des coutumes.

Quand les lois barbares eurent fait place au droit féodal, les donations entre époux pendant le mariage furent-elles encore permises ? Deux passages de Pierre Desfontaines et de Beaumanoir pourraient faire croire à l'affirmative. « *Ce qu'on puet lessier à estrange personne, on puet en lessier à un de ses enfanz et à se femme meisme* » (2).

« *Il est costume bien approvée*, dit Beaumanoir, *que li hom, toutes ces cozes dessus dictes, pot lessier à se feme ou la feme à son seignour* (3) ». Mais le mot *laisser* (lessier) c'est le *relinquere* des Romains ; il n'est donc ici question que du testament ; et ces deux passages sont d'ailleurs placés sous la rubrique des testaments.

Les *Assises de Jérusalem* et les *Etablissements de Saint-*

(1) LAURENT, *Dr. civ. internat.*, t. I, p. 390.

(2) *Conseils à un ami*, ch. 33, n° 14.

(3) *Coutume de Beauvoisis*, ch. 12, n° 4.

Louis présentent tous deux une disposition remarquable. Le premier, qui régissait les croisés établis en Syrie, craint l'influence de la femme sur son mari : « *Bien sachés que nus hom ne peut faire don à sa moulier puis que il l'a prise, se il ne le fait à sa mort ou en son testament ; et se autrement le fait ne vaut riens celui don, pour ce que la choze est ainsi soue comme se il ne l'eust ya donné, et la pevent recovrer les heirs dou mort par droit de tous seaus qui tenront la choze, ce seaus qui la tienent ne l'ont tenue an et jour* », etc. (1). De leur côté, les *Etablissements* disposent : « *Fame ne puet riens doner à son seignor en aumone tant comme elle soit saine, que li dons fut pas establis ; car par aventure, elle ne li avrait pas doné de son bon gré, ne de sa bone volonté ; ainz l'avrait doné par creinte qu'il ne li en feist pis ou por la grant amor qu'elle avrait à lui. Et, por ce, ne li puet ele riens doner de son héritage. Mais avant qu'elle ne l'aüst pris, elle li peüst bien doner le tierz de son heritage, ou à sa mort, ou quand elle seroit malàde, por coi elle n'aüst oir mâle* (2) ».

Ainsi, tandis que les *Assises* défendent les donations du mari à la femme, les *Etablissements* défendent celles de la femme au mari. Faut-il, à raison du peu de distance qui sépare ces deux législations, les compléter l'une par l'autre de manière à avoir une prohibition uniforme et réciproque ? Il est vraisemblable que ces dispositions contraires, édictées pour des milieux différents, répondaient à des nécessités contraires. Pour les *Assises*, c'est

____

(1) *Cour des bourgeois*, ch. CLIII, éd. FOUCHER.

(2) Livre 1, chap. CXVIII, VIOLLET, t. 2, p. 212.

l'influence de la femme qui est à craindre ; pour les *Etablissements*, c'est celle du mari ; cette différence était sans doute inspirée par des considérations de fait.

Les coutumes anglo-normandes prohibent les donations entre époux comme contraires à la position de mineure qui est faite à la femme et aussi au lien qui unit les conjoints : « *Nul baron peut parchasser fors que meubles de sa femme, ni la reverse, puis le matrimoyne entre eux célébré, nequedent quanque est à la femme est à son baron, et nient la reverse. Car droit le défende par deux raisons : Un est pour présomption de délit de péché, l'autre est pour ce que le donneur ne remaine pauvre et besoigneux par telle débonnaireté* (1). » Mais, dans la plupart des coutumes, il est une donation qui est en usage depuis longtemps déjà, c'est le don mutuel.

La loi Ripuaire, sous le nom d'*affatomie*, ne permet aux époux de se faire ce don qu'en usufruit et encore quand ils n'ont pas d'enfants (2), mais les *Formules* de Marculfe (3), les *Coutumes notoires du Châtelet*, les *Décisions* de Jean Desmares (4) et le *Grand Coutumier* de Charles VI (5) nous le montrent plus large.

Il semble bien que l'origine du don mutuel soit tout aussi romaine que germanique (6). Quoiqu'il en soit, cette

(1) HOUART, *Traité sur les coutumes anglo-normandes*, 4e vol. BRITTON, p. 152, 153.

(2) *Lex Rip.*, tit. 48, 49.

(3) 1, 12.

(4) *Décision 235e*.

(5) P. 321 de l'édition Dareste et Laboulaye. Voy. aussi BOUTEILLER, *Somme rurale*, p. 1518. Edition Charondas de Caron.

(6) D'après M. LABOULAYE, le don mutuel serait emprunté d'une Novelle de Theodose et de Valentinien. *Nov. Théod. II*, tit. 4.

libéralité fut considérée avec tant de faveur que la plupart des coutumes ne souffrirent aucune autre espèce d'avantage entre les époux. La diversité que nous avons signalée dans les monuments du premier droit coutumier, va se retrouver dans les coutumes rédigées.

d) Coutumes rédigées. — Pothier (1) divise à cet égard les coutumes en quatre classes. La première comprend les coutumes qui défendent toutes donations et tous avantages directs ou indirects entre mari et femme pendant le mariage, les donations testamentaires aussi bien que celles entre vifs, sauf le don mutuel. De cette classe sont les coutumes de Paris, d'Orléans, de Bretagne et le plus grand nombre des autres.

La deuxième classe est représentée par les coutumes qui, en outre du don mutuel, permettent les donations testamentaires. Ces coutumes présentent de grandes différences ; plusieurs, comme celles de Chartres, Châteauneuf, Péronne, les permettent, qu'il y ait ou non des enfants ; d'autres, comme celle de Nantes, exigent qu'il n'y ait pas d'enfants. Ces coutumes permettent au conjoint de donner à l'autre, par testament, tout ce qu'il pourrait donner à un étranger ; celle d'Amiens, au cas d'enfants, réduit le legs à l'usufruit des choses léguées ; celle de Reims ne permet de léguer en propriété que les meubles et conquêts, mais les époux ne peuvent se donner que l'usufruit de la moitié de *leurs naissant et acquêts faits auparavant leur mariage.* Dans cette même classe peuvent être comprises les coutumes qui, ayant défendu les donations entre vifs, ne se sont pas expliquées sur les libé-

---

(1) *Donations entre mari et femme,* nᵒˢ 7 et suivants.

ralités testamentaires, car la liberté naturelle que chacun a de léguer ses biens à qui bon lui semble, ne peut être restreinte que par une loi prohibitive ; d'ailleurs la suggestion et la captation sont moins à craindre dans les libéralités de dernière volonté, le testateur étant toujours le maître de les révoquer secrètement, lorsqu'il les a faites contre son gré. Pothier ajoute avec raison que la prohibition de la coutume de Paris ne peut faire un droit commun pour tout le pays coutumier ; enfin, tel est l'avis de Coquille qui, dans son commentaire sur la coutume du Nivernais — coutume prohibitive des donations entre vifs et muette sur les testamentaires — atteste que l'usage de la province considère ces dernières comme permises et rapporte en ce sens un arrêt de 1531.

La troisième classe comprend les coutumes qui, conformément aux principes du droit romain, admettent non seulement les donations testamentaires, mais même les donations entre vifs confirmées par le prédécès du donateur : telles sont les coutumes du Poitou et de Touraine ; celle-ci exige du moins qu'il n'y ait pas d'enfants.

Dans la quatrième classe se trouvent les coutumes qui permettent les donations entre vifs irrévocables, sauf quelques restrictions quant à la nature et à la quotité des biens, lorsqu'il y a des enfants : telles sont les coutumes d'Angoumois, de Montfort, de St-Jean-d'Angély, de Noyon. La coutume d'Auvergne fait une distinction entre l'homme et la femme. Elle permet au mari de faire à sa femme donation entre vifs de tous ses biens, sauf la légitime des enfants, mais elle défend à la femme toute disposition en faveur du mari. Enfin, il y a une coutume isolée et très logique dans son système, c'est la coutume de Normandie. Issue des traditions scandinaves et anglo-saxonnes (1), elle est exclusive de la communauté de biens entre époux et, conséquente avec elle-même, elle prohibe tout avantage entre époux, même le don mutuel.

Nous aurons à examiner plus tard si ces dispositions des coutumes à l'égard des donations règlent la disponibilité des biens ou la capacité des personnes, en un mot si elles constituent des statuts réels ou des statuts personnels. Pour le moment nous allons nous attacher à la coutume de Paris qui, grâce à sa situation de coutume de la capitale plutôt qu'à son étendue, grâce aussi à son esprit de sage conciliation et de transaction entre les diverses classes de la société, a acquis une autorité incontestable en pays coutumier.

La coutume de Paris défend aux époux de se faire l'un à l'autre, pendant le mariage, aucun avantage direct ou indirect. Voici comment elle s'exprime en l'art. 282 : « Homme et femme conjoincts par mariage, constant icelui, ne se peuvent avantager l'un l'autre par donations entre vifs, par testament ou ordonnance de dernière volonté, ne autrement, directement ne indirectement, sinon par don mutuel, comme dessus (art. 280-281). La donation que l'un des conjoints fait à l'autre pendant le mariage ne peut être rendue valable par le consentement dans l'acte des héritiers présomptifs du donateur. La prohibition est d'ordre public, les héritiers ne peuvent y déroger, car ce n'est pas précisément en leur faveur qu'elle est édictée ; elle a surtout pour but de protéger la liberté des époux. C'est ce qui a été jugé par un arrêt de 1543, et Dumoulin,

---

(1) LAFERRIÈRE, *Hist. du droit*, t. V, p. 651, et t. VI, p. 473.

apportant cet arrêt sur l'art. 156 de l'ancienne coutume
de Paris, dit : « *Et bene, quia videtur consensus extorsus :
quia alias donaret aliis extraneis ; tum quia est non sit
amor conjugum venalis.* » Une seule coutume fait excep-
ion : celle de Bourgogne, chap. 4, art. 7, après avoir dit
que « le mari et la femme ne peuvent faire traité ou donation au profit l'un de l'autre », ajoute : « si ce n'est du
consentement des plus prochains parents vivants, qui
devraient succéder au mari ou à la femme qui feraient
lesdits traités ». Mais c'est là une disposition exorbitante
qui doit être restreinte dans les limites du territoire de
cette coutume (1).

La prohibition a pour sanction la nullité des actes passés
entre époux. Plus sévère que le droit romain, le droit
coutumier prohibe tous contrats entre époux, notamment la vente, à moins qu'ils ne soient nécessaires.
La coutume de Normandie, celles de Nivernais, de
Bourbonnais, ont des dispositions expresses ; les autres,
qui ne s'en sont pas expliquées, suivent la même règle.
Dumoulin dit sur l'art. 156 de l'ancienne coutume de
Paris : « *Nullum contractum etiam reciprocum facere
possunt, nisi ex necessitate* ». Cette règle est à ce point
rigoureuse que le mari ne peut, pendant le mariage, vendre à sa femme son héritage propre, ni en faire un con-
quêt, à la charge que la femme lui en paiera le prix pour
la part qu'elle recueillera comme commune : « *An possit
maritus justo pretio vendere (uxori) quod domus pro-
pria viri erit communis... Respondi : non.* » (2).

(1) Pothier, nᵒˢ 71 à 74.

(2) Dumoulin, *Commentaire de la coutume de Paris*, art. 156, nᵒ 4.

Comme il arrive toujours en pareil cas, les époux trouvèrent mille moyens d'éluder la prohibition de la coutume.

L'époux qui renonce à une succession ou à un legs en faveur de son conjoint est réputé donateur. La doctrine romaine, plus subtile mais moins positive, séparait les actes par lesquels on s'appauvrit de ceux par lesquels on manque de s'enrichir et validait ces renonciations. Sa décision est rejetée parce que l'héritier se dépouille véritablement en renonçant à un droit qui lui appartient au moment où la succession ou le legs lui est déféré.

Quelques coutumes avaient prévu les dispositions faites par personnes interposées. Celle de Bourbonnais défend aux époux de faire, pendant le mariage, « aucune association, donation, ou autre contrat avec les parents auxquels l'autre époux doive ou puisse succéder *immediate* »(1). La coutume d'Auvergne, art. 28, défend pareillement à la femme de faire aucune donation ni disposition au profit de son mari, ni d'autre à qui il puisse succéder. Dans les coutumes qui ne se sont pas expliquées, on s'accorde à reconnaître comme personnes interposées les ascendants des conjoints et les enfants qu'un des conjoints aurait eus d'un précédent mariage. Néanmoins on cite quelques arrêts qui, dans la coutume de Paris, ont confirmé des legs faits par un homme au père de sa femme. Mais la coutume de Paris est moins rigoureuse à cet égard ; ainsi, elle ne défend de donner aux enfants du premier lit de l'autre époux que quand le donateur a lui même des

____

(1) BOURBONNAIS, art. 226.

enfants, soit de son mariage avec son conjoint, soit de mariages précédents. C'est dans ce sens qu'un arrêt de 1583, rendu en forme de règlement, a interprété l'art. 283, ainsi conçu : « Ne peuvent lesdits conjoints donner aux enfants l'un de l'autre d'un précédent mariage, au cas qu'ils ou l'un d'eux aient enfants. »

Cependant, dans les autres coutumes, on ne se montre point aussi favorable aux époux : les donations faites aux descendants du véritable bénéficiaire sont toujours nulles, que le donateur ait ou non des enfants. (Arrêts de 1729. Orléans, 1734. Châlons, 1736. Blois, 1737. Vitry, 1742. Artois, 1768. Melun. (1)

Du don mutuel entre époux. — Nous nous sommes déjà expliqué sur l'origine du don mutuel. Nous avons vu que, expressément reconnu par les monuments du droit germanique et du premier droit coutumier, cette libéralité fut considérée avec tant de faveur que la plupart des coutumes en vinrent à prohiber toute autre espèce d'avantage entre les époux (2). Cette institution, malgré sa généralité, présente encore une grande diversité dans les coutumes rédigées.

Nous distinguerons trois variétés : la première, quant à l'admission même du don mutuel ; la deuxième, quant aux conditions exigées des époux pour en jouir ; la troisième, quant à son étendue.

1° *Admission du don mutuel.* — Tandis que le plus grand nombre de coutumes, comme Paris et Orléans,

(1) Voy. POTHIER, *Loc. cit.*, nos 109 à 115.
(2) Voy. p. 17, 18.

n'admettent le don mutuel que sous certaines conditions, d'autres le permettent presque sans condition et dans tous les cas, comme celles de Reims (art. 234) et de Péronne (art. 110) ; celle d'Auvergne, ainsi que nous l'avons vu, permet au mari de donner à la femme et non à la femme de donner au mari (le don mutuel est donc prohibé) ; celle du Poitou n'autorise qu'un don mutuel toujours révocable par un des conjoints sans le consentement de l'autre, pourvu que la révocation lui soit notifiée de son vivant (1) ; la coutume de Dunois exige que le don mutuel soit confirmé par un testament également mutuel ; enfin la coutume de Normandie, conséquente avec son système d'exclusion de la communauté, défend à « gens mariés de céder, donner ou transporter l'un à l'autre quelque chose que ce soit, ni faire contrats ou concessions par lesquels les biens de l'un viennent à l'autre en tout ou partie, directement ou indirectement » (art. 410). (2)

2° Conditions exigées. — La plupart des coutumes, entre autres celles de Paris et d'Orléans, ne permettent le don mutuel que lorsque les époux ne laissent pas d'enfants à leur mort ; quelques-unes exigent que les conjoints soient à peu près égaux en âge. La différence ne doit pas

(1) Pothier considère, à tort selon nous, que l'ordonnance de 1731 a abrogé cette espèce de donation. Nous y reviendrons en étudiant les donations dans les pays de droit écrit.

(2) La coutume de Chartres que Pothier cite comme défendant le don mutuel le permet (art. 87, titre 17, donation mutuelle) ; celle de Mantes qu'il présente comme autorisant la révocation du don mutuel, ne permet de révoquer que la donation ordinaire ou simple (art. 145) ; l'art. 147 relatif au don mutuel est absolument semblable à l'art. 280 de la coutume de Paris.

dépasser quinze ans d'après la coutume d'Auxerre, dix
ans d'après celle de Nivernais. En Bretagne (art. 213) et
à Châteauneuf (art. 106), le conjoint survivant qui se
remarie perd le don mutuel.

3° *Etendue.* — Paris, Orléans, et le plus grand nombre
de coutumes restreignent le don mutuel aux biens de
communauté ; d'autres l'étendent à tous les meubles,
acquêts et conquêts, quelques-unes même à une partie
des propres. Il ne peut généralement consister qu'en usufruit ; plusieurs coutumes permettent cependant de le faire
en propriété, les unes pour les meubles seulement, d'autres
pour les meubles et immeubles ; enfin d'autres distinguent
s'il y a ou non des enfants (1). Une égalité parfaite est
requise à peine de nullité ; cependant les coutumes de
Touraine (art. 244) et d'Anjou (art. 327) se bornent à
exiger que chaque époux possède des biens de même
espèce.

Nous allons maintenant examiner les dispositions de la
coutume de Paris, relatives au don mutuel. Outre le don
mutuel ordinaire ou par acte exprès, cette coutume en admet
un autre qui se fait dans le contrat de mariage des enfants.
L'art. 280 de la coutume de Paris est conçu en ces
termes : « Homme et femme conjoints par mariage, étant
en santé, peuvent et leur loist faire donation mutuelle
l'un à l'autre également de tous leurs biens meubles et
conquêts faits durant et constant leur mariage et qui sont
trouvés à eux appartenir, et être communs entre eux à
l'heure du trépas du premier mourant desdits conjoints,
pour en jouir par le survivant d'iceux conjoints, sa vie

(1) POTHIER, n° 122.

durant seulement, en baillant par lui caution suffisante de restituer les biens après son trépas, pourvu qu'il n'y ait enfants, soit des deux conjoints, ou de l'un d'eux, lors du décès du premier mourant ».

Le don mutuel qui, dans la coutume de Paris, se lie au régime de la communauté (1), doit réunir trois caractères : irrévocabilité, égalité des choses données, égalité d'espérance. Reposant sur une égalité absolue, il constitue un contrat commutatif qui devient irrévocable, sinon du consentement des deux époux. La clause par laquelle les parties ou l'une d'elles se réserveraient expressément la faculté de le révoquer entraînerait la nullité du don mutuel ; enfin, si les époux ont excepté une partie de leurs biens communs pour en disposer par testament, ces biens reviennent à l'héritier au cas où ils n'en ont pas disposé.

Le don mutuel n'étant que des meubles et conquêts qui se trouveront *appartenir au donateur à l'heure de son trépas*, celui-ci conserve la liberté de disposer de ces biens par acte entre vifs, mais les libéralités excessives devront être annulées comme faites en fraude des droits du conjoint survivant. Une égalité absolue est de rigueur pour les choses données. Si l'un des époux donne à l'autre quelque chose de plus, le don mutuel est entièrement nul. En suivant ce principe, si la femme, par son contrat de mariage, ne doit prendre que le tiers de la communauté, son mari ne peut lui donner que la moitié de cette part. D'Argentré, toujours partisan des mesures restrictives, enseigne que si

---

(1) *Quid ergo si conjuges non erant communes ? Respondi, non possunt facere ullam donationem mutuam.* DUMOULIN sur l'art. 155 de l'ancienne coutume de Paris.

les conjoints ne sont pas absolument communs aux termes de la coutume et que, par leur contrat de mariage, la portion de l'un soit moindre que la moitié, bien qu'elle soit d'une quote-part comme du tiers ou du quart, le don mutuel est impossible, même jusqu'à concurrence de la part du moins prenant. « *Nam quod alterum de conjugibus ex conventione pertinet, proprium ejus est, et donatum transit in simplicem donationem vetitam constante matrimonio* (1). »

A défaut d'une égalité parfaite, le don mutuel n'est pas seulement soumis à la réduction comme les legs, il est nul pour le tout. Toutefois, la coutume de la Marche s'est écartée de ce principe ; elle se contente de réduire la donation (art. 290). Certaines coutumes exigent que les époux soient à peu près égaux en âge ; la coutume de Paris ne s'explique pas sur cette condition, mais elle veut que les conjoints soient en santé au moment de l'acte. Le don mutuel doit se faire devant notaire par un seul et même acte, et insinué dans les quatre mois du jour du contrat. Après cette formalité, il n'est révocable que du consentement des deux conjoints.

La première coutume de Paris prohibait le don mutuel au cas où les époux laissaient des enfants, sans apporter aucun tempérament à cette prohibition, mais en 1580 les réformateurs voulurent encourager les parents à marier leurs enfants et les récompenser de la dot dont ils se dessaisissent de leur vivant. Pour cela ils introduisirent

---

(1) *Coutume de Bretagne*, art. 221. Gl. 2, n° 2. V. Ricard, *Don mutuel* (n° 165) qui trouve captieux, et à bon droit selon nous, le raisonnement de d'Argentré.

dans la nouvelle coutume, la disposition de l'art. 281 :
« Père et mère mariant leurs enfants, peuvent convenir
que les dits enfants laisseront jouir le survivant des dits
père et mère, des meubles et conquêts du prédécédé, la
vie durant du survivant, pourvu qu'ils ne se remarient ;
et n'est réputé tel accord avantage entre les dits
conjoints ». Dans son contrat de mariage, l'enfant fait avec
ses parents un pacte sur succession future, il promet qu'en
échange de la dot qu'il reçoit, il ne demandera pas le
partage de la communauté et abandonnera au survivant de ses auteurs les fruits et revenus des biens
communs.

Le don mutuel de l'art. 281, à la différence de celui de
l'art. 280, exige formellement que le survivant ne se
remarie pas. La disposition de l'art. 281 est toute particulière à la coutume de Paris. Dans les autres pays
on arrive à un résultat semblable, en faisant insérer
des clauses analogues dans le contrat de mariage des
enfants.

Disposition particulière à la coutume de Dunois. —
L'art. 68 de la coutume de Dunois, locale de celle de Blois,
contient une disposition très remarquable, elle ne permet
aux conjoints de se donner pendant le mariage que par une
donation mutuelle qui soit confirmée par un testament
mutuel, ou par un testament mutuel non précédé de donation. « Homme et femme conjoints par mariage, sains d'en-
tendement, peuvent donner à toujoursmais l'un à l'autre,
par don mutuel fait entre vifs, et confirmé par testament
seulement fait ensemblement, tous et chacun leurs biens
meubles, et acqueremens immeubles, tant en propriété

qu'en usufruit, qu'ils auront lors du trépas du premier
décédé d'eux deux, et l'usufruit de tous leurs héritages
propres, la vie durant du survivant seulement : et vaut la
dite donation, soit qu'ils aient enfants ou non, à la charge
toutefois de nourrir, entretenir, pourvoir et assigner leurs
enfants selon leur état, durant leur minorité, ou qu'ils
soient mariés, ou autrement pourvus ; et payer les dettes,
legs et funérailles du premier décédé, ensemble les charges
foncières que doivent les dits héritages, et iceux entretenir ;
et demeure le dit donataire saisi. Mais èsdites seigneuries
de Marchenoir et Fréteval, quand il y a enfants, les dits
meubles et conquêts ne se peuvent donner à toujoursmais, et en icelles se peut faire le dit don, sans le confirmer par testament ». Pothier (1) observe avec raison
que cette disposition rappelle l'état de l'ancien droit
romain, avant le sénatus-consulte de Caracalla. Jusqu'à
cette époque, en effet, la donation entre époux ne pouvait
valoir qu'en vertu d'une confirmation testamentaire expresse.

Ainsi qu'on peut s'en rendre compte à la seule lecture de
l'article, la donation mutuelle permise par la coutume de
Dunois n'est pas une véritable donation entre vifs, c'est
plutôt une donation pour cause de mort, puisque chacun
des conjoints demeure le maître de détruire la donation
qu'il a faite à l'autre, soit en ne faisant pas le testament
mutuel nécessaire pour sa confirmation, soit en révoquant
le testament confirmatif. Il résulte aussi du texte de l'article que la disposition de cette coutume exorbitante du
droit commun permet aux conjoints de se donner en toute
propriété leurs biens de communauté et leurs propres en

____

(1) Appendice, nᵒ 1.

usufruit, qu'il y ait ou non des enfants. Comme tout acte de dernière volonté, le testament mutuel de cette coutume est révocable au gré de l'une seule des parties, mais cette révocation empêchant la libéralité d'être mutuelle, annule tout ce qui a été fait.

e). Pays de droit écrit. — Après la conquête de Jules César, les Romains s'étaient établis en grand nombre dans le midi de la Gaule où ils trouvaient un climat analogue à celui de l'Italie. Ils y avaient apporté leurs usages, leur législation, leurs mœurs, et si vivaces avaient été dans ce pays les racines du droit romain, qu'il put opposer cinq siècles plus tard une résistance victorieuse à l'invasion germanique. A cette époque, le droit romain qui est appliqué dans le midi n'est point celui de Justinien, puisque les compilations de cet empereur sont postérieures à l'invasion ; il se compose principalement des trois Codes Grégorien, Hermogénien et Théodosien. Les Bourguignons qui occupèrent le sud-est de la Gaule composèrent, à l'usage des vaincus, des lois romaines extraites du code Théodosien augmenté de fragments des jurisconsultes désignés dans la constitution de Valentinien ; ce recueil prit le nom de *Papinianum* ou *Papiniani responsa.* Les Wisigoths établis dans le midi ne paraissent pas avoir conservé leurs usages d'origine, de telle sorte que la loi romaine s'appliqua aussi bien aux vainqueurs qu'aux vaincus (1). Un de leurs rois, Alaric II, fit publier en 506, sous le nom de *Bréviaire,* un corps de droit civil où les principes romains sont plus ou moins altérés par des dis-

____

(1) Voy. Pardessus, *Mémoire sur l'origine du droit coutumier en France,* p. 16.

positions germaniques. On conçoit donc aisément qu'à sa renaissance, le droit de Justinien ait trouvé un terrain tout préparé pour se répandre dans une région où la législation romaine n'avait cessé d'être appliquée sous forme de coutume générale. Aussi quand, sous l'énergique impulsion de l'Ecole d'Irnérius de Bologne, l'enseignement de ce droit prit un nouvel essor, il fut rapidement propagé par les écrits et les leçons des jurisconsultes, pratiqué par les tribunaux qui éliminèrent ainsi la plupart des éléments étrangers apportés par les vainqueurs. « Cela se fit naturellement », dit un de nos savants maîtres, « par le consentement des populations, par l'autorité de la coutume. Ce fut comme un pays qui, ayant perdu ses Codes, aurait vécu pendant quelques siècles sur leur seul souvenir et qui les retrouverait un beau jour » (1).

Dans le nord, où les Germains formaient la très grande majorité des habitants, le droit romain ne put détrôner les coutumes féodales ; de là cette division de la France en deux parties bien distinctes ; celle du midi où s'appliquait le droit romain, prit le nom de pays de droit écrit (*Jus scriptum*) (2) par opposition à celui de pays coutumier sous lequel on désignait le nord. La ligne séparative des deux législations coïncidait à peu près avec celle des patois de langue d'oc et des patois de langue d'oïl, telle qu'on l'a relevée de nos jours (3), mais on sait que, même

(1) ESMEIN, *Histoire du droit français*, p. 676. — Voyez aussi DE SAVIGNY, *Traité de droit romain*, traduction GUÉNIOUX, t. 3, § 32 et suivants.

(2) D'après M. LAFERRIÈRE, *Op. cit.* t. IV, p. 357, cette expression se trouverait pour la première fois dans des lettres patentes de Saint-Louis (1250).

(3) Pour plus de détails, voy. ESMEIN, *Op. cit.*, p. 677.

dans les pays coutumiers, les praticiens formés à l'étude du droit romain augmentèrent peu à peu son influence. Pour ce qui est plus spécialement de notre sujet des donations entre époux, on appliquait le sénatus-consulte de Caracalla qui n'avait reçu aucune modification. La renaissance du droit de Justinien n'apporta donc aucun changement à cette matière. Les donations entre époux restèrent soumises à la condition de survie du donataire et à la confirmation par le silence du donateur. Maynard, dans ses *Notables questions de droit écrit jugées au Parlement de Toulouse* (1), nous en donne son témoignage. « On tient en droit et il est communément résolu par les interprètes qu'une donation entre mariés est confirmée par mort ». Il en est de même de François (2), de Furgole qui, dans ses *Observations sur l'ordonnance de 1731* (3), reproduit les règles du droit romain.

Quant fut rendue cette ordonnance, une grave question divisa les jurisconsultes coutumiers et ceux des pays de droit écrit. L'art. 3 de cette ordonnance portait : « *Toutes donations à cause de mort, à l'exception de celles qui se feront par contrat de mariage, ne pourront dorénavant avoir aucun effet, dans les pays mêmes où elles seront expressément autorisées par les lois ou par les coutumes, que lorsqu'elles auront été faites dans la même forme que les testaments ou les codicilles, en sorte qu'il n'y ait à l'avenir, dans nos États, que deux formes de disposer de ses biens à titre gratuit, dont l'une sera celle des donations entre vifs, et l'autre celle des testaments ou*

(1) Tome 1, p. 428.

(2) *Observations des coutumes de Tholose.*

(3) Tome 1, p. 361 à 365.

des codicilles ». Se basant sur cet article et aussi sur la jurisprudence des Parlements de droit écrit qui avaient assimilé les donations entre époux à de véritables libéralités testamentaires, Pothier décide que, dans les pays de droit écrit, ces donations sont prohibées pour l'avenir puisqu'elles n'ont point le caractère de donations entre vifs, et que, d'autre part, elles ne sont pas revêtues de la forme des testaments ou codicilles. Le Parlement de Paris avait jugé qu'un avantage fait par un mari à sa femme n'avait pu être confirmé par la mort du mari, l'ordonnance de 1731 y mettant obstacle. Mais les Parlements des provinces régies par le sénatus-consulte de Caracalla repoussèrent cette interprétation, ainsi qu'il résulte des réponses faites par le Parlement de Toulouse aux questions posées par d'Aguesseau (1). Ils se basaient sur l'art. 3 de l'ordonnance ainsi conçue : « N'entendons comprendre dans les dispositions de la présente ordonnance, ce qui concerne les dons mutuels et autres donations faites entre maris et femmes autrement que par contrat de mariage... à l'égard de toutes lesquelles donations, il ne sera rien innové jusqu'à ce qu'il y ait été autrement par nous pourvu ».

Dans son commentaire sur cet article, Furgole observe que l'exception qu'il renferme « s'applique en général à toutes les dispositions comprises dans l'ordonnance et à tous les articles en particulier, en sorte que les dons mutuels et autres donations faites entre maris et femmes ne sont nullement compris dans les différents règlements faits dans cette ordonnance ; mais les questions qui surviendront au sujet de ces donations, devront être jugées selon

(1) POTHIER, *Op. cit.*, n° 6.

les lois, les coutumes et les usages observés sur ces sortes
de donations, tout de même que si cette ordonnance
n'avait pas été portée. De là vient que si les lois ou
la coutume particulière des lieux ne s'y opposent pas, ces
donations peuvent être faites par écriture privée... (1) »

La question ne pouvait faire doute ; les formalités
nouvelles imposées par l'ordonnance étaient inappli-
cables à notre matière qui, jusqu'à la loi de nivôse,
continua à être régie par le droit romain dans les pays
méridionaux.

f). Édit des secondes noces. — Chez presque tous les
peuples, il y a une défaveur attachée aux secondes
noces. En dehors de l'idée d'un seul amour et d'une seule
foi dont nous ont parlé Tacite (2) et Dante (3), cette défaveur est basée sur la crainte, souvent trop justifiée, de
voir l'intérêt des enfants d'un premier lit sacrifié aux
entraînements d'un second mariage.

Cette défiance n'entraîne pas la prohibition des secondes
noces, toujours permises dans l'intérêt des mœurs et de
la population, mais elle se traduit par des dispositions
législatives ou par des usages coutumiers qui restreignent
dans une forte mesure les libéralités que les nouveaux
conjoints peuvent se faire par contrat de mariage et même
après le mariage (4).

(1) Furgole, *Op. cit.*, p. 357.

(2) *De mor. Germ.*, XIX.

(3) *Cantica* II, *Cant.* VIII, ter. 24.

(4) On pourrait objecter qu'à certaines époques de l'histoire, les
secondes noces, loin d'être vues avec défaveur, sont plutôt encoura-
gées. C'est ainsi qu'Auguste, par les lois caducaires, édicta des dé-

Les empereurs du Bas-Empire, par trois constitutions célèbres : *Feminæ quæ* ; *Generaliter* ; *Hac Edictali*, avaient pris des mesures de protection en faveur des enfants du premier lit. En pays de droit écrit, on appliquait ces constitutions comme toutes les lois romaines qui n'étaient pas abrogées par des statuts locaux.

Mais en pays coutumier on ne trouve aucune disposition relative à notre objet (1) ; la femme remariée conserve le douaire et les avantages nuptiaux (2), mais l'esprit de la législation est plus rigoureux que la lettre de la coutume, et on stipule communément, dans le contrat, la révocation au cas d'un second mariage (3). En 1560, un édit de François II rendu sous l'inspiration de l'illustre chancelier de l'Hôpital, introduisit dans toute la France les trois constitutions impériales.

Le préambule de l'édit mérite d'être cité. « Comme les femmes veuves ayant enfants sont souvent invitées et sollicitées à nouvelles noces, et ne connaissant pas être recherchées plus pour leurs biens que pour leurs personnes, elles abandonnent leurs biens à leurs nouveaux maris, sous prétexte et faveur du mariage, leur font des donations immenses, mettant en oubli le devoir de nature envers leurs enfants, de l'amour desquels tant s'en faut qu'elles se dussent éloigner par la mort du père, que les

chéances contre les veufs et veuves *(orbi)* qui ne se remariaient pas dans un certain délai. Mais ces mesures, dictées par l'intérêt politique, n'infirment point l'observation recueillie par les poëtes et les historiens de tous les temps.

(1) BEAUMANOIR, *Coutume du Beauvoisis.*

(2) LAURIÈRE sur LOISEL, 1, 3, 40. *Olim*, t. 1, p. 287.

(3) LABOULAYE, *Op. cit.*, p. 296.

voyant destitués du secours et aide de leur père, elles devraient par tous moyens s'exercer à leur faire double office de père et de mère; desquelles donations, outre les querelles et divisions entre les mari et enfans, s'ensuit la diminution des bonnes familles, et conséquemment diminution de la force de l'état public; à quoi les empereurs ont voulu pourvoir par plusieurs bonnes lois et constitutions, sur ce par eux faites ; et nous, entendant l'infirmité du sexe, avons loué et approuvé icelles lois, et en ce faisant, avons dit et statué, etc. »

L'édit ne s'appliquait guère qu'aux donations faites avant le mariage, car, pendant le mariage, les coutumes prohibaient en général les libéralités entre vifs à l'exception du don mutuel qui ne consistait qu'en usufruit et ne pouvait valoir qu'en l'absence d'enfants. Mais comme dans certaines provinces, notamment en Auvergne et dans le Dunois, la prohibition n'était pas aussi complète, l'Édit rececevait là son application pour les donations faites *constante matrimonio*, et il rentre ainsi dans notre sujet.

Le premier chef de l'édit est conçu en ces termes : « Ordonnons que les femmes veuves ayant enfant ou enfans, ou enfans de leur enfant, si elles passent à nouvelles noces, ne pourront, en quelque façon que ce soit, donner de leurs biens, meubles, acquêts ou acquis par elles, d'ailleurs que leur premier mari, ni moins leurs propres à leurs nouveaux maris, père, mère ou enfans desdits maris, ou autres personnes qu'on puisse présumer être par dol ou fraude interposés, plus qu'à l'un de leurs enfans ou enfans de leurs enfans; et s'il se trouve division inégale de leurs biens, faite entre leurs enfans, ou enfans de leurs enfans, les donations par elles faites à leurs nouveaux maris, seront réduites et mesurées à la raison de celui des enfants qui aura le moins ».

Ce premier chef qui reproduit à peu près les dispositions de la loi *Hac edictali* ne concerne que les veuves, tandis que la loi romaine est commune au veuf et à la veuve; la jurisprudence, par un arrêt de règlement du 18 juillet 1587, s'inspirant de l'esprit de la loi plutôt que de ses termes, l'étendit aux veufs « qui ne devaient pas, dit Ricard, se plaindre de cette extension, attendu que cette disposition ne les regarde qu'en tant qu'ils témoignent autant de faiblesse que les femmes » (1).

Le second chef de l'édit défendait à l'époux survivant de rien donner à son nouveau conjoint des avantages qu'il avait eus de son précédent mariage. Il reproduisait en substance les dispositions des lois *Feminæ quæ et Generaliter*. Bien que l'édit ne parlât que des biens donnés par le premier conjoint, on l'étendit aux avantages résultant des conventions matrimoniales.

Renchérissant encore sur les dispositions de l'édit, la coutume réformée de Paris, dans un but de sage prévoyance, suivie en cela par la coutume d'Orléans, décida de ne point laisser à la femme qui se remarie, la libre disposition des biens qu'elle avait recueillis pour sa part dans la communauté.

Nous en aurons fini avec les secondes noces, quand nous aurons mentionné une disposition de l'ordonnance de Blois rendue par Henri III, en 1579. Aux termes de l'art. 182 de cette ordonnance, lorsqu'une femme veuve ayant des enfants d'un premier lit, épousait un homme

____

(1) RICARD, *Traité des Donations*, t. 1, 3e partie, chap. IX, sect. XIII, n° 1189. Glose 1.

indigne de sa condition, toutes les donations, tous avantages faits à ce second mari étaient nuls et de nul effet ; bien plus, cette femme était privée pour l'avenir de la disposition de ses biens.

g). Droit intermédiaire. — Par la loi du 17 nivôse an II (1), la Convention supprimant les entraves apportées par la législation romaine et l'ancien droit à la faculté de disposition entre époux, autorisa ces donations et les déclara irrévocables lorsqu'elles seraient faites par acte entre vifs (2). Voici au surplus le texte de l'art. 13 relatif à notre sujet : « Les avantages singuliers ou réciproques stipulés entre les époux *encore existants*, soit par leur contrat de mariage, soit par les actes postérieurs, ou qui se trouveraient établis dans certains lieux par les coutumes, statuts ou usages, auront leur plein et entier effet, nonobstant les dispositions de l'art. premier, auquel il est fait exception en ce point (3). Néanmoins, s'il y a des enfants de leur union ou d'un précédent mariage, ces avantages, au cas qu'ils consistent en simple jouissance, ne pourront s'élever au-delà de moitié du revenu des biens délaissés par l'époux décédé ; et s'ils consistent en des dispositions de propriété, soit mobilière, soit immobilière, ils seront restreints à l'usufruit des choses qui en

(1) Cette loi abroge celle du 5 brumaire an II dont elle reproduit les dispositions.

(2) Un arrêt de la Cour de Metz avait déclaré révocable une donation déguisée faite par un mari à sa femme. La Cour de cassation l'a annulé pour violation de la la loi de nivôse. SIREY, 1815, 1, 237.

(3) L'art. 1er déclare nulles les donations entre vifs de biens présents ou à venir faites depuis et y compris le 14 juillet 1789.

seront l'objet, sans qu'ils puissent excéder la moitié du revenu de la totalité des biens. L'art. 14 décide que les avantages légalement stipulés entre époux, *dont l'un est décédé avant le 14 juillet 1789*, seront maintenus au profit du survivant. Enfin l'art. 16 défend de faire des libéralités aux successibles, et de donner aux étrangers plus du dixième de son bien, si l'on a des héritiers en ligne directe, ou du sixième, si l'on n'a que des héritiers collatéraux. Il résulte de ces textes que la loi de nivôse (nettement hostile aux dispositions gratuites entre étrangers et même entre parents) favorise singulièrement les époux qui peuvent se donner jusqu'à la totalité de leurs biens au cas ou le donateur décède sans postérité. L'époux qui n'avait donné à son conjoint que l'usufruit de la moitié de ses biens, pouvait encore disposer en faveur d'un étranger du dixième ou du sixième, suivant la disposition précédemment établie. Ce point fut élucidé par l'art. 6 de la loi du 18 pluviôse an V.

L'art. 61 de la loi de nivôse abroge « toutes lois, coutumes, usages et statuts relatifs à la transmission des biens par succession ou donation ». Ainsi se préparait pour la France l'unité de législation que devait réaliser le Code civil. Pour la validité des avantages stipulés entre époux, il suffisait que ceux-ci fussent encore vivants à l'époque de la promulgation de la loi du 5 brumaire an II reproduite par la loi de nivôse (art. 13) (1); la nullité originelle était couverte par la disposition nouvelle. Il en était autrement lorsque l'un des époux était décédé avant la promulgation ; dans ce cas, pour ne point blesser des droits ouverts et assurés à des tiers par l'ancienne législa-

(1) Cass., 21 brumaire an 14,

tion et pour empêcher les désordres d'un effet rétroactif,
la loi a dû exiger que ces avantages eussent été valables
dans l'origine, qu'ils eussent été *légalement* stipulés, et
elle en a fait la disposition expresse de l'art. 14.

§ 2. — Conflit des coutumes.

I. — DONATIONS ENTRE ÉPOUX EN GÉNÉRAL.

Nous avons vu que les dispositions des coutumes relatives aux donations entre époux étaient d'une infinie
variété. La question se pose donc tout naturellement de
savoir quelle était la coutume qu'il fallait appliquer au
cas de désaccord entre la loi de la situation des biens et
celle du domicile des conjoints. La solution dépendra de
la nature qui sera reconnue au statut des donations entre
époux, et nous devons avouer que la divergence est grande
entre les anciens auteurs, ce qui n'a rien que de très
explicable quand on observe que l'on était loin de s'entendre sur les motifs qui avaient déterminé les restrictions apportées aux libéralités conjugales. Le droit romain
prohibait la donation entre époux pour sauvegarder la
dignité du mariage et maintenir la concorde entre les
conjoints ; dans la majorité des pays coutumiers, on pré-
tendait que la prohibition avait pour base la nécessité de
conserver les biens dans les familles.

De ces explications divergentes naquirent forcément des
opinions différentes sur la qualité du statut. Les uns, s'appuyant sur les motifs donnés par les jurisconsultes

romains, se prononçaient pour la personnalité ; les autres,
n'envisageant que l'intérêt de la conservation des biens
dans les familles, tenaient pour la réalité du statut.
Bartole (1), partisan de la personnalité, s'exprime ainsi :
« *Aut statutum est prohibitium in personam, et tunc,
aut continet prohibitionem favorabilem, ut puta, quod
vir non possit legare uxori, vel e contra, et hoc est
factum ne mutuo amore sed adinvicem spolient, vel deci-
piant, tunc talis prohibitio comprehendit etiam civem
illius civitatis ubicumque existentem* (2). » Balde, disciple
de Bartole, est d'un avis contraire. Après avoir posé la
question en ces termes : « *Et primo quæro, dicit statutum quod mulier non possit legare viro, utrum illud
statutum valeat ?* » Il répond : « *Et videtur quod non, quia
videtur esse contra bonos mores, ut de verborum obliga-
tione stipulatio hoc modo. Contrarium est verum ; nam
ratio hoc suadet, ne uxor a viro cogatur testari... Viso de
essentia, videndum est de effectu, pone quod mulier lega-
vit viro rem, quæ est in alio territorio. Quæro an valeat
legatum ? respondit Bartolus quod non, quia illud statutum est favorabile, ideo est extendendum... Sed hoc est
considerandum : nam hic videtur esse defectus in con-
sensu ; unde sicut in donatione inter virum et uxorem*

(1) *Super codice. De summa Trinitate*, p. 7, 32.

(2) Bartole oppose le statut favorable au statut odieux ; celui-ci est
basé sur des motifs qui blessent la conscience ou les sentiments
humains. Ainsi l'exclusion des femmes de la succession est un statut
odieux parce qu'il est contraire au droit naturel qui veut que l'égalité
règne entre les membres d'une même famille ; tandis que la prohibition qui nous occupe doit être vue avec faveur, comme procédant
d'une belle et noble pensée. Le jurisconsulte n'admet pas l'application en territoire étranger du statut personnel odieux.

non oritur naturalis obligatio : et ideo non potest confirmari, nisi ventum fuerit ad traditionem... nam in traditione inest consensus, ideo potest confirmari. Ita in proposito consensus est reprobatus : Ergo non valet relictum quod verum credo si testamentum est factum in territorio statuentis, sed si est factum extra territorium statuentium, cum etiam in effectu reducatur ad ea quæ sunt extra territorium, credo eatenus testamentum valere. Nec est verum quod dicit Bartolus, illud statutum sit favorabile, quomodo enim est favorabile id per quod adimitur libera testamenti factio? ut institutum de lege Fufia Caninia unde quod est favorabile inter vivos, sicut donatio prohibita inter conjuges, in ultima voluntate reputaretur odiosum et ideo valet inter conjuges ultima voluntas (1). »

Ainsi Balde réduit la discussion à l'examen de ce point : la libéralité a-t-elle été faite sur le territoire du disposant ou sur un territoire étranger? Dans le premier cas, la donation ne sera pas valable puisque telle est la loi du lieu ; dans le second, comme elle n'a d'effet que sur les biens situés sur une terre étrangère, elle vaudra, si telle est la disposition de la loi étrangère. C'était, en dépit des considérations préliminaires assez subtiles sur les vices du consentement, affirmer la réalité du statut.

Il réfute la théorie de son maître sur les statuts favorables et les statuts odieux et prouve par l'exemple de la loi Caninia qu'une disposition réputée favorable lorsqu'elle est faite par acte entre vifs ne peut être considérée comme odieuse, parce qu'elle est consignée dans un acte de dernière volonté.

____

(1) *Super codice. De summa trinitate,* folio 8, verso 87, 88.

La distinction de Bartole, avouons-le, laisse place à l'arbitraire qui est la négation de la science du droit. Comme le dit très bien M. Laurent (1), la doctrine des statuts odieux est une arme à deux tranchants ; le statut que les uns trouvent défavorable est considéré comme favorable par d'autres ; c'est là une question de temps et de milieu. Ainsi, imbus comme nous le sommes des principes d'égalité, le statut qui excluait les femmes de la succession nous paraît odieux. Pour les sociétés féodales et aristocratiques, il en est tout autrement ; c'est la possession du sol qui assure la domination d'une classe, et, pour perpétuer cette domination, il est de toute nécessité que les mâles, les aînés surtout, viennent seuls à la succession.

Balde répond à Bartole que le statut qui exclut les femmes n'est pas odieux, car il a pour but le maintien et la conservation des familles, choses qui intéressent l'Etat au plus haut degré ; il ne va pas cependant jusqu'à admettre l'application de ce statut en territoire étranger, quand la loi de ce territoire est contraire : « *Bene teneo quod non extendatur ad bona extra territorium, ubi contraria est juris dispositio, quia legis contraria dispositio impedit jus accrescendi.* » La question se représentera dans le droit moderne, nous y reviendrons.

D'Argentré (2), avec sa rudesse de Breton, attaque en termes véhéments la doctrine de Bartole :

(1) *Droit international privé*, tome I, n° 243. Ce n'est pas à dire que la doctrine de Bartole ne soit exacte à quelques égards, l'erreur de son système est de reposer sur une distinction qui ne se justifie guère.

(2) *Commentarii in patrias Britonum leges*, art. 218. Glose 6, n°ˢ 8 à 34.

« *Itaque cum hic statuitur, non potest maritus quid-
quam donare vel legare testamento uxori, aut donare
conquestus constante matrimonio, ineptè Bartolus putat
hoc statutum esse personale, ita ut inde concludat tale
statutum valiturum extra territorium, que est conditio
personalium statutorum, et id quod de personœ facto
miscetur inconsequenter colligit personam afficere, cum
dispositio prohibitua res potius respiciat et hœredum
œternam successionem in immobilibus quidem, quam
personas, et ad actum particularem circumscriptue et
limitate et quo ad id quid, a quo non recte afficienda
universalis status personœ colligitur : unde impossibile
est talis statuti vim extra territorium porrigi* ».

La doctrine de d'Argentré se résume en ceci : Les docteurs scholastiques ont confondu deux choses : l'état universel de la personne et l'état particulier résultant d'une
disposition spéciale; dès qu'il s'agit de l'un ou de l'autre,
ils se sont prononcés pour la personnalité du statut. Il
faut, au contraire, bien distinguer les deux cas : le statut
n'est personnel que lorsqu'il règle l'état universel de la
personne, celui des interdits, des excommuniés, des pro-
digues, des mineurs par exemple. Cet état universel ne
peut se scinder, il est attaché à l'homme, qui ne saurait
être à la fois majeur et mineur, capable et incapable. Mais
il n'en est pas de même si, pour une cause particulière,
une personne est empêchée d'agir pour un cas restreint
et pour un acte particulier. Cette incapacité spéciale et
restreinte n'affecte pas l'état général de la personne, elle
n'a d'effet que dans les limites du territoire où elle est
portée, partant elle forme un statut réel. C'est pour
n'avoir pas fait cette distinction que les docteurs se sont
trompés dans la description des statuts réels ou person-

nels. Ainsi Bartole voit un statut personnel dans la disposition qui défend au mari de donner à sa femme par actes entre vifs ou testamentaire ou de disposer des conquêts pendant le mariage ; il se trompe, car cette défense n'atteint pas l'état général du mari, qui n'est incapable que pour un cas particulier. La personne figure il est vrai, dans le statut, puisque la coutume lui défend de faire quelque chose, mais la disposition concerne plutôt les biens que la personne, elle a principalement en vue l'intérêt des héritiers ; il est donc impossible qu'un tel statut ait effet hors de son territoire (1). Plus loin il revient sur la question ; il convient qu'il y a de fortes raisons en faveur de la personnalité du statut. « *Etsi personaliter de viro et uxore disponat, et possit etiam consideratio talis statuti rationem prohibitionis quadam ex parte elicuisse a qualitate virili et uxoria, sed non ub ea sola, imo multo magis hœredis respectu. Jure nostro considerationes sumuntur potius a rebus, gentili pecunia, successione et propagatione familiarum quœ reales potius sunt* (2). »

Attenter à la souveraineté de la coutume lui paraît chose impossible ; la réalité est la règle, les enfants eux-mêmes n'en doutent plus. Il cite comme exemples le statut de Louvain qui permet les libéralités entre époux et celui d'Anvers qui les prohibe. Si l'époux domicilié à Louvain a légué à son conjoint une maison sise à Anvers, il faudra donc que le legs s'exécute. De quel droit un statut étranger viendra-t-il faire la loi sur le territoire d'une coutume et permettre ce qu'elle défend : « *Nam quœ potestas est statuti Lovaniensis de rebus Antwerpianis, diverso impe-*

---

(1) *Loc. cit.* n° 14-16.

(2) N°s 14 et 29.

rio, jure, et finibus, idque prohibente Antewrpiand lege? »

La conclusion, c'est que, pour être souveraine, la coutume doit être réelle, et comme telle, elle ne peut tolérer sur les biens qu'elle régit l'application d'aucune loi étrangère. Rien de plus logique, mais à ce compte il n'y a plus de statut personnel. M. Laurent a donné la raison de ce réalisme outré du grand jurisconsulte breton : « Les coutumes étaient l'expression des souverainetés féodales : c'était la voix de la patrie, et plus la patrie est étroite, plus les hommes s'y attachent, c'est comme un prolongement de la famille. La Bretagne avait conservé une espèce d'indépendance même après sa réunion à la couronne. Notre légiste voulut conserver le souvenir de l'ancienne existence des Bretons ; il écrivit l'histoire de sa patrie avec amour ; lisez sa patriotique adresse à Messieurs des Etats de Bretagne. L'historien de la Bretagne ne pouvait être un cosmopolite ; il resta Breton, attaché à sa province et au maintien de ses coutumes. De là son réalisme excessif, c'est l'expression de l'antique nationalité bretonne ».

La théorie de d'Argentré sur l'état universel et l'état particulier de la personne aboutit à une restriction du statut personnel qu'on ne saurait admettre. L'école italienne entendait par statut personnel celui qui règle l'état d'une personne, sans distinguer si cet état est universel ou particulier, et elle avait raison, car l'unité de la personne et un double état sont choses contradictoires. Développée dans toute sa rigueur, la distinction proposée aboutirait à déclarer réels la plupart des statuts, et Froland, si favorable qu'il soit aux réalistes, est forcé de convenir qu'il ne faut pas pousser les choses trop loin. Il est prudent, dit-il (1), de chercher à découvrir quelle a été l'intention du jurisconsulte lorsqu'il a déclaré que le statut, pour être personnel, doit embrasser l'état universel de la personne, *primario et universaliter personam, abstracte ab omni materia reali.* Puis, prêtant aux réalistes des largesses qui n'étaient nullement dans leur intention, il ajoute que leur dessein n'a pas été de faire dépendre cette qualité de l'état universel de la personne et de la refuser aux statuts qui ne s'étendent pas si loin, et qui, dans leurs dispositions, se contentent d'envisager la personne comme leur premier et principal objet, sa condition, son pouvoir et sa capacité pour agir, indépendamment de la chose. Pour lui, le mot *universaliter* peut s'appliquer au statut par lequel le législateur a jeté ses premières vues sur la personne, pour fixer son état, sa condition, son pouvoir, sans faire aucune attention aux biens. Et il montre par divers exemples que bien des statuts sont considérés comme personnels par les auteurs et la jurisprudence, bien qu'ils n'embrassent pas l'état universel de la personne. Ainsi le Parlement de Paris a jugé que le sénatus-consulte Velléien (2), qui défend aux femmes d'intercéder, est un statut personnel, et pourtant il ne concerne pas l'état universel de la femme, qui peut donner, tester, vendre, aliéner, hypothéquer et faire une infinité d'autres actes. Il en est de même du statut observé à Paris, et qui défend au mineur de 25 ans de vendre, engager et hypothéquer ses biens. Les arrêts ont jugé que ce mineur, do-

(1) *Mémoires sur les statuts*, t. 1., chap. V., p. 97-98.

(2) Le sénatus-consulte, d'abord reçu dans toute la France, fut abrogé par l'édit de 1606, dans la plupart des provinces, mais on continua à le suivre en Normandie et dans les pays de droit écrit.

micilié à Paris, ne pouvait aliéner les immeubles qu'il possédait en Normandie, bien que dans cette province on soit majeur à 20 ans, et cependant l'état universel du mineur n'est pas en cause, puisque, aux termes de l'art. 293 de la coutume de Paris, celui-ci peut disposer de ses meubles et conquêts immeubles à l'âge de 20 ans.

Cette réfutation est concluante, à notre avis, et la distinction que d'Argentré essaie d'établir n'apparaît plus que comme un artifice ingénieux destiné à renfermer dans d'étroites limites l'application des statuts personnels.

L'école hollandaise se prononce comme d'Argentré pour la réalité du statut des donations entre époux. Burgundus écrit (1) : « *Apud nos vero longe alia est ratio prohibitionis... Proinde dumtaxat inspicimus interesse heredis, juraque successionis, quæ sane rebus potius quam personæ ponuntur... Apud nos in quantum immobilia spectat, in rem mere, non in personam dirigitur...* »

Tel est aussi le sentiment de Rodenburgh : « Il y a », dit-il, « des endroits où les conjoints ne peuvent se donner aucune chose, à l'exception de l'usufruit mutuel et réciproque de leurs biens ; et tel est l'usage dans la ville et seigneurie d'Utrecht, ce qui est tout à fait différent de ce qui se pratique en Hollande, où le mari et la femme peuvent se gratifier comme ils le jugent à propos *(Apud Hollandos contra liberrimam sibi invicem gratificandi potestatem conjuges habent)*. Et voilà comment il résoud le conflit : « *Statutum ne conjux conjugi donet, leget, reale esse, adeoque non licere conjugibus Hollandis sibi invicem relinquere bona sita Ultrajecti. Contra Ultra-*

______

(1) *Ad consuetudines Flandriæ*, tractatus 1, n° 41.

jectinos sibi invicem efficaciter relicturos bona constituta in Hollandia (1). » Jean Voet n'est pas moins réaliste : « On ne saurait douter que, d'après les lois d'Utrecht, le statut qui prohibe la donation entre époux ne soit un statut réel, ce qui s'explique très bien, parce qu'il n'y a là rien qui ait rapport à l'habilité ou à la qualité de la personne. C'est une disposition qui tombe principalement sur la chose que celle qui défend aux époux de se donner, quels que soient leur condition, leur âge ou leur qualité. Il en résulte que les conjoints d'Utrecht ne peuvent se léguer un meuble ou un immeuble situés sur le sol d'Utrecht, que pour l'usufruit seulement ; mais ils peuvent se donner en toute propriété les biens situés en Hollande.

Au contraire, il est certain que les conjoints hollandais ont toute liberté pour se gratifier de la pleine propriété des biens meubles et immeubles situés en Hollande, et de l'usufruit seulement des biens situés à Utrecht, car, de l'avis général, les meubles sont régis par la loi du domicile de leur propriétaire, et les immeubles par celle du lieu de leur situation *(dum mobilia ex lege domicilii, immobilia ex lege situs regi, vulgo notum est)* (2).

Pour en revenir à la qualité du statut qui régissait les libéralités entre époux, nous croyons que c'est l'opinion de Bartole qui doit prévaloir. La prohibition de se donner entre époux étant établie pour des motifs tout personnels, le statut doit être personnel. Froland prétend, il est vrai, que le divorce ayant été supprimé par le christianisme, il n'y a plus à craindre que l'époux se laisse violenter par son conjoint ; et qu'ainsi tombent les motifs personnels sur lesquels re-

---

(1) *De jure conjugum*, tit. 2, C. 5, § 1.

(2) *In Pand.*, 24, tit. 1, s. 19.

posaient les limitations apportées aux donations entre
époux. Mais ce n'est pas tant la crainte du divorce qui
avait poussé le législateur à restreindre et même à prohiber les libéralités entre époux, que le désir de maintenir
l'union conjugale en écartant tout élément de discorde.
Il a pensé que la faculté de se donner entre conjoints pourrait amener la désunion, il l'a limitée ou même supprimée,
et l'indissolubilité du mariage n'empêche que ces raisons
subsistent avec toute leur force. Froland ajoute que la
prohibition n'ayant plus d'autres motifs que l'intérêt des
héritiers et les droits successifs, est purement réelle. Mais
était-ce bien dans l'intérêt des héritiers et de la conservation des biens dans les familles, qu'on mettait des obs-
tacles aux libéralités entre époux? Coquille, commentateur de la coutume de Nivernais, qui permettait la donation entre époux pour cause de mort et même le don mutuel entre vifs de la propriété des meubles et conquêts, se
demande si celui qui a son domicile en Nivernais, peut
donner à sa femme par don mutuel la propriété des conquêts assis sous la coutume de Paris, laquelle n'autorisait que le don mutuel de l'usufruit, à défaut d'enfants.
Il répond qu'il faut surtout considérer quelle est l'intention vraisemblable de la loi qui est notre coutume et
notre droit civil : « Et est à croire que les coutumes qui
permettent par don mutuel donner seulement l'usufruit
ont eu égard à la raison mise par le Droit romain que l'a-
mitié d'entre mari et femme doit être au cœur, et doit
être entretenue par honneur, sans la faire vénale. Et toutefois, quand le mariage est dissolu sans enfants, ont
estimé raisonnable que le survivant ait moyen honnête de
s'entretenir et se ressente du labeur et soin que les deux
mariés ont pris ensemblement durant leur mariage, pour

acquérir et conserver des biens. Pourquoi, en tempérant la rigueur de la loi prohibitive, la loi a permis la donation d'usufruit au survivant. Et si cette raison est considérée, elle se trouvera purement en faveur des personnes ; et partant faut dire que les volontés des mariés doivent être réglées selon la loi du lieu, où est le domicile d'icelles personnes. » Mais, ajoute-t-il, on objecte que la loi a voulu pourvoir aux héritiers du premier décédé, afin qu'ils ne soient héritiers sans profit, et que la famille et lignage soient maintenus en y conservant les biens du prédécesseur. « Si cette raison a lieu, les biens doivent être réglés par la coutume du lieu où ils sont assis, comme étant tels biens affectés au lignage, du moins pour la propriété ; car, en ce cas, la raison de la coutume se trouverait réelle et non pure personnelle. » Cette raison, qui paraît décisive à Froland en faveur de la réalité du statut, Coquille ne la trouve pas considérable, « car la même coutume pourvoit par autre façon au lignage, en tant qu'elle prohibe la donation par testament des quatre cinquièmes de l'héritage propre, en affectant les dits quatre cinquièmes au lignage, à l'instar de la Falcidie. Bien plus, la même coutume permet à un testateur de donner à un étranger la propriété de tous les meubles et conquêts ; il en résulte donc que la coutume n'entend nullement affecter les conquêts au lignage et les met en la pleine liberté de celui à qui ils appartiennent. « Et de vrai, ce serait une misérable servitude et sujétion à celui qui a travaillé pour amasser des biens, s'il n'en pouvait disposer à son plaisir et fût contraint de les délaisser à un héritier peut-être ingrat et non méritant. Pourquoi mon avis est que si le domicile des mariés est en la coutume de Nivernais, ils peuvent disposer l'un envers l'autre des meubles et conquêts pour la propriété, que la donation vaudra pour les conquêts assis sous les autres coutumes ; en tant que la permission que fait notre coutume et la prohibition que font les autres coutumes regardent directement la volonté, l'honneur et le profit des personnes mariées, et ne regardent l'intérêt des héritiers que secondairement (1). »

Ricard dit (2) de son côté : « J'estime l'opinion qui soutient que l'on doit seulement considérer le domicile des conjoints indubitable ; d'autant que les coutumes permettant les donations en général, et les interdisant à l'égard de certaines personnes, cette restriction est un statut personnel, qui a pour fondement une raison civile et politique, qui considère seulement la personne et non la chose, à l'égard de laquelle la loi a disposé par une disposition générale, permettant la donation des choses qui sont sous sa puissance ; de sorte que si elle l'a interdite en particulier aux conjoints, il résulte de cette prohibition une simple incapacité personnelle qui ne prend nullement son origine de la chose, puisque de soi elle est capable d'être comprise en la donation, mais simplement de la considération de la personne qui doit par conséquent être régie par la coutume qui a empire sur lui, qui est celle de son domicile. »

Nous avons reproduit dans leur entier ces deux remarquables discussions qui font ressortir avec une puissance d'argumentation incomparable le véritable esprit de la loi. Celle de Coquille surtout, modèle de clarté et de force, montre bien que la coutume, si elle n'a pas d'empire direct

____

(1) COQUILLE, *Questions et réponses sur les art. des Coutumes,* n⁰ 136, p. 387, 390.

(2) *Don mutuel,* 323.

sur les biens situés en dehors de ses limites, en a néanmoins un indirect, en bridant les volontés de ceux qui vivent sous sa loi.

Froland (1), après avoir médité sur les raisons invoquées en faveur des deux avis, convient qu'il ne serait pas impossible de défendre l'opinion de la personnalité du statut, si l'on voulait bien regarder les choses dans un esprit dégagé de toute prévention et oublier pour un moment les arrêts qui ont décidé la question. Mais il faut, dit-il, se rendre à la pluralité des voix. Et Bouhier (2) observe, non sans malice, que la pluralité des suffrages ne sert souvent qu'à nous entraîner dans l'erreur. L'opinion de Coquille resta donc sans influence sérieuse sur la pratique des Parlements, ce qui s'explique tout naturellement par ce fait que la tradition est sacrée pour les juges.

« Toutes coutumes sont réelles », avait-on l'habitude de dire. « La réalité des coutumes procédait du régime féodal, l'homme ne comptait pas, il était asservi à la terre dont il n'était que l'accessoire ; dans un pareil régime comment accepter l'application d'une loi étrangère ? Les barons étaient jaloux de leur souveraineté et, de même qu'un propriétaire exclut de son domaine ses voisins et ne leur permet pas de mettre le pied chez eux, les seigneurs écartaient de leur baronnie toute autre autorité que la leur (3). »

(1) *Mémoires sur la nature et la qualité des slatuts*, t. II, p. 847, chap. XVIII.

(2) *Observations sur la coutume de Bourgogne*, t. 1, p. 542, chap. 27.

(3) LAURENT, *Droit civil international*, t. 1, n° 203.

Or, la féodalité civile avait survécu à la féodalité politique, le droit civil était encore tout empreint de l'esprit féodal ; il s'ensuivait que la jurisprudence et la majorité des auteurs avaient peine à rompre avec le passé.

Seuls les progrès de l'esprit philosophique entraînant à leur suite une perception plus nette des rapports de droit, pouvaient remettre les choses au point et ramener l'esprit aux saines conceptions des docteurs italiens. Toutefois, il serait injuste de méconnaître que dès le xvie siècle, de grands progrès s'accomplirent sous l'influence des jurisconsultes. Le plus célèbre d'entre eux, Charles Dumoulin, bien que tenant en règle générale pour la réalité des statuts, admet cependant qu'il y en a de personnels, et l'on ne doit pas oublier que c'est à lui que revient le mérite d'avoir fait une large brèche à la théorie des réalistes sur les statuts concernant la communauté et les conventions matrimoniales.

Mais Dumoulin est encore trop près de la tradition pour se déclarer en faveur de la personnalité du statut des donations entre époux : « *Statutum prohibens uxorem legare marito et contra, non porrigit vires suas ad prœdia sita extra suum territorium* (1). »

Et encore « *Sequitur hic quos nuper citavi, si hæc disputatio esset in hoc regno ubi consuetudines censentur locales et principaliter loca et res illic sitas concernere, unde mulier hic prohibita legare viro potest : hic eadem legare de bonis existentibus Aureliis vel alibi ubi consuetudo non prohibet, dummodo illic vere habeat bona, non alias, ubi non prodest si legaret rem alienam illic*

____

(1) *Consilium*, 31, n° 25.

sitam, ut dixi in consuetudine Parisiensi in præmio (1)».
« *Non esse differentiam inter civem et forensem, sed in
situ bonorum ; hujus modi statuta sunt realia et localia
quia non disponunt de ipsis personis vel earum statu,
sed de ipsis rebus, et sic quibuscumque verbis loquatur,
ligat omnes quoad res in sua ditione sitas* (2). » Ainsi
toute l'argumentation de Dumoulin se réduit à ceci : le
statut a pour objet les biens, donc il est réel. A ce compte,
il n'y aurait point de statut personnel, car tous les statuts concernent les biens directement ou par voie de conséquence, puisque ceux-mêmes que l'on s'accorde à déclarer personnels, tels que les statuts qui fixent la majorité, ont pour objet de décider si l'homme est capable ou
non de disposer. C'est restreindre le statut personnel aux
cas où il intervient un lien d'obligation entre deux personnes, abstraction faite de tout droit sur les biens. Ne
pas vouloir reconnaître l'effet du statut personnel, sous
prétexte que les biens sont en jeu, c'est en réalité annihiler
ce statut. Ce qui a lieu de surprendre, c'est que Dumoulin
tout prévenu qu'il est en faveur de la réalité de notre statut, opine pour la personnalité en matière de don mutuel :
« *An donatio mutua Parisiis a civibus Parisiensibus
facta, possit porrigi et habere effectum etiam in bonis
in patria juris scripti et alibi ubicumque extra territorium Parisiense sitis. Est enim clarissimum quod sic,
cum non agatur de vi et jure consuetudinis, sed de vi
et effectu et implemento contractus celebrati.* » Le jurisconsulte fait intervenir ici la volonté des parties contractantes, mais de quel poids peut peser cette volonté, si la

(1) *Cons. in Alex.* 41. Lib. 5.

(2) Idem, *in Alex. Consilium*, 44, lib. 5.

coutume du domicile ne peut s'étendre au delà de son
territoire. La coutume n'est-elle pas l'expression de la
volonté des personnes qui vivent sous sa juridiction ?
Si elle défend ou permet quelque chose, c'est que ceux
qui y sont soumis l'ont voulu ainsi. La distinction que
Dumoulin essaie d'établir entre les donations mutuelles
et les autres ne peut être acceptée.

Dans son commentaire sur la coutume de Bourgogne,
Chasseneuz montre jusqu'à quel point la majorité des auteurs se laissait dominer par les décisions de la jurisprudence. L'art. 26 de cette coutume défendait aux conjoints
de se rien donner soit entre vifs ou à cause de mort, par
testament, ordonnance de dernière volonté, ni autrement
au profit l'un de l'autre, si ce n'est du consentement de
leurs proches parents successibles, et à moins qu'il n'en
eût été convenu autrement par contrat de mariage. Chasseneuz se demande si cet article lie les conjoints étrangers
tels que ceux domiciliés aux pays de droit écrit par rapport aux biens situés sur le territoire de Bourgogne. Tout
d'abord il se prononce pour la négative « *quia dicta consuetudo loquitur in persona, unde persona sola incipi
debet, aut non debet haberi respectus ad bona... æquum
est quo ad hoc ut quis ligetur statuto, et persona inspi-
ciatur, nec curandum est de bonis, cum ratione bonorum
non posit fundari juridictio, nec potestas statuendi in
forensem* ».

Après avoir reconnu que la question a été jugée dans
ce sens par la curie romaine, il rapporte une décision
contraire du Conseil souverain de Flandre qui avait jugé
que la dame de Vergy n'avait pu valablement instituer
son mari héritier de la terre de Bourbon-Lancy, située en
Bourgogne, parce que cette disposition était contraire à la

coutume du duché. Il ajoute que le Parlement de Dijon avait décidé de même et, par un revirement inattendu, il s'écrie : « *Pro certo bene, propter illa verba generalia et autrement au profit l'un de l'autre ; et sic non est amplius disputandum, cum arrestum curiæ habeat v.m legis.* » Ces mots de l'art. 26 de la coutume, comme il est facile de s'en convaincre en se reportant au texte cité plus haut, signifiaient simplement que les conjoints ne pouvaient choisir aucun moyen direct ou indirect pour se faire des libéralités. Mais comme il fallait justifier l'arrêt qu'il n'approuvait certainement pas, Chasseneuz s'en est tiré par une raison si peu sérieuse qu'elle fût. Et ce qui prouve bien que le jurisconsulte bourguignon est partisan de la personnalité du statut des donations, c'est que, plus loin, discutant le même article de la coutume, il dit nettement : « *Donatio facta per maritum Burgundum uxori de bonis existentibus in alieno territorio non valet, eoque illa nostra consuetudo est favorabilis et loquitur in personam, ergo extenda est etiam ad bona extra territorium* (1). »

Si la jurisprudence était à peu près unanime en faveur de la réalité du statut des donations entre conjoints, on peut trouver cependant certaines décisions favorables à la personnalité. Brodeau, dans son commentaire sur Louet, lettre C. n⁰ 42, cite un arrêt du 8 mai 1573 qui a jugé qu'en la coutume de Paris un testateur ne peut instituer sa femme héritière, même quant aux biens situés en pays de droit écrit. Cet arrêt a été rendu entre les héritiers et la veuve de M. de Saint-André, président aux enquêtes. M. de Saint-

____

(1) CHASSENEUZ, *Consuetudines ducatus Burgundiæ*. Rub. III, n⁰ˢ 7 à 14 et n⁰ 46.

André, domicilié à Paris, par testament fait en cette ville, avait institué sa femme héritière quant aux propres qui lui appartenaient en Languedoc, pays de droit écrit. Après son décès sa veuve revendiqua le bénéfice de l'institution ; les héritiers s'y opposèrent et la cause fut portée devant le Parlement, qui donna raison aux héritiers.

Mais la veuve ayant obtenu une proposition d'erreur contre l'arrêt, une décision contraire fut rendue entre les mêmes parties le 14 août 1574. Et Ricard remarque malicieusement, que ce n'est pas la première fois qu'en pareilles occasions une véritable erreur a tiré son prétexte d'une qui n'était que prétendue et imaginaire. Ricard mentionne en faveur du statut personnel un autre arrêt du 16 mai 1616, solennellement rendu pour l'exécution d'une donation mutuelle faite par le président Loysel et sa femme pendant qu'ils étaient domiciliés à Senlis.

Cet arrêt décide que le survivant doit avoir délivrance des biens compris au don mutuel, tant de ceux situés sur le territoire de Senlis que de ceux situés sous la coutume de Paris, pour jouir du tout en propriété, conformément à la coutume de Senlis (art. 144), encore même que depuis le don mutuel les époux eussent changé de domicile et fussent venus habiter Paris où ils demeuraient lors du décès de Madame Loysel. Il serait osé d'affirmer, comme le fait Ricard, que cet arrêt décide de la qualité du statut des donations dans le sens de la personnalité, car il s'agit, ne l'oublions pas, d'une donation mutuelle qui est vue avec faveur. Le Parlement de Paris, imbu des doctrines de Dumoulin, considérait sans doute avec le grand jurisconsulte que dans la donation mutuelle, il fallait surtout prendre en considération la volonté des parties. Or, la volonté étant essentiellement personnelle, ne peut être limitée par aucun territoire, elle s'étend partout sans que l'on puisse dire qu'elle porte atteinte à une souveraineté quelconque, car ce qu'elle fait n'est pas du domaine de la souveraineté : « *Igitur tanquam contractus debet habere effectum in personas, et bona contrahentium ubique locorum sita sint.* (1). »

La coutume de Bourgogne contenait, nous l'avons vu, une disposition singulière sur les donations, traités, concessions et autres contrats entre conjoints. Prohibés en principe, ces contrats étaient permis avec le consentement des plus proches parents vivants (chap. IV, art. 7). On s'est demandé si cette prohibition n'était pas faite en faveur des héritiers et n'appartenait pas en conséquence au statut réel. Mais cette considération, qui aurait eu une certaine force pour faire douter de la personnalité du statut, est détruite par ce fait que le même article permet aux conjoints de se réserver par contrat de mariage la liberté de s'avantager. Cette faculté laissée aux conjoints démontre que la prohibition, comme la permission, regarde uniquement leur intérêt particulier, puisque le consentement des parents n'est pas nécessaire au contrat de mariage qui contient la réserve. Si le consentement des plus proches parents successibles est requis par la coutume, lorsqu'aucune réserve n'est insérée au contrat de mariage, il faut uniquement en conclure que c'est pour éviter tout danger de captation ou de suggestion de la part d'un des conjoints. Sur le même fondement, la coutume de Malines n'autorisait les époux à tester au profit l'un de l'autre

---

(1) DUMOULIN, *Consilium* 53. LAURENT, *op. cit.*, t. 1, n° 273. Cfr. *infra* pour la réfutation de cette doctrine en matière de donations conjugales.

qu'en présence de deux échevins, et Stockmans, qui rapporte la nécessité de cette solennité, ajoute : « *Hœc enim magistratus præsentia non ad solennitatem, aut probationem actus pertinet, sed ne facile circumveniatur conjux et blanditiis pertrahatur ad testandum, si privatim et extra conspectum gravium virorum res peragatur* (1) ».

Froland (2), examinant les difficultés qui peuvent naître de cet article de la coutume de Bourgogne, se demande si, lorsque la réserve n'a pas été faite au contrat de mariage, le consentement des parents est nécessaire quand les biens des conjoints sont situés hors du territoire de cette province. Sa réponse est négative, parce que, dit-il, la coutume n'exige pas ce consentement comme une solennité de l'acte — en quoi Bouhier se déclare de son avis — et aussi parce que cette disposition a pour objet de conserver les biens des conjoints à leurs parents, conclusion qui est rejetée par le célèbre président. Que le consentement requis par la coutume de Bourgogne ne soit pas exigé comme une solennité de l'acte, c'est possible, puisque Bouhier nous apprend que ceux qui ont dressé l'art. 145 des cahiers de réformation de la coutume ont pensé que le consentement des parents pouvait se donner en passant les contrats ou après, mais il n'en est pas moins certain que ce consentement est requis pour la validité du contrat. Qu'importe qu'il soit donné au moment même ou plus tard ! Sans cette formalité essentielle, le contrat n'est pas valable, c'est donc elle qui lui donne son existence, et nous avons vu pourquoi les rédacteurs de la coutume ont

____

(1) Stockmans, *Decisiones Brabantinœ*, IX, p. 22.

(2) *Op.* et *loc. cit.*

pris cette précaution. Ils ont voulu éviter tout soupçon de contrainte ou de suggestion de la part de l'un des conjoints à l'égard de l'autre. Est-ce là une raison personnelle ou réelle, qui a rapport à l'honneur et à la considération du mariage, ou à la conservation des biens dans les familles ? Et si, comme nous le croyons, il n'y a là qu'une raison personnelle, propre à la dignité du mariage, de quelle importance peut être ce fait d'ordre secondaire que les biens sont situés hors du territoire de Bourgogne. Les manœuvres immorales en seront-elles moins à redouter et leur réussite moins probable?

Concluons que le consentement requis par la coutume est nécessaire en quelque lieu que se trouvent les biens.

Pour les mêmes raisons, il faut décider, suivant nous, que si deux conjoints bourguignons s'étaient réservés par leur contrat de mariage la faculté de s'avantager, la donation entre vifs, faite par l'un d'eux à l'autre, d'un fonds situé en Bresse, pays de droit écrit, ne pouvait être révoquée.

Boullenois (1), malgré tout le soin qu'il apporte à justifier les décisions de la jurisprudence, ne peut néanmoins s'empêcher de reconnaître qu'il y a de bons motifs en faveur de la personnalité du statut. Après avoir dit que la faculté de se donner entre conjoints « est un statut personnel qui a lieu dans toutes les coutumes », il ajoute : « si ce n'est dans celles prohibitives qui, à raison de la prohibition, laquelle est un statut réel, empêchent l'exécution et l'opération du statut personnel ». Puis, son esprit libéral le poussant à chercher une transaction, il se demande si l'on ne pourrait pas concilier les sentiments opposés des

(1) *Questions sur les biens*, VI, p. 116 à 122.

réalistes et des personnalistes, en distinguant les différentes coutumes. L'avis de Coquille lui paraît bon pour
les coutumes qui permettent ou défendent indifféremment
aux conjoints de s'avantager, qu'il y ait enfants ou non,
par donation simple ou mutuelle. Dans les coutumes permissives, cette permission est, dit-il, une suite du droit
général qu'ont tous les hommes de disposer de leurs biens,
et ce droit général forme dans l'homme une capacité personnelle.

Dans les coutumes prohibitives, la prohibition ne regar-
dant que les conjoints semble n'avoir été faite que par
rapport à leur état, et pour les maintenir dans la paix et
tranquillité que demande leur qualité de conjoints, prévenir les fraudes, l'obsession et la persécution. Mais dans les
coutumes qui prohibent les donations quand il y a des
enfants, dans celles qui les permettent en exigeant la mutualité, l'égalité, ou en restreignant la donation à l'usufruit,
l'intention principale et dominante a été de régler les
biens, et d'empêcher que les conjoints ne dépouillent leurs
enfants ou autres héritiers, et, dès lors, ces coutumes sont
réelles. Bouhier se déclare assez porté à suivre le tempérament proposé par Boullenois pour les coutumes qui ne
permettent les donations que dans le cas où il n'y a pas
d'enfants, car on peut dire alors qu'on a considéré bien
plus leur intérêt que celui des conjoints et cette sorte d'affectation de leur succession à des personnes désignées
peut faire regarder les statuts comme réels. Nous avons
peine à suivre ce sentiment de Bouhier, et la concession
qu'il fait à Boullenois nous paraît excessive. S'il est malaisé, en effet, de ne pas reconnaître que la coutume a
voulu protéger les enfants, lorsque, permettant en général
les donations entre conjoints, elle ne les défend que lors-

qu'ils ont une postérité, il est à notre avis, inexact d'en conclure que cette considératiou est dominante et que, partant, le statut doit être réel. Pour qu'il en fût ainsi, il faudrait, à notre avis, que la prohibition faite aux conjoints de disposer de leurs biens fût absolue, en ce sens qu'elle s'appliquerait non seulement entre conjoints, mais aussi entre eux et un étranger. Or, comme le remarquent fort justement Coquille et Ricard, la même coutume permet à un testateur de donner à un étranger la propriété des meubles et conquêts, et les enfants ne sont protégés contre les dispositions excessives de leurs parents que par la légitime. Ce n'est donc pas précisément l'intérêt des enfants que le rédacteur de la coutume a eu en vue, lorsqu'il a prohibé les donations entre conjoints ayant des enfants ; c'est toujours la même pensée de sauvegarder la dignité du mariage, raison toute personnelle qui décide en conséquence pour la personnalité du statut. Tout ce que l'on peut dire pour le cas qui nous occupe, c'est que, lorsque les conjoints n'ont pas d'enfants, la coutume n'a pas jugé que la crainte de troubles dans l'union conjugale fût assez forte pour mettre obstacle au droit naturel qu'ont tous les hommes de disposer de leurs biens.

Quant aux coutumes qui exigent la mutualité ou l'égalité, ou qui restreignent les donations à l'usufruit, il n'est pas plus vrai de dire que l'intention principale et dominante de leurs rédacteurs, en imposant ces conditions, a été de régler les biens et d'empêcher que les conjoints ne dépouillent leurs héritiers ; là encore, les restrictions apportées proviennent, et pour les raisons déjà exposées, de la défaveur dont étaient l'objet les libéralités entre époux, défaveur basée sur des motifs tout personnels.

Boullenois (1), coutinuant sa discussion, revient sur cette idée que la prohibition de se donner entre mari et femme est un statut réel, car elle empêche l'exécution du statut personnel. Pour faire comprendre sa théorie qui dénote un esprit aussi fin que subtil, il explique qu'il faut distinguer entre les statuts qui prononcent la capacité et ceux qui prononcent l'incapacité. L'incapacité est une négation de puissance qui affecte la personne et vient de son état, il est impossible qu'on ne porte cette impuissance partout où on porte sa personne, mais il n'en est pas de même à l'égard de la capacité ; quoiqu'elle affecte la personne, elle ne se porte pas toujours partout. Ainsi un homme qui, dans le pays de droit écrit, peut disposer de tous ses biens par donation entre vifs ou testamentaire, a cette faculté en conséquence du statut personnel qui le constitue *sui juris*, et cependant il ne pourra vendre en Artois que du consentement de l'héritier apparent ou tester des quatre quints des propres dans la coutume de Paris. Pourquoi donc, dans le cas du statut personnel négatif, l'incapacité se porte-t-elle partout, et que, dans le cas du statut affirmatif, la capacité ne s'y porte pas toujours ? C'est que le statut personnel négatif emportant une néga- tion de puissance, il est nécessaire que l'impuissance qui est supposée affecter la personne la suive partout ; cette inhabilité est comme une plaie et une cicatrice au corps que la personne porte en quelque endroit qu'elle juge à propos d'aller, c'est par exemple un homme qui est privé d'un de ses bras, cet homme est impotent partout où il pourra se transporter ; mais quant au statut affirmatif, un

---

(1) *Op. cit.*, p. 123.

homme, pour être dispos de tous ses membres, et pour porter une capacité d'aller partout, peut néanmoins être arrêté par une digue ou par tel autre obstacle qui l'empêchera de passer. Cet homme n'en est pas moins dispos en soi, mais l'obstacle qui se rencontre l'arrête tout court ; il en est de même d'un homme qui a une capacité personnelle, un statut réel peut l'arrêter. »

Malgré tout le respect que nous professons pour Boullenois, nous ne pouvons nous empêcher d'observer que sa comparaison, si ingénieuse qu'elle soit, ne peut être appropriée à notre sujet. Qu'un homme qui est privé d'un bras porte partout son impotence, ce n'est pas douteux, bien que depuis un siècle, la science ait diminué en grande partie, par des moyens mécaniques, les inconvénients qui résultent de cette privation. Qu'un homme valide et bien portant puisse être arrêté dans sa marche par un obstacle qui le force à rebrousser chemin, soit, bien qu'il puisse souvent tourner l'obstacle. Il n'y a là qu'une soumission forcée à des accidents naturels contre lesquels l'homme est impuissant ; il faut bien vouloir ce qu'on ne peut empêcher. Mais le droit est-il basé sur une force aveugle à laquelle il faut se soumettre sans protester, et la présence de ces deux termes : droit et force, en face l'un de l'autre, ne constitue-t-elle pas la plus vivante opposition ? « Quel fut le critérium au moyen duquel les auteurs français déterminèrent les statuts personnels ? Une première lecture de leurs ouvrages laisse dans l'esprit l'impression qu'ils s'inspirèrent d'idées multiples, d'importance inégale, tantôt empruntées à la doctrine italienne ou à la doctrine hollandaise, tantôt propres à la doctrine française. Une étude plus attentive conduit à la dé-

couverte de l'idée principale qui est l'idée de justice (1). »

Les statuts personnels, voilà la vérité, sont basés sur
l'idée de justice souvent obscurcie par des raisons d'é-
goïsme. Comment comprendre que l'idée de justice varie
suivant qu'une coutume permet un acte ou qu'elle le défend? Ainsi, dans le système de Boullenois, un conjoint
domicilié en pays de droit écrit ne peut disposer en faveur
de son conjoint, malgré son statut personnel, de biens
qu'il possède sur le territoire de la coutume de Paris.
Pourquoi? Parce que son statut personnel est arrêté par
la prohibition de la coutume parisienne. Le conjoint domicilié à Paris ne pourra pas non plus faire une disposition semblable de biens situés en pays de droit écrit, car
son statut personnel l'ayant frappé d'incapacité, il portera
partout cette incapacité contre laquelle ne pourra prévaloir
la disposition contraire de la coutume de la situation des
biens.

Cela revient à dire que les coutumes prohibitives jouis-
sent seules de l'exterritorialité. Est-ce là un résultat conforme à l'équité ou même à l'intérêt bien entendu, et les
coutumes à qui on refuse l'extension ne sont-elles pas
fondées à user de représailles?

Bouhier dit (2) que « cette extension est fondée
sur une espèce de droit des gens et de bienséance,
en vertu duquel les différents peuples sont tacitement demeurés d'accord de souffrir cette extension de coutume à

______

(1) Lainé, *Introduction au droit international privé*, t. II, p. 78.
(2) Chap. XVIII, n° 62.

coutume, toutes les fois que l'équité et l'utilité commune
le demanderaient; à moins que celle où l'extension serait
demandée, ne contînt en ce cas une disposition prohibitive ».
Ce n'est pas seulement pour des motifs de bienséance et
d'utilité qu'une coutume doit admettre l'extension sur son
territoire d'un droit étranger toutes les fois que cette
extension est basée sur la nature du rapport juridique;
c'est avant tout pour satisfaire à un devoir de justice.
Sans doute, ainsi que le remarque Bouhier, il pourra arriver qu'un législateur déclare sa loi strictement obligatoire
et, par un texte formel, repousse toute extension. Mais il
n'y aura là qu'un fait, et ce fait sera contraire au droit
qui veut qu'on attribue à chacun ce qui lui est dû : *jus
suum cuique.*

La distinction proposée par Boullenois ne saurait
être acceptée, elle fausse l'idée de justice, car les
coutumes ayant la même autorité, doivent être traitées
sur un pied d'égalité parfaite. Pour être logique, il
faudrait, dans tous les cas, que la coutume fût permissive
ou prohibitive, admettre son extension ou la rejeter.
Si contre cette extension on invoque la souveraineté des
coutumes, alors il faut déclarer le statut réel pour toutes.
Boullenois nous dit que dans les coutumes prohibitives, la
prohibition forme un statut réel. Cela, nous le nions, et
nous croyons avoir démontré qu'elle n'a été portée que
pour des motifs tout personnels tirés de la qualité de conjoints. Mais, en admettant même qu'il en soit autrement,
n'est-ce pas la souveraineté de la coutume qui aurait donné
un caractère réel à la prohibition, et comment pourrait-
on refuser aux coutumes permissives le droit d'attacher
ce même caractère au statut des donations?

Quant à nous, nous disons que la souveraineté des coutumes n'est pas en cause, qu'il s'agit ici de régler une question d'intérêt privé qui ne blesse la police d'aucune d'elles (1), où l'ordre public n'est pas intéressé, que le statut du lieu où les biens sont situés ne peut ni habiliter, ni inhabiliter l'époux qui veut en disposer en faveur de son conjoint, partant que le statut est personnel, et qu'il faut admettre dans tous les cas l'extension de la coutume du domicile.

a) Donations immobilières. — Les auteurs et la jurisprudence, rattachant les donations entre époux au régime successoral, se prononçaient pour la réalité du statut. Toutefois, en vertu du principe généralement admis dont nous parlerons plus loin, les immeubles seuls suivaient la loi de la situation. Nous avons soutenu que, dans le droit coutumier, le régime des donations entre conjoints n'était nullement, à notre avis, une dépendance de l'organisation successorale, mais acceptons pour un instant ce lien étroit invoqué par les auteurs pour ranger les libéralités entre époux dans la classe des statuts réels, et demandons-nous si la raison donnée pour justifier la réalité du statut successoral est satisfaisante. Ainsi que l'observe M. Lainé (2), le motif de la conservation des biens dans les familles paraît bien superficiel, il pourrait tout aussi bien servir à justifier la solution opposée. La preuve en est que Bouhier l'a donné à l'appui de la personnalité des statuts qui

(1) Bouhier, chap. XXIV, n° 127.
(2) T. II, p. 64.

excluent les filles dotées de la succession de leurs père et
mère (1). Et en effet cette exclusion avait pour but de
conserver les biens aux mâles et par conséquent d'en
assurer la transmission dans la lignée du premier propriétaire. Si donc les biens étaient assis sous une coutume où les filles avaient le droit de réclamer dans la succession de leurs parents un supplément de légitime, l'intérêt
de la conservation des biens dans les familles était moins sau-
vegardé. D'autre part, bien que l'esprit général du droit
coutumier fût éminemment favorable au maintien des
patrimoines, les dispositions des coutumes sur la réserve
étaient d'une infinie variété.

La coutume du Berry n'apportait d'autre restriction au
droit de disposer que la légitime des enfants fixée à la
moitié des biens ; d'autres, ne faisant aucune distinction
entre les propres et les autres biens, limitaient la quotité
disponible à une partie de la succession ; enfin la plupart
réservaient aux héritiers une portion des propres qui
variait de moitié aux quatre-cinquièmes. Il pouvait donc
arriver que la loi de la situation fût moins favorable à
l'idée dominante que la loi du domicile du défunt. Il en
résulte que le motif donné par les auteurs coutumiers en
faveur de la réalité du statut successoral est tout à fait
insuffisant, car, en se plaçant à leur point de vue, la personnalité aurait souvent conduit à un résultat plus avan-
tageux. On s'explique mal au surplus l'intérêt que pouvait
avoir une coutume, souveraine territoriale, à se montrer
soucieuse du bien-être de familles sur lesquelles elle

---

(1) Ch. 26, n°s 185 et suiv.

n'exerçait aucune souveraineté personnelle. Que lui importait la splendeur du nom de ces étrangers qui, vivant en dehors de son territoire, ne faisaient point partie de son état social ? Ce n'était pas pour eux qu'elle avait organisé son régime successoral, ils ne participaient point à ses institutions. Appartenant à un autre milieu, ils avaient leurs lois pour les protéger et les défendre. A notre avis ce n'est pas dans cet ordre d'idées qu'il faut chercher les causes de la réalité du statut des successions. La vérité est que la doctrine de la souveraineté, telle qu'elle était entendue et justifiée par le régime féodal, tenait encore par trop de racines pour qu'on pût admettre l'application d'une loi étrangère à la dévolution des immeubles.

b) Donations mobilières. — On soumettait les donations mobilières à la loi du domicile des époux, soit parce qu'on considérait les meubles comme attachés à la personne et se transportant partout avec elle *(mobilia sequuntur personam)*, soit parce que l'on jugeait que, n'ayant pas d'assiette fixe, ils étaient tous censés être, par une fiction légale, au domicile de leur propriétaire (1). Il ne pouvait être question à cette époque de loi nationale, car, dans le domaine du droit, la France était partagée en coutumes distinctes, jalouses de leur souveraineté, et l'unité juridique restait à faire alors que l'unité politique était accomplie. C'était donc le domicile qui déterminait la loi applicable à l'état et à la capacité des personnes. Mais il arrivait souvent qu'une personne changeait de domicile et ve-

____

(1) Voy. pour plus de détails : LAINÉ *op. cit*, t. II, p. **226** et suivantes.

nait se fixer dans une coutume qui contenait des dispositions contraires à celles de son domicile originaire. A
quelle coutume devait-on alors s'arrêter, pour juger de la
validité et de l'effet de la donation entre conjoints ? Il
semble bien qu'il y eût unanimité pour décider que l'état
des personnes avec ses conséquences de capacité ou d'incapacité, dépendant du domicile, changeait chaque fois
que le domicile se déplaçait : « *Nam ratione domicilii est
effectus sub illa lege, quia quasi civis est* (1). » Cependant,
au dernier siècle, Froland (2) se prononça pour le domicile d'origine en ce qui concerne la majorité ; il motiva
son sentiment par les considérations suivantes : « Si, dit-il,
la coutume du domicile (actuel) était celle qui dût fixer la
majorité de la personne, la liberté que nous avons de changer nos demeures, de nous en constituer de nouvelles et
de résider où il nous plaît, nous jetterait dans de fort
grands embarras. Celui qui serait majeur en Normandie,
où je suppose qu'il aurait pris naissance, perdrait en un
moment sa qualité et deviendrait mineur par la translation
de son domicile à Paris, à Senlis ou autres coutumes ayant
disposition semblable. Et *vice versa*, quelque temps après,
revenant dans son pays natal, il reprendrait son premier

(1) BALDE, *In l. cunctos populos*, N· 59. Cpr. BURGUNDUS, *Ad consuetudines Flandriœ*, tract. 2, n° 6. — D'ARGENTRÉ, *op. cit.*, art. 218,
Glose 6, n° 47. RODENBURGH, *De Statutorum diversitate*, titre 2, *Pars
altera*, Cap. 1, n° 5.

(2) Toutefois, au XVIIe siècle, Henrys, jurisconsulte anglais, avait
nettement fait ressortir les raisons pour lesquelles la loi du domicile
d'origine doit prévaloir dans tous les cas. *On foreign law.*, p. 5, 6.
Voy. LAINÉ, t. 2, p. 201 et suiv.

état, et si depuis, par un changement de volonté assez ordinaire à l'homme, il venait s'établir sous la coutume de Bruxelles, il cesserait d'être majeur s'il n'avait pas 28 ans, et ne pourrait plus aliéner, permuter, ni s'obliger conformément à l'art. 140 de cette coutume ; ce qui le jetterait dans des embarras très considérables qu'on peut aisément éviter en abandonnant à la loi de l'origine la décision de notre question (1).

Dans ses *Dissertations sur les questions mixtes* (2), Boullenois adopte le sentiment de son confrère sans énoncer plus que lui le fondement rationnel sur lequel il s'étaie. Froland ne voit que des considérations d'utilité là où il aurait fallu dégager l'idée du rapport de droit. Boullenois constate avec justesse que les inconvénients signalés relativement à la majorité ne doivent pas être un motif dominant, car ces inconvénients sont les mêmes pour les autres éléments de l'état des personnes ; il se rallie toutefois à l'avis de Froland, parce que la loi de la naissance, prenant l'enfant à son berceau, doit le suivre jusqu'à ce qu'il soit en état de se protéger lui-même. Mais pas plus que son contemporain, il ne donne la raison pour laquelle cette loi doit gouverner, à l'exclusion de toute autre, l'état de majorité ou de minorité. Cependant, au cours de sa dissertation, il entrevoit le vrai terrain où il faut se placer pour attribuer la prédominance à la loi nationale. Le Parlement de Normandie avait fait un règlement de 1666 ainsi conçu : « Toute personne née en Normandie est censée majeure à 20 ans accomplis. » Dans son commen-

____

(1) *Op. cit.*, II, p. 1582.

(2) 2e *Question*, p. 40 à 62.

taire sur l'art. 431 de la coutume de cette province (1),
Basnage avait dit: « Tous les peuples ne naissent pas sous
des climats également heureux. La nature aussi ne distri-
bue pas également les faveurs de l'esprit ; il y a des peuples qui naissent presque tous avec des génies heureux et
capables de grandes choses et nous connaissons au contraire des nations entières d'un esprit grossier et indocile.
Si l'on en croit le bon Accurse, les Romains, les Lombards,
les Normands naissent avec un génie plus mûr et plus
avancé que les autres peuples. (*Quales Lombardia, Nor-
mandia parit, et, avaritiæ caput, Roma, cunctos tales
generans*). M. d'Argentré a cru que c'est la raison pour
laquelle la coutume a avancé le terme ordinaire de la majorité. »

Boullenois, qui rapporte ce passage, trouve que l'idée
n'est pas à négliger; la diversité des climats pourrait bien
avoir été une raison pour avancer ou retarder la majorité,
mais il n'appuie pas sur toute l'importance de cet argument; s'il conclut pour la loi du domicile originaire, c'est
qu'étant la première qui affecte la personne, elle doit la
suivre jusqu'à sa majorité.

Le président Bouhier (2) se montre, ici comme toujours, esprit plus libre et plus dégagé des liens de la tradition féodale. On ne peut affirmer qu'il pose en principe
l'immutabilité de l'état tel qu'il est fixé par le domicile
d'origine ; à vrai dire, il semble considérer cette immutabilité tantôt comme le principe, tantôt comme l'exception.
Une chose pourtant est certaine, c'est qu'il étend la doc-

(1) T. II, p. 242.

(2) *Op. cit.* Ch. 22.

trine de Froland et de Boullenois à la capacité de tester (1), mais il n'ose en déduire toutes les conséquences.
Malgré ces tentatives d'esprits ouverts à la critique, jusqu'à la fin on admit sans difficulté que l'état des personnes
changeait avec les déplacements du domicile. Ricard,
frappé des bizarreries que peut entraîner l'application du
principe, le défend dans les termes suivants : « Car quoiqu'il semble qu'il y ait quelque absurdité à dire que celui
que la loi a une fois reconnu capable devienne incapable,
sans qu'il arrive autre changement à sa personne que
celui de la demeure ; néanmoins il faut dire plus à propos
que le nouveau domicile qu'il contracte, change ses habitudes et ses mœurs par la conversation qu'il fait avec un
peuple sujet à d'autres lois auxquelles il se soumet aussi,
au moyen de la société qu'il contracte en vertu de son
domicile avec ceux de ce pays » (2). Mais ce changement
ne pouvait porter atteinte aux droits acquis, et il n'avait
aucun effet s'il avait eu lieu dans une pensée de fraude (3).

Examinons maintenant l'influence que le changement de
domicile pouvait avoir en notre matière.

Lorsqu'il s'agit de la forme de l'acte, la solution est
assez simple. En vertu de la règle *locus regit actum*,
la forme est régie par la loi du lieu où la libéralité a été
passée ; et une fois faite dans ces conditions, elle conserve
sa validité, en quelque lieu que le disposant ait transporté

____

(1) Et aussi à la capacité de la femme mariée fixée par la loi du
premier domicile conjugal.

(2) *Op. cit.*, n° 312.

(3) Voy. POTHIER, *Donations entre mari et femme*, n°s 19, 20, 21.

son domicile. Cela est vrai pour toutes les dispositions entre vifs ou testamentaires, mais il n'en est pas de même lorsqu'il s'agit de l'effet de la libéralité. Dans ce cas il faut considérer à quelle époque la donation a commencé à avoir son effet. Si c'est une donation entre vifs, la disposition suivra le sort qui lui sera fait par la coutume du domicile du donateur au jour du contrat. Est-ce une donation testamentaire ? Elle sera régie par la coutume du domicile du testateur au jour de son décès, car le testament est un acte de dernière volonté.

Lorsqu'il est question de la capacité du donateur, il n'y a aucune difficulté ponr la donation entre vifs qui est parfaite au moment même où elle est passée. Mais s'il s'agit d'une donation testamentaire, Ricard (1) décide que la capacité générale du testateur est régie par la coutume du lieu où il avait son domicile au moment de la confection du testament et, « quoique par la coutume du lieu où il va s'établir et faire sa résidence, il ne fût pas capable de faire testament, parce qu'elle requiert par exemple un plus grand âge que ne faisait la première, le testament qui a été une fois parfait demeure toujours dans sa vigueur ». Cette décision ne cadre pas avec celle que le même auteur nous a donnée précédemment (n° 312) sur les conséquences du changement de domicile. Il reconnaît que ce changement entraîne la perte de la capacité, si la nouvelle coutume à laquelle on se soumet exige pour tester un âge plus avancé ; il nous en donne les raisons probantes à notre avis, et, par une singulière contradiction, il veut faire maintenant dépendre la capacité du testateur

(1) N** 332 et suivants.

d'un domicile autre que celui qu'il a au moment de la mort.

Nous croyons que c'est à ce dernier domicile seul qu'il faut avoir égard, les donations testamentaires n'acquérant leur perfection, et même leur être, qu'au temps de la mort du testateur.

II. — DONATION MUTUELLE.

A l'égard de la donation mutuelle, la question du domicile présente de plus sérieuses difficultés ; nous trouvons sur ce point trois opinions.

Les uns pensent que l'on doit considérer l'époque du mariage et régler le don mutuel sur la coutume du lieu où a été passé le contrat de mariage, comme cela a lieu pour la communauté dont la stipulation a toujours son effet, alors même que les conjoints transfèrent leur domicile dans des coutumes exclusives de communauté, et il doit en être ainsi d'autant plus que le don mutuel est une dépendance de la communauté.

D'autres, sur le fondement que le don mutuel n'a d'effet qu'au décès du premier mourant, veulent l'assimiler au testament et proposent de suivre la coutume du domicile des conjoints au temps de ce décès.

Enfin d'autres estiment qu'en matière de donation mutuelle, on doit, pour juger de la capacité des conjoints, avoir égard au temps auquel la donation est faite et à la coutume du domicile qu'ils ont à ce moment.

Cette dernière opinion est partagée par Ricard (1), qui

(1) N° 337.

observe à ce sujet qu'il est bien vrai que l'effet de l'exécution de semblables donations est remis au jour du décès du premier mourant, mais que l'effet de la donation en soi — ce qu'il faut considérer — commence du jour du contrat qui lie et arrête les volontés des parties ; ce qui en fait un véritable acte entre vifs. Il en résulte que, dès le jour du contrat, le conjoint qui doit survivre est fait propriétaire, sous la condition certaine de la mort de celui qui doit décéder le premier ; en conséquence un changement de domicile ne peut préjudicier à un droit certain et acquis.

Et il cite à l'appui de son opinion l'arrêt du 16 mars 1616 que nous avons rapporté, arrêt qui avait décidé qu'un don mutuel fait à Senlis, où ils étaient domiciliés, entre le président Loysel et sa femme, devait être réglé suivant la coutume de Senlis, quoique le contrat de mariage des époux eût stipulé la communauté de biens suivant la coutume de Paris et qu'ils ne fussent demeurés que huit ans à Senlis, après quoi ils étaient venus se fixer à Paris où était décédée Mme Loysel. Froland (1), qui approuve le raisonnement de Ricard *en sa meilleure partie*, déclare qu'il a de la peine à croire « *dans l'usage où nous vivons aujourd'hui* » qu'on doive toujours suivre la coutume du domicile des conjoints pour juger de leur capacité en matière de donation mutuelle, « si cela était, dit-il, il s'ensuivrait qu'il faudrait rejetter celle qui aurait été faite des effets de la communauté par un contrat de mariage passé à Paris, entre une fille de Paris et un particulier originaire de Normandie, où les donations de cette qualité sont inconnues,

(1) T. II, p. 863.

qui aurait eu l'esprit de retour et qui, en effet, se serait retiré depuis dans son pays ; ce qui assurément ne laisserait pas de trouver des contradicteurs. »

L'objection de Froland, pour judicieuse qu'elle soit, ne nous semble pas devoir s'appliquer au passage que nous venons de rapporter. Ricard n'envisage nullement, à notre avis, le cas où la donation mutuelle est contenue dans le contrat de mariage, il ne considère que les dons mutuels faits *postérieuremeut* à la célébration du mariage, et, pour s'en convaincre, il suffit de relire la phrase qui commence son exposé : « *Quelques-uns voudront soutenir que l'on doit avoir égard au temps du mariage* et que le don mutuel doit être réglé par la coutume du lieu où le contrat de mariage a été passé, comme il s'observe à l'égard de la communauté, *encore que les conjoints aillent depuis transférer ailleurs leur domicile,* » etc...

Les conventions portées au contrat de mariage forment la loi des parties comme toutes les conventions. Si les époux qui sont libres de choisir n'importe quel régime, de stipuler par exemple la communauté dans les pays dotaux, se sont soumis à la coutume de Paris pour les clauses de leur contrat, il est, à notre avis, sans difficulté que le don mutuel porté au contrat soit régi par cette coutume et produise son effet même dans les coutumes prohibitives ; car il est de règle que les conventions ne sont pas limitées à un territoire et qu'elles étendent partout leur action. Dans le célèbre débat entre Dumoulin et d'Argentré sur le statut de communauté, le jurisconsulte breton reconnaît la vérité du principe mais il en rejette les conséquences ; il admet la force de la convention lorsqu'elle est expresse, ce qui est notre cas, puisque le don mutuel ne peut résulter que d'une volonté formellement exprimée ; il exige même quelque chose de plus : l'indication que le don mutuel comprendra tous les biens qu'acquerront les époux, quelle que soit leur situation, mais il ajoute aussitôt une restriction pour les coutumes qui contiennent une disposition prohibitive : ce qui consiste en réalité à reprendre d'une main ce qu'il a donné de l'autre. « *Quod si dictum sit ubicumque siti reperti fuerint communes futuros conquæstus, hic quidem conventio et actio nascetur personalis et ex lege valebit, sed ita demum, si statuta locorum ubi siti erunt non repugnabunt dispositione prohibitua aut annulatiua* (1) ». D'Argentré n'admet donc point que le don mutuel des conquèts de communauté porté au contrat de mariage de deux Parisiens, se soumettant à la coutume de leur pays à l'exclusion de toutes autres, soit valable pour les conquèts situés en Normandie où la coutume ne semble pas reconnaître les donations de cette nature : « Quelque accord ou convenant qui ait été fait par contrat de mariage, et en faveur d'icelui, les femmes ne peuvent avoir plus grande part aux conquèts faits par le mari, que ce qui leur appartient par la coutume, à laquelle les contractants ne peuvent déroger. » (Art. 330.) « Gens mariés ne se peuvent céder, donner ou transporter l'un à l'autre quelque chose que ce soit, ni faire contrats ou concessions, par lesquels les biens de l'un viennent à l'autre, en tout ou partie, directement ou indirectement. » (Art. 410.)

Le Parlement de Paris jugeait que l'art. 330 n'était pas applicable aux conventions matrimoniales faites en pays

______

(1) D'Argentré, *loc. cit.*, art.218, p. 591, n° 38.

de communauté, mais le Parlement de Rouen n'avait
point égard à toutes ces dérogations et s'en tenait strictement à la disposition de l'article (1).

Basnage (2), commentateur de la coutume, invoque
comme d'Argentré le principe de la souveraineté territoriale pour faire échec aux effets exterritoriaux des conventions. Froland, toujours plein de doutes et d'hésitations
— ce qui s'explique dans des questions aussi délicates —
ne se prononce pas formellement pour l'exterritorialité du
don mutuel porté au contrat de mariage lorsque la coutume
de la situation des biens comporte une disposition prohibitive. Le principe de la réalité des coutumes le gêne, il use
de détours pour nous faire entendre qu'il est plutôt favorable à l'opinion qui donne effet à une telle donation même
sur les conquêts situés en Normandie, à la différence du
don mutuel fait après la célébration du mariage. C'était le
sentiment de deux célèbres avocats qui invoquaient à
l'appui de leur solution la faveur du mariage, celle des
conventions solennellement arrêtées entre les conjoints et
leurs familles qui, peut-être, sans une pareille stipulation,
n'auraient contracté aucun engagement, la liberté qu'il
semble qu'on doit naturellement avoir d'imposer
telles lois qu'on juge à propos à des biens qu'on
n'a pas encore acquis et qu'on ne possède point encore.
Il discute longuement pour prouver qu'aucun texte

____

(1) En décidant que la disposition prohibitive de communauté de
la coutume de Normandie était un statut personnel (Voy. BOULLE-
NOIS, *Question* 5, qui approuve cette jurisprudence), le Parlement de
Paris ébranlait la maxime de la réalité.

(2) BASNAGE, *Œuvres*, t. 1, art. 330.

formel de la coutume de Normandie ne rejette les dons mutuels et, raison considérable pour un praticien trop préoccupé de la jurisprudence, que le Parlement de Rouen n'avait pas absolument condamné les donations de cette nature, quand elles avaient été faites par contrat de mariage.

Nous croyons que toute l'argumentation de Froland tombe devant les termes de l'art. 330 de la coutume de Normandie : « Quelque accord ou convenant qui ait été fait par contrat de mariage, et en faveur d'icelui, » etc. Le don mutuel porté au contrat fait partie des conventions matrimoniales ; si, comme nous l'apprend Basnage, le Parlement de Rouen n'avait aucun égard aux stipulations portées dans les contrats de mariage passés en pays de communauté, comment aurait-il pu valider un don mutuel qui n'a pas plus de force que les autres clauses du contrat ? Et quant à ce fait que les futurs époux se donnent des biens qu'ils ne possèdent pas encore, mais qu'ils espèrent acquérir, quelle importance peut-il avoir, alors que le statut de communauté s'applique également à des biens que les époux acquerront dans la société qu'ils contractent ?

Dans son conseil 53, Dumoulin soutient que la donation mutuelle de tous biens, en quelques lieux qu'ils soient situés, est valable, nonobstant les coutumes contraires, parce que ces conventions sont personnelles et non réelles. Le don mutuel que s'étaient fait les époux de Gannay avait été passé dans un acte postérieur à la célébration du mariage. « *Patet per discursum verborum dispositivorum dictæ donationis ubi expresse donantes disponunt de omnibus conquæstibus communibus* FACTIS, *et faciendis* », etc. Dumoulin fait donc un pas hardi, comme pour le sta-

tut de communauté expresse ou tacite, en faveur de la personnalité des actes qui dépendent de la volonté des parties.
« *Est enim clarissimum quod sic, cum non agatur de vi
et jure consuetudinis, sed de vi et effectu et implemento
contractus celebrati.* » Il va même plus loin, il admet que
pour les conquêts situés en pays de droit écrit, où les conjoints peuvent disposer l'un envers l'autre en pleine propriété, la donation ne se bornera pas à l'usufruit : « *Dicendum
quod conquæstus patriæ juriscripti includantur in donatione pleno jure proprietatis perpetuæ, et non simplici jure
usufructus, patet quia disponentes voluerint donationem
suam habere effectum in conquæstibus quocumque sitis,
prout et inquantum locorum, ubi sita reperiuntur,
natura, jus et consuetudo patitur et permittit : sed jus
et consuetudo Matisconensis patitur et concedit inter
conjuges donationem mutuam æqualem et reciprocam,
qualis est de qua agitur, est, fieri jure plenæ proprietatis et in perpetuum, ut est notissimum, et de jure communi nullus contractus inter virum et uxorem est prohibitus, nisi qui in meram et puram unius donationem
incidit. Et de donatione mutua jure plenæ et perpetuæ
proprietatis inter conjuges permissa.* »

Ici nous pensons que l'éminent jurisconsulte aurait dû
faire une distinction. Si le don mutuel a été porté par
contrat de mariage et que, se soumettant à une coutume
qui le permet, les époux l'aient stipulé en pleine propriété
pour les conquêts en quelque lieu qu'ils soient situés, il
est certain que le don mutuel faisant partie des conventions
matrimoniales pour lesquelles toute liberté est laissée aux
conjoints, et cela en faveur du mariage, doit recevoir tout
son effet. Si encore, fait postérieurement, les époux sont
domiciliés sous une coutume qui l'admet en pleine propriété,

nous admettons que ses effets doivent être les mêmes sur les biens situés en coutumes qui les restreignent à l'usufruit ou qui les rejettent. Mais nous ne croyons pas que des conjoints domiciliés à Paris puissent, après la célébration du mariage, se donner en toute propriété des biens situés à Senlis, car ce serait leur permettre de violer les dispositions de la coutume qui les régit et a empire sur eux (1). Quand la coutume défend de disposer, comme le fait très bien remarquer Coquille, ceux qui sont domiciliés dans

(1) L'opinion de Dumoulin semble avoir obtenu les suffrages des jurisconsultes qui ont rédigé les *Arrêtés de Lamoignon*, essai de règles uniformes pour toute la France qui aspirait à l'unité juridique. Bien que ces arrêtés n'aient point eu force de loi, ils n'en sont pas moins curieux à consulter comme l'expression des idées des principaux hommes de loi de l'époque. — Le titre XXXVI de ces arrêtés relatif aux dispositions simples et mutuelles entre mari et femme contient l'article suivant : « Homme et femme, conjoints par mariage, peuvent, même dans les coutumes qui défendent tous avantages entre mari et femme, faire donation mutuelle entre vifs, étant en santé, l'un à l'autre également, de tous leurs biens meubles et acquêts immeubles, faits durant le mariage, qui se trouveront appartenir au premier mourant à l'heure de son décès, pour en jouir par le survivant en propriété ès-lieux où la loi et les coutumes le permettent, et par usufruit en tous les autres lieux ; et en cas d'usufruit le survivant sera tenu de bailler caution suffisante de restituer les biens lorsqu'il sera éteint. » (Art 10). Cet article favorise donc le don mutuel considéré comme un contrat plutôt onéreux qui doit être encouragé entre époux. Il le restreint à l'usufruit pour les coutumes qui le prohibent entièrement ou ne l'admettent pas en propriété ; sans doute car telle était la disposition de la coutume de Paris à qui l'on attribuait la prééminence. C'était faire échec au principe de la souveraineté des coutumes puisque la règle n'était pas uniforme et en conséquence ouvrir la porte à la personnalité des avantages entre conjoints. Mais au cas où ces arrêtés auraient été enregistrés et eussent ainsi acquis force de loi, nous ne pensons pas que notre article pût s'appliquer aux

cette coutume ne pourront disposer de leurs biens sous une autre coutume qui ne contient pas cette défense, car la coutume lie la volonté de ceux qui lui sont assujettis ; ils ne peuvent pas vouloir autre chose que ce que veut la loi. L'erreur de Dumoulin vient de ce qu'il considère le don mutuel comme un contrat plutôt onéreux, et il en conclut que les effets de cette convention dépendent uniquement de la volonté des parties contractantes. Incontestable dans son principe, cette doctrine ne peut, à notre avis, s'appliquer à la lettre en notre matière. Bien que le don mutuel présente de frappantes analogies avec les contrats *do ut des*, il n'en constitue pas moins une libéralité, car l'intention des parties a été de se gratifier, ce qui suffit pour le ranger dans la catégorie des contrats de bienfaisance, et nous ne voyons pas de bonne raison pour le distinguer de la donation pure et simple sur le point qui nous occupe. Nous ajouterons que si la donation mutuelle ne constituait pas une libéralité, elle n'eût pas été soumise au retranchement de l'Edit des secondes noces, comme il a été décidé par un arrêt solennel du 23 mai 1586 que Ricard approuve, parce que la donation mutuelle produit par l'évènement le même effet que la donation pure et simple.

L'application de la doctrine de Dumoulin rendrait inefficaces les dispositions des coutumes qui prohibent le don mutuel.

Une coutume par exemple, porte que : « Don mutuel n'a point de lieu et ne peuvent deux conjoints par mariage donner aucune chose l'un à l'autre. » Quelque

conjoints mariés sous l'empire de la coutume de Normandie qui prohibait la communauté et, comme telle, rendait, de l'aveu même de Dumoulin, le don mutuel impossible. Comp. Bouhier, *op. cit.*, ch. 27, n° 82. — Froland, *op. cit.*, t. 2, p. 931, 932.

puissance que l'on reconnaisse à la convention, on ne peut pas soutenir que si au mépris de cette coutume, deux conjoints qui y sont assujetis se sont fait un don mutuel, la convention aura son effet. Et d'ailleurs si l'effet de la convention était tel que le dit le célèbre jurisconsulte, on ne voit pas pourquoi il était impossible de déroger à la coutume, notamment pour dispenser le conjoint survivant de donner caution (art. 285 de la *Coutume de Paris*, p. 59). Cela prouve que la coutume ne considère pas le don mutuel entre époux comme une simple convention, soumise uniquement à la volonté des parties pour ses effets, mais plutôt comme un acte de disposition qui prend sa source essentielle dans la volonté du disposant. Or cette volonté étant en interdiction, elle ne pourra produire nulle part aucun effet ; si elle est restreinte, elle ne pourra se mouvoir que dans les limites qui lui ont été imposées. Nous estimons donc que dans l'espèce soumise à Dumoulin, la donation des conquêts situés dans le Mâconnais ne devait porter que sur l'usufruit, conformément à la disposition de la coutume de Paris où les conjoints avaient leur domicile au moment du contrat. Le célèbre jurisconsulte, nous l'avons vu, se prononce pour la réalité du statut qui régit les donations entre époux ; pour être logique, il n'aurait pas dû établir une différence entre les donations mutuelles et les donations pures et simples, celles-là produisant en fin de compte le même effet que celles-ci, puisque le survivant seul se trouve avoir été gratifié. Mais, à notre avis, il n'établit cette distinction que pour élargir le champ de la personnalité à laquelle il est bien plus favorable. Si parfois, il ne va pas jusqu'au bout de son principe, s'il a recours à une explication peu satisfaisante ou même s'il se contredit, c'est qu'il veut

ménager la tradition pour mieux faire accepter ses conclusions sur des points déterminés. C'est là une obligation
à laquelle les novateurs doivent se soumettre pour voir
leurs idées consacrées de leur vivant. Le principe de la
souveraineté féodale des coutumes était trop enraciné
dans l'esprit des contemporains pour qu'on pût le détruire par des voies révolutionnaires, il était nécessaire
d'y pratiquer des brèches par où la personnalité pouvait
pénétrer insensiblement.

Basnage, défenseur de la réalité des coutumes, répond à
Dumoulin dans son commentaire sur l'art. 389 de la coutume de Normandie : « Si le consentement et la convention
des contractants pouvaient avoir la force et la vertu de
détruire les coutumes, elles seraient entièrement
illusoires et leur autorité serait méprisable si elles
étaient forcées de céder à la disposition de l'homme.
Puisque chaque coutume a la puissance de régler les
choses qui sont dans son étendue, on ne peut l'altérer ou
la renverser en passant des contrats ailleurs que dans son
territoire. » On objecte que les coutumes ne sont réputées
réelles qu'en ce qui dépend de la simple disposition de la
coutume, mais que, quand il s'y rencontre de la disposition de l'homme, cela empêche la réalité, faisant valoir la
disposition par dessus celle de la coutume : « Mais ce raisonnement n'est pas solide, car, s'il en était ainsi, ce serait
rendre toutes les dispositions des coutumes vaines et illusoires, étant malaisé de faire un contrat où les contractants ne s'engagent dans quelque obligation personnelle,
et par cette voie faisant prévaloir la disposition de l'homme
à la réalité. Il en résultera que les coutumes cesseront
d'être réelles parce qu'elles seront contraintes de suivre la
loi de la convention personnelle et leurs dispositions resteront

sans effet. » Basnage se trompe, la souveraineté de la coutume de Normandie n'est pas en cause lorsque deux conjoints, qui ne lui sont pas soumis, se font donation mutuelle de biens qu'ils y possèdent ; elle est étrangère aux actes qui dépendent de leur volonté, et c'est attenter à la liberté qui leur est reconnue par la loi de leur domicile que d'annuler en tout ou en partie les effets de ces actes. Mais d'autre part, Dumoulin a tort de ne pas accorder l'exterritorialité à la coutume du domicile au cas de donation simple, car si la réalité de la coutume de la situation des biens fait vraiment obstacle à cette extension, elle doit aussi empêcher l'effet de la donation mutuelle qui ne peut être faite que par la permission qu'en donne la coutume du domicile. Si Dumoulin avait pu se dégager entièrement du préjugé de la réalité des coutumes, son esprit aussi judicieux que puissant l'eût amené à déclarer personnel le statut des donations entre époux.

Le Parlement de Paris, qui s'était décidé pour la personnalité du statut de la donation mutuelle lorsqu'elle était contenue dans le contrat de mariage, avait, par les arrêts de Miromesnil et de Deshameaux, rejeté des donations faites postérieurement au mariage, de conquêts situés en Normandie. Mais pour l'affaire de Gannay, qui avait amené la consultation de Dumoulin, il avait adopté l'opinion du célèbre jurisconsulte ; c'est dire toute l'influence que Dumoulin exerçait sur la jurisprudence. Cette sentence fut cependant réformée vingt ans après par le conseil privé du Roi, à qui Dumoulin reproche de s'être laissé déterminer par des considérations étrangères à la justice.

Pour n'avoir pas suivi le principe de la personnalité du statut des donations qui repose sur des bases essentiellement justes et qui donne, pour tous les cas, des solutions identiques et simples, Froland est contraint de passer en revue les diverses conditions apposées par les coutumes aux dons mutuels entre époux, et elles sont si variées, si nombreuses, comme on a pu s'en rendre compte, que pour chaque espèce, il se demande avec anxiété si le pour ou le contre ne sont pas également raisonnables. Nous ne le suivrons pas dans cette vaine discussion ; nous avons déjà rapporté et critiqué le caractère qu'il donne à l'article de la coutume de Bourgogne qui requiert le consentement des plus proches parents successibles pour la validité des donations entre conjoints.

Nous nous contenterons d'examiner brièvement ce qu'il dit de la disposition de la coutume de Dunois qui exige, pour que le don mutuel soit valable, qu'il soit confirmé par un testament également mutuel. Après avoir exposé que c'est cette confirmation qui fait la validité de la donation, qui la rend exécutoire et donne aux conjoints la *capacité* qu'ils n'avaient pas sans elle, que l'*incapacité* que la loi du domicile des conjoints a imprimée sur leurs *personnes* subsiste perpétuellement et que, par conséquent, ils n'ont pu disposer différemment des biens qu'ils avaient sous d'autres coutumes, il déclare la question épineuse et de celles sur qui l'on peut mettre, comme faisait autrefois en pareil cas un conseiller du Parlement : *question pour l'ami ?* Mais à la réflexion, il croit qu'il faut dire que des conjoints domiciliés en Dunois, ne sont point exclus de se donner l'un à l'autre les biens qu'ils ont ailleurs, pourvu que la loi de la situation le permette, parce que le statut ne tombe point sur leurs propres personnes, mais sur la chose, c'est-à-dire sur les biens ; ce qui fait qu'on n'est point dans un cas où il soit question de leur *état*, abstraction faite de toute matière *réelle*.

Si Froland veut dire que le statut, pour être personnel, ne doit pas concerner indirectement les biens, il reproduit la doctrine de d'Argentré tout imprégnée du plus pur esprit féodal. Mais il aurait pu se demander pourquoi la coutume de Dunois exigeait la confirmation par testament mutuel, et à cette question Pothier, aussi réaliste qu'il peut l'être, lui aurait répondu : « Le motif paraît tiré de la crainte que le grand ascendant que donne souvent l'union conjugale à l'un des conjoints sur la volonté de l'autre ne fût pas toujours aussi libre et aussi parfait que doit l'être le consentement qu'on donne à un acte irrévocable. C'est pourquoi la coutume a voulu qu'ils ne pussent faire que par des actes *révocables* le don mutuel qu'elle leur permet, afin que le pouvoir qu'ils conservent de le révoquer fût un remède contre le défaut de liberté qu'ils auraient pu avoir en le faisant (1). » Est-il rien de plus concluant en faveur de la personnalité du statut, et comment un esprit aussi judicieux que celui de Pothier, a-t-il pu décider en même temps (2) que cette disposition de la coutume s'appliquait à tous les conjoints qui disposaient entre eux de biens situés dans le Dunois, quel que fût leur domicile?

C'est admettre que les biens sont soumis à la seule loi de leur situation et autoriser par là-même les conjoints du Dunois à se faire des dons mutuels simples pour les biens qu'ils possèdent ailleurs. Ainsi le législateur du Dunois défend aux époux de se faire des donations irrévocables, il exige la confirmation par testament mutuel pour s'assurer que les volontés des époux sont bien libres ; l'un d'eux pourra jusqu'à ses derniers jours se refuser à faire le tes-

____

(1) *Donations entre mari et femme.* Appendice n° 7.

(2) N° 5.

tament et même le révoquer après qu'il aura été fait, et
rien ne sera plus simple au conjoint dominateur que
d'éluder la prohibition. Il n'aura même pas besoin d'exiger
un changement de domicile, il lui suffira d'obtenir que les
biens soient acquis à quelques lieues, dans les seigneuries
de Marchenoir et de Fréteval, pour lesquelles la coutume
n'exige pas de confirmation testamentaire, et le don mutuel
sera irrévocable. Mais qu'importe! Toutes les considérations de justice ou autres doivent céder devant la souveraineté des coutumes. Ce préjugé aveuglait les meilleurs
esprits.

III. — Condition des conjoints étrangers non naturalisés.

Dans l'ancien droit, l'étranger qui n'avait pas obtenu
des lettres de naturalité ne pouvait ni donner, ni recevoir
par testament ; il n'y avait d'exception que pour celui qui
habitait certaines provinces ou certaines villes privilégiées
par ordonnance royale, comme le Languedoc, Toulouse,
Bordeaux, etc. Après sa mort, ses biens revenaient au Roi
par droit d'aubaine et son testament ne pouvait valoir que
jusqu'à concurrence de cinq sols parisis (1).

_____

(1) Le droit romain s'était montré plus humain envers les étrangers.
Le pérégrin pouvait tester, si la loi de la cité à laquelle il appartenait
le lui permettait ; il pouvait aussi transmettre et succéder *ab intestat*
dans les mêmes conditions. Bien plus le préteur pérégrin venait souvent au secours des personnes les plus favorables et donnait ainsi
satisfaction aux exigences de l'équité ; on peut penser, dit M. de Bœck,
que le droit d'aubaine a trouvé peu de faveur auprès de lui et lui était
même franchement antipathique. (Voir DE BŒCK, thèse, p. 154).

Mais cette incapacité ne s'appliquait qu'aux dispositions de dernière volonté ou pour cause de mort ; comme tout regnicole, l'étranger pouvait librement disposer de ses biens, soit par donation entre vifs, soit par tout autre contrat qui eût effet de son vivant (1), et cette faculté n'aurait pu lui être enlevée sans violer le droit des gens « *quia hujusmodi contractus introducti sunt a jure gentium quod omni humano generi commune est, et quo omnes gentes sive civiles, sive peregrini utuntur.* »

Tant que l'étranger vivait, il était libre, et comme tel il demeurait maître de disposer à son gré des biens qu'il possédait dans le royaume (2). Mais la donation qu'il aurait faite pendant sa maladie, même sous forme de donation entre vifs et irrévocable, était considérée comme une donation *mortis causa* et, comme telle, rejetée. C'était ce que décidait l'art. 267 de la coutume de Paris : « Toutes donations, encore qu'elles soient conçues entre vifs, faites par personnes gisant au lit, malades de maladie dont elles décèdent, sont réputées faites à cause de mort et testamentaire, et non entre vifs. »

Le don mutuel étant une véritable donation entre vifs, comme nous l'avons montré, il s'ensuit que les conjoints étrangers non naturalisés pouvaient le faire valablement. Bacquet rapporte un arrêt du 26 novembre 1551 qui avait jugé en ce sens pour un don mutuel passé en Allemagne entre deux conjoints allemands dont l'un avait reçu, il est vrai, des lettres de naturalité du roi. La femme survivante,

---

(1) Voir Bacquet, *Droit d'aubaine*, 2ᵉ partie, p. 53 et suivantes.

(2) On lit dans les *Arrêtés de Lamoignon* : « L'étranger peut donner et recevoir entre vifs, encore qu'il n'ait point de lettres de naturalité », titre 38, art. 3.

qui avait conservé sa nationalité, fut admise au bénéfice de la donation. Un autre arrêt de novembre 1568 s'était pro-noncé pour la validité du don mutuel entre conjoints étrangers ; la jurisprudence était constante sur ce point en la chambre du Trésor, au témoignage de Bacquet.

Enfin Frain, dans son *Recueil des plaidoyers et arrêts du Parlement de Bretagne* (1), cite un arrêt du 26 mars 1620 qui confirme cette opinion. La capacité des conjoints étrangers était donc la même que celle des conjoints français, ils pouvaient disposer entre eux par actes entre vifs, en se conformant à la coutume, soit de l'usufruit, soit de la pleine propriété des biens. Bacquet se demande si le conjoint étranger peut, par contrat de mariage, donner à sa femme survivante, native de France, ou même étrangère, la propriété de tous les biens qui lui appartiendront au jour de son trépas au cas où il décèderait sans enfants. On objecte que cette donation serait nulle comme ne pouvant avoir effet qu'au jour du décès, qu'elle contient une véritable institution d'héritier — acte qui n'est permis que par le pur droit civil — enfin qu'elle serait faite la plupart du temps en fraude du fisc qui doit recueillir les biens en vertu du droit d'aubaine. Mais il faut répondre que c'est là une vraie donation entre vifs, parfaite et absolue au moment du consentement, qu'elle enlève au donateur le droit de disposer à titre gratuit des biens compris dans la donation, en un mot que c'est un véritable contrat *inter vivos*, dont l'exécution seule est reportée jusqu'à la mort « *verba dispositiva non sunt collata in tempus mortis, sed executiva tantum* », ce qui a lieu dans presque toutes les donations faites en faveur

____

(1) Chap. 137, p. 817.

du mariage. L'article 210 de la coutume du Bourbonnais autorisait, par contrat de mariage seulement, au profit des contractants et de leurs descendants, la donation universelle de tous biens présents et à venir. Il est donc certain que ces donations étaient considérées comme des donations entre vifs et traitées avec faveur, puisque leur validité était admise alors même qu'elles ne fûssent pas réciproques et égales. La raison en est que les contrats de mariage étaient susceptibles de toutes sortes de conventions, mais, comme on le voit par la disposition que nous venons de rapporter, cette faveur n'était réservée qu'aux conjoints et à leurs descendants « *respectu eorum qui matrimonium non contrahunt, talis donatio non valet* », et la portion qui devait revenir à tout autre institué retournait à la succession du donateur (1). La chambre du Trésor validait la donation de tous biens faite par contrat de mariage entre étrangers, qu'elle fût réciproque ou en faveur de l'un d'eux seulement.

Nous avons vu que les conjoints étrangers soumis à l'incapacité qui frappait les aubains ne pouvaient tester ; que fallait-il décider pour la coutume de Dunois qui exigeait un testament mutuel confirmatif ? Pothier (2) pense que les conjoints qui ont des biens dans cette coutume doivent jouir des droits de citoyen, afin de pouvoir se faire le don mutuel, car le droit de tester n'a été établi que pour les citoyens, et les étrangers ne l'ont pas. Il en résulte que, sauf dans les seigneuries de Marchenoir et de Fréteval, les conjoints étrangers ne pourront se faire le don mutuel permis, puisqu'ils sont incapables de faire le testament

----

(1) Voir DES POMMIERS sur la *Coutume du Bourbonnais*, art. 210.

(2) *Coutume de Dunois*, n° 17.

nécessaire pour le confirmer. Cette solution, qui est en harmonie avec les principes, paraît bien rigoureuse pour le cas qui nous occupe, et nous sommes forcé de reconnaître que, dans notre système de la personnalité, les conjoints étrangers domiciliés dans le Dunois auraient été encore plus durement traités, le testament confirmatif étant nécessaire en quelque coutume qu'ils aient leurs biens (1). Comment une mesure prise pour garantir la liberté de tous les époux, des aubains comme des régnicoles, peut-elle se retourner contre une partie, si infime qu'elle soit, de ceux qu'elle est destinée à protéger ? Lorsque les conjoints possèdent le droit de tester et de se gratifier par acte de dernière volonté, il est indifférent, il est mauvais même, à notre avis, de leur reconnaître la liberté de se donner entre vifs. Qu'une législation leur refuse même le droit de se faire des libéralités entre vifs ou testamentaires ; pour excessive qu'elle serait, elle pourrait cependant se justifier. Mais ici nous nous trouvons en présence d'une véritable iniquité ; seuls les conjoints aubains ne pourront se faire des donations, et les auteurs coutumiers déclarent que la donation entre conjoints est un acte qui appartient au droit de gens. Ricard dit même que retirer ce droit aux étrangers serait commettre une injustice (2). C'est donc violer le droit des gens que de refuser toute valeur au

(1) Mais comme en dernière analyse, il s'agit d'enlever aux aubains une faculté qui est du ressort du droit des gens ; qu'ils ne peuvent y suppléer dans le cas présent parce qu'ils sont incapables de tester et que cette incapacité résulte de leur seule qualité d'aubains, nous refuserions à ce statut odieux et tout à fait exceptionnel toute application en dehors du territoire de Dunois.

(2) *Donat. entre vifs*, n° 218.

testament confirmatif fait par des aubains, alors que cet acte, essentiel il est vrai, n'est exigé que pour certifier qu'en se faisant le don mutuel, les époux étaient entièrement libres. Malgré le don mutuel, les biens de l'aubain mort sans postérité seraient donc recueillis par le roi à titre de droit d'aubaine, et le conjoint survivant serait dépouillé. A Rome, le préteur pérégrin n'eût pas toléré un résultat si contraire à l'équité, et la jurisprudence coutumière, si le cas s'est présenté, a dû trouver une solution plus humaine que celle de Pothier (2).

(2) La chambre du Trésor avait pour maxime constante que la succession *unde vir et uxor* ne s'appliquait pas au pays coutumier ; les arrêts ont cependant, lorsqu'il ne s'agissait pas d'aubains, attribué la succession du défunt au conjoint survivant décédé sans héritiers apparents, de préférence au Roi ou au seigneur haut-justicier (V. BACQUET, chap. 34, *Du Droit d'Aubaine*. (Remarques).

CHAPITRE II

§ 1er. — Droit interne.

Le législateur du Code civil, s'écartant à la fois de la
liberté illimitée de la loi de nivôse et de la prohibition absolue des coutumes, se rallia à un principe assez analogue
à celui du sénatus-consulte de Caracalla. Pensant qu'il
serait trop rigourenx d'interdire « aux maris et aux
femmes tous moyens d'exercer la rémunération et la gratitude l'un envers l'autre (1) », il permit aux conjoints de
s'avantager pendant le mariage ; mais, pour les prémunir
contre les entraînements irréfléchis, et tous les dangers
que comportent ces libéralités, il leur donna la faculté de
les révoquer en toute liberté. « On ne pourra plus douter
que les donations ne soient l'effet d'un consentement
libre, et qu'il ne faut les attribuer ni à la subordination,
ni à une affection momentanée ou inconsidérée, quand la
femme n'aura besoin pour cette révocation d'aucune autorisation ; quand pour rendre cette révocation plus libre
encore, et pour qu'on ne puisse argumenter de l'indivisi-
bilité des dispositions du même acte, il est réglé que les
époux ne pourront, pendant le mariage, se faire, par un

____

(1) FERRIÈRE, *Coutume de Paris*, glose I, n° 5.

seul et même acte, aucune donation mutuelle et réciproque (1).

Nature des donations entre époux. — La révocabilité
des donations entre époux, contraire à la règle « donner
et retenir ne vaut », a répandu quelque incertitude sur la
nature de ces libéralités. Faut-il y voir une espèce d'acte
mixte participant à la fois de la donation entre vifs et du
legs ? ou doit-on les considérer comme des dispositions testamentaires, révocables comme elles au gré du disposant ?

A notre avis, le doute n'est pas permis, en présence des
termes des art. 1096 et 893. « *Toutes donations faites
entre époux pendant le mariage, quoique qualifiées
entre vifs, seront toujours révocables* » (art. 1096), et
l'art. 893 n'admet que deux formes de disposition à titre
gratuit, la donation entre vifs et le testament. Ainsi c'est
la loi elle-même qui qualifie de *donations* les libéralités
que les époux se font entre eux pendant le mariage (2).
Or, la donation est un contrat, elle exige le concours de
deux volontés, c'est là sa différence essentielle avec le
testament. Il faut en conclure que ces donations sont
soumises, sauf la révocabilité, aux règles des donations
ordinaires quand elles ont pour objet des biens présents, et aux règles des institutions contractuelles quand
elles ont pour objet des biens à venir ou des biens présents et à venir (3).

---

(1) Bigot-Préameneu, *Exposé des motifs*. Locré, t. XI, p. 421, n° 88.

(2) Laurent, *Principes de droit civil*, t. 15, p, 350.

(3) Aubry et Rau, § 704, p. 10   Molombe, *Donations*, n° 461. —

Étendue. — La donation entre époux pendant le mariage peut comprendre soit des biens présents, soit des biens à venir, soit ensemble des biens présents et à venir.

Cette faculté résulte de l'art. 947, aux termes duquel les donations mentionnées aux chapitres VIII et IX ne sont pas soumises à la règle de l'art. 943 prohibant la donation de biens à venir. Or l'art. 1096 est compris dans le chapitre IX et la raison de cette exception se justifie très bien au surplus. L'art. 943 ne permet que les donations de biens présents, car toutes autres donations seraient contraires à la règle *donner et retenir ne vaut,* laquelle ne s'applique pas aux donations entre époux.

Le donataire est saisi immédiatement par l'effet de son acceptation du droit que lui confère la donation, et il devient propriétaire des biens présents. En ce qui concerne les biens à venir, il conserve son droit à la chose donnée dont il est saisi par la force du contrat et au jour du décès du donateur, mort sans avoir révoqué, le bien donné ne fait plus partie de la succession (1). La donation entre époux de biens à venir constitue donc une véritable donation entre-vifs et comme telle, elle est soumise aux formes de ce contrat. Il en résulte qu'elle doit être faite par acte notarié et acceptée expressément, à peine de nullité.

LAURENT, T. XV. n° 314. BAUDRY-LACANTINERIE, t. 2, n° 762. HUC., *Code Civil.* t. 6, n° 470. La loi du 21 juin 1843, art. 2, soumet la donation entre époux aux mêmes formes solennelles que la donation entre vifs.

(1) Cass. 22 juillet 1807, Sirey, 1807, 1, 361. Cass. 5 Déc. 1816, S, 1818, 1, 50. Cass. belge, 4 nov. 1875. *Pasicrisie.* 76, 1, 16 ; Gand, 30 juillet 1874, *Pas.* 75, 2, 23.

Principe de révocabilité. — Le droit de révocation est absolu pour le donateur qui ne saurait y renoncer valablement, cette disposition étant d'ordre public. La règle dictée au législateur par une sage prévoyance fût demeurée lettre morte s'il avait été permis d'y déroger par des conventions. Le donateur, quand il use de la faculté qui lui est donnée, et qui lui est strictement personnelle (1), ne doit aucun compte des motifs qui le font agir.

Le droit de révocation s'éteint seulement par le décès de l'époux donateur, celui-ci peut donc l'exercer après le décès de son conjoint donataire (2). La donation entre époux reste soumise à la révocation pour inexécution des charges et pour ingratitude, mais la survenance d'enfants la laisse intacte, la loi ne pouvant intéresser les époux à la stérilité de leur mariage.

Formes des donations entre époux. — Pour se faire des donations entre vifs pendant le mariage, les époux doivent se conformer aux prescriptions des articles qui régissent ce contrat (3). Ces donations devront donc être pas-

---

(1) Pour révoquer, la femme n'a besoin ni de l'autorisation de son mari ni de celle de la justice.

(2) Toulouse 20 mai 1886, D. 87, 2, 40.

(3) Sur le réquisitoire de Merlin, la Cour suprême a cassé dans l'intérêt de la loi, un arrêt rendu le 15 thermidor an 13, par la Cour de Rennes qui avait décidé qu'une donation de biens à venir faite entre mari et femme devait être soumise aux formes du testament. MERLIN, *Répertoire de Jurisprudence*, t. 8, donation, sect. XI, p. 559. — Il est à peine besoin de dire que les libéralités entre époux peuvent se faire comme entre étrangers sans emprunter nécessairement la forme des donations. Ainsi les remises de dettes, les dons manuels, etc., ne sont assujettis à aucune forme spéciale.

sées dans la forme solennelle, et mention de l'acceptation expresse devra être faite dans l'acte.

Par cela seul que les donations entre époux faites pendant le mariage sont essentiellement révocables, il était nécessaire, pour prévenir toutes contestations et tarir une source de procès, de leur appliquer la règle de l'art. 968 qui prohibe l'usage des testaments conjonctifs. C'est ce qu'a fait le législateur dans l'art. 1097 : « Les époux ne pourront, pendant le mariage, se faire, ni par acte entre vifs, ni par testament, aucune donation mutuelle et réciproque par un seul et même acte. » Mais rien n'empêche que les époux ne se gratifient réciproquement par des actes séparés quoique passés immédiatement l'un à la suite de l'autre, devant le même notaire et les mêmes témoins (1).

La violation de l'art. 1097 entraînerait la nullité de la donation; mais quel serait le caractère de cette nullité ? Ce qu'il y a de certain, c'est que les époux peuvent se faire toutes libéralités par actes séparés; la prohibition ne vise donc pas leur capacité, elle n'a trait qu'à la forme. Mais cette forme est prohibée pour des motifs d'ordre public, d'où naît la question de savoir si la donation conjointe peut être confirmée par les héritiers du donateur en vertu de l'art. 1340, lequel dispose que les héritiers qui confirment, ratifient ou exécutent volontairement une donation après le décès du donateur, renoncent par là même à opposer soit les vices de forme, soit toute autre exception. La Cour de cassation belge s'est prononcée

____

(1) Cass., 22 juillet 1807, sur réquisitoire de Merlin. Voy. MERLIN, *Répertoire de jurisprudence. Donation*, sect. XI, p. 558.

pour l'affirmative par un arrêt de rejet du 18 mai
1866 (1). Ici l'hésitation est permise en présence de la généralité des termes de l'art. 1340. Cependant si l'on considère que la défense des donations conjointes n'est pas
basée sur un intérêt privé, à la différence des formes solennelles édictées, suivant Pothier, pour la conservation
des biens dans les familles, et par conséquent dans l'intérêt des héritiers, on peut penser que, d'après la rigueur
des principes, la ratification expresse ou tacite des héritiers n'a pas pour effet de valider la donation (2). Nous
renvoyons pour plus de détails à la partie de cette étude
relative au droit international privé.

Révocabilité. — Le principe de révocabilité s'étend à
toutes donations entre époux pendant le mariage, quelle
que soit la forme dans laquelle elles ont été faites : avantages
indirects, dons manuels (3), donations déguisées, etc. Il
s'applique sans aucun doute, aux donations faites en reconnaissance d'une obligation de conscience, mais s'ap-
plique-t-il aussi à celles qui ont pour objet une obligation
naturelle? La jurisprudence et la majorité des auteurs dé-

(1) *Pasicrisie*, 1866, 1, 190.

(2) M. l'avocat général Faider, dans ses conclusions, donne pour
motif à l'art. 1097 le désir de sauvegarder les intérêts des héritiers et
de prévenir les abus d'influence d'un époux sur l'autre. Si ces motifs
avaient réellement déterminé la disposition de l'art. 1097, l'arrêt belge
serait indiscutable, mais tel n'a pas été le but du législateur. Il a
voulu interdire une forme incompatible soit avec la bonne foi, soit
avec la nature des actes révocables comme les testaments ou les
donations entre époux (BIGOT-PRÉAMENEU, *Exposé des motifs*, Fenet.
XII, p. 553).

(3) Bordeaux, 4 mars 1835, SIREY, 1836, 2, 568.

cident la négative sur ce fondement que l'obligation naturelle, bien qu'elle ne produise pas d'action en justice, lorsqu'elle a été reconnue et que celui qui en était tenu, l'a acquittée, devient civilement obligatoire (1). Nous préférons l'affirmative qui est enseignée par M. Laurent (2). « Il y a donation quand on donne ce que l'on ne peut pas être forcé de donner (3). Donc, dit le savant professeur, celui qui donne en acquit d'une dette naturelle fait une donation, car il ne pouvait pas être forcé à donner ce qu'il donne, les dettes naturelles ne produisant pas d'action. Vainement dit-on que lorsque ces dettes sont exécutées, elles se convertissent en obligations civiles. Cela n'est pas exact; tout ce que le Code dit, c'est que la répétition n'est pas admise à l'égard des obligations naturelles qui ont été volontairement acquittées; c'est-à-dire que les obligations naturelles n'ont d'effet que lorsqu'elles sont éteintes; et certes quand une dette est éteinte, on ne peut pas dire que ce soit une dette civile, puisqu'il n'y a plus de dette. La conséquence est que l'obligation naturelle n'existe pas tant qu'elle n'est pas payée; elle n'existe pas puisqu'elle ne produit aucun effet. Donc quand je donne en vertu d'une obligation naturelle, je donne sans être obligé; partant, d'après la définition de Papinien, je fais une libéralité. On pourrait objecter que la donation sert de paiement. L'objection serait décisive si l'obligation naturelle pouvait être novée, car payer une dette natu-

---

(1) Ricard, *Dispositions conditionnelles*, 61. Voy. Demolombe, t. XX, p. 26, n° 37.

(2) T. 12, p. 436, n° 355.

(3) *Donari videtur quod nullo jure cogente conceditur.* Papinien, loi 29. *De Donationibus*, livre XXXIX, 5.

relle en faisant une donation, c'est faire une novation.
Mais la dette naturelle ne peut être novée, et il y a de cela
une raison péremptoire, c'est que la novation suppose
une première obligation ayant une existence juridique;
or, la dette naturelle n'existe pas aux yeux de la loi jusqu'à ce que le paiement l'éteigne; donc elle ne peut servir de cause à une novation, ni par conséquent à une donation. » (1)

(1) Sous l'empire de l'ordonnance de 1731, les donations même
rémunératoires, étaient soumises à la formalité de l'insinuation. On
ne faisait exception à la règle que lorsque le donataire avait une
action pour demander la rémunération. (LARNAUDE, *thèse*, 1876,
p. 128) ; ce qui indique bien que l'ordonnance considérait comme une
libéralité le paiement d'une obligation naturelle. Merlin, dans un
plaidoyer à la section des requêtes le 14 floréal an II, dit sur le
même sujet : que la donation (dont il s'agit) doive en effet être
regardée comme *lucratoire*, c'est une proposition qu'il nous paraît
difficile de contester aux demandeurs. Nous savons bien que, sur la
nature des donations causées pour services rendus, les auteurs et les
arrêts ont beaucoup varié, et que rien n'est plus discordant que les
opinions avancées par les uns et adoptées par les autres. Mais en
faisant abstraction de tout ce qui a été écrit et jugé sur cette matière,
nous devons nous arrêter à ce principe écrit dans la loi 82 *De regulis
juris* au Digeste, que *donari videtur quod nullo jure cogente conceditur :* et delà nous devons conclure que, si par l'acte du 16 octobre
1792, Oudard n'a pas acquitté une dette dont on pouvait exiger de lui
le paiement, c'est une donation véritable qu'il a faite, et que par
conséquent cette donation doit être envisagée comme lucratoire. Or
quelle action les donataires avaient-elles contre Oudard pour se faire
récompenser des services qu'elles lui avaient rendus ? bien certainement elles n'en avaient aucune. Oudard leur avait constamment payé
leurs gages, et c'était tout ce qu'il leur devait. Ce qu'il y a ajouté par
l'acte du 19 octobre 1792 était donc une pure libéralité de sa part.
Et cela est si vrai qu'aux termes de l'art. 31 de l'ordonnance de 1731,
cet acte eût été révoqué de plein droit dans le cas où le donateur fût
devenu père après l'avoir souscrit » (MERLIN, *Questions de droit*, t. 6,

Par une confusion entre les obligations naturelles et les devoirs moraux, les tribunaux ont été jusqu'à décider que des abandons faits dans le but d'obéir à des obligations de conscience et même à de simples scrupules de délicatesse ou de vanité n'étaient pas sujets à révocation (1).

Sanctions du principe de révocabilité. — Pour éluder la règle de la révocabilité et aussi rendre vain le droit de réserve de certains héritiers, les époux prennent souvent des moyens détournés. Le législateur a déjoué à l'avance les combinaisons tentées dans ce but. « Les époux ne pourront se donner indirectement au-delà de ce qui leur est permis par les dispositions ci-dessus : « Toute donation ou déguisée ou faite à personnes interposées, sera nulle », porte l'art. 1099. Cet article distingue donc entre les donations indirectes proprement dites et les donations déguisées ou faites à personnes interposées. Aux unes il applique la réduction au cas où elles dépassent la quotité disponible dont nous parlerons plus loin ; aux autres la nullité, sanction sévère mais naturelle si l'on songe qu'il sera très souvent impossible de découvrir la fraude (2).

p. 19 et 20). Voy. dans le sens de M. Laurent, *C. C. espagn.*, art. 619. *C. C. argent.*, art. 1274. *Même Code*, art. 1823 : « *Les donations faites en acquit d'un devoir moral de gratitude ou pour des services qui ne donnent pas action en justice à l'effet de percevoir leur valeur en argent, alors même qu'elles seraient rémunératoires, doivent être considérées comme donations gratuites* ». *Codigo civil*, Buenos-Ayres, édition 1884.

(1) Voy. notamment Cass. 5 avril 1892, D, 92, 1, 234.

(2) Cass. 23 mai 1882, Sir., 83, 1, 72. 22 juillet 1884, Sir., 85, 1, 112. Agen, 5 décemb. 1849, Dalloz, 1850, 2, 7. Voy. dans le même sens Laurent, t. XV, n° 405, Aubry et Rau, § 690, texte et note 24,

Il importe donc de ne pas confondre ces deux sortes de
libéralités ; la donation indirecte ressort ostensiblement
de l'acte présenté, tandis que la libéralité déguisée se dissi-
mule sous les apparences d'un contrat à titre onéreux (1)
ou sous le nom d'une personne interposée.

Ainsi il y a donation indirecte dans le cas d'un cohéritier qui renonce à la succession pour en faire profiter son
cohéritier (2), tandis que l'époux qui souscrit un billet
pour se reconnaître débiteur, alors qu'il ne doit rien, fait
une donation déguisée. On peut encore citer comme exemples d'avantages indirects simplement réductibles, les stipulations en faveur du conjoint contenues dans un contrat
à titre onéreux entre l'époux donateur et un tiers, con-

BAUDRY-LACANTINERIE, t. II, n° 779. DEMOLOMBE, t. XXIII, n° 614. — *Contra*, Cass. de Belgique, 29 déc. 1865., *Pas.* 66, 1, 241 ; Grenoble,
21 mars 1870, D. 70, 2, 190.

(1) Pour prévenir une fraude qui n'aurait été que trop souvent em-
ployée, le législateur prohibe le contrat de vente entre époux, sauf
dans trois cas prévus par l'art. 1595, exceptions qui se justifient par
une cause légitime.

(2) Le projet de Code civil allemand, consacrant en cela la doctrine
du droit romain, ne considère pas comme une donation le fait de
renoncer à une succession dans le but d'avantager son cohéritier.
C'est ce qui ressort des art. 437 et 439 : «La donation est une disposition au profit d'une autre personne, disposition par laquelle la
fortune du disposant est diminuée, et l'autre personne est enrichie,
lorsqu'elle a lieu dans le but de cet enrichissement et que l'autre
personne accepte cette disposition à titre de don (437). Il n'y a pas diminution de fortune quand on renonce à un droit pécuniaire échu, mais
non encore acquis, ou lorsqu'on néglige de faire un gain, ou lorsqu'on
abandonne une sûreté d'un de ses droits, laquelle consiste soit en
un gage, soit en une autre garantie. La répudiation d'une succession
ou d'un legs est considérée comme renonciation à un droit échu,
mais non encore acquis. »

vention permise aux termes de l'art. 1121, les constitutions de rentes viagères au profit de son conjoint, la renonciation à une prescription acquise, etc. (1). Comme la donation déguisée, celle faite à personne interposée est nulle ; « seront réputées faites à personnes interposées, dit l'art. 1100, les donations de l'un des époux aux enfants ou à l'un des enfants de l'autre époux issus d'un autre mariage, et celles faites par le donateur aux parents dont l'autre époux sera héritier présomptif au jour de la donation, encore que ce dernier n'ait point survécu à son parent donataire. »

Révocation pour cause de divorce. — L'article 299 du Code civil rétabli par la loi de 1884, fait perdre à l'époux contre lequel le divorce aura été prononcé tous les avantages à lui faits par son conjoint soit par contrat de mariage, soit depuis le mariage. Une jurisprudence constante depuis 1845 (Cass., toutes chambres réunies, 23 mai 45, Sir. 45. 1. 321) décide que la séparation de corps doit produire tous les effets du divorce qui ne sont pas incompatibles avec le maintien du mariage.

Quotité disponible entre époux. — Dans l'intérêt de la famille, le législateur protège les ascendants et descendants

____

(1) Il faut noter ici que la renonciation à une prescription acquise est généralement considérée comme un avantage indirect. Et cependant le débiteur en faveur duquel la prescription s'est accomplie n'en reste pas moins soumis à une obligation naturelle. Si donc la renonciation à cette prescription qui est en quelque sorte le paiement d'une obligation naturelle constitue une libéralité indirecte, c'est que les abandons faits en exécution d'une obligation naturelle sont des donations et comme telles soumis à la révocation, opinion que nous avons défendue.

contre les libéralités excessives de leur fils ou de leur père en établissant une réserve dont il n'est pas permis de les dépouiller par des dispositions à titre gratuit. La quotité de cette réserve est indirectement déterminée par les art. 913 et 915, qui fixent la portion de biens disponible, et c'est à cette portion que doivent être réduites les libéralités excessives. Le Code a établi un disponible spécial pour les époux, disponible généralement plus élevé que celui de droit commun, en raison de la faveur accordée au mariage. Il prévoit deux hypothèses : 1° celle où l'époux disposant ne laisse comme héritiers réservataires que des ascendants ; 2° celle où il laisse des enfants ou descendants issus de son mariage avec l'époux gratifié.

1° *Les héritiers réservataires sont des ascendants.* — Aux termes de l'art. 1094, § 1, « l'époux pourra soit par contrat de mariage, soit pendant le mariage, pour le cas où il ne laisserait point d'enfants ni descendants, disposer en faveur de l'autre époux, en propriété, de tout ce dont il pourrait disposer en faveur d'un étranger, et en outre, de l'usufruit de la totalité de la portion dont la loi prohibe la disposition au préjudice des héritiers. »

Ces héritiers dont parle le Code sont les ascendants, le législateur ayant renoncé au projet d'établir une réserve en faveur des frères et sœurs et de leurs descendants (1). Ainsi les ascendants peuvent être réduits à la nue-propriété de leur réserve ; résultat d'autant plus choquant que la jouissance des biens leur échappera presque toujours, l'usufruit appartenant à leur bru ou à leur gendre plus jeunes qu'eux. La loi du 9 mars 1891, ayant amélioré la

____

(1) *Procès-verbaux du Conseil d'Etat*, LOCRÉ, t. 11, p. 139.

condition du conjoint survivant en lui attribuant dans tous les cas, un droit d'usufruit sur la succession de l'époux prédécédé, de bons esprits ont pensé qu'il n'était plus nécessaire de sacrifier ainsi les intérêts des ascendants.

Dans sa séance du 20 février 1893, la Chambre des députés a adopté en seconde lecture une proposition « ayant pour objet de modifier et de compléter l'art. 1094 du Code civil dans son texte et dans ses conséquences. » Aux termes de cette proposition, « l'époux pourra, soit par contrat de mariage, soit pendant le mariage, pour le cas où il ne laisserait point d'enfants ni descendants, disposer en faveur de l'autre époux, en propriété, de tout ce dont il pourrait disposer en faveur d'un étranger. Toutefois les dispositions constatées par contrats de mariage antérieurs à la promulgation de la loi contenant donation de l'usufruit de la totalité ou de partie de la portion dont la loi prohibe la disposition au préjudice des ascendants, conserveront leur plein et entier effet. » Ce projet de loi n'attend plus que la sanction du Sénat, et il est permis d'espérer que la haute assemblée le votera sans opposition.

2° *Les héritiers sont des enfants communs.* — Si l'époux donateur laisse des enfants ou descendants, la quotité est fixée comme suit par le dernier paragraphe de l'art. 1094 : « Et pour le cas où l'époux donateur laisserait des enfants ou descendants, il pourra donner à l'autre époux, ou un quart en propriété et un autre quart en usufruit, ou la moitié de tous ses biens en usufruit seulement ».

La loi fixe donc d'une manière invariable le disponible entre conjoints. L'époux donateur qui veut user de tout son droit n'a le choix qu'entre ces deux alternatives : donner le quart en propriété et un autre quart en usufruit, ou la moitié de tous ses biens en usufruit seulement.

De la comparaison des art. 913, 915, avec l'art. 1094, il ressort que si le disposant ne laisse qu'un enfant, le disponible ordinaire qui est de moitié sera plus fort que celui entre conjoints fixé à un quart en propriété et un quart en usufruit. Certains auteurs trouvant ce résultat inadmissible sur le fondement que le mariage ne peut être tantôt une cause de faveur, tantôt une cause de défaveur, ont soutenu que dans ce cas, l'époux donateur a le droit d'opter pour le disponible ordinaire. Mais nous pensons avec la jurisprudence et la majorité des auteurs, que l'époux ne peut donner à son conjoint que le disponible spécial fixé par l'art. 1094 placé au siège des dispositions entre époux; toute autre solution nous paraît condamnée par l'art. 1099 qui dispose que « les époux ne pourront se donner indirectement au-delà de ce qui leur permis par les dispositions ci-dessus (1). »

Quotité disponible entre époux lorsque le disposant laisse des enfants d'un mariage précédent. — « L'homme, ou la femme, qui, ayant des enfants d'un autre lit, contractera un second ou subséquent mariage, ne pourra donner à son nouvel époux qu'une part d'enfant légitime,

____

(1) DEMOLOMBE, t. XXIII, n° 500. LAURENT, t. XV, n°ˢ 348 et suivants. BAUDRY-LACANTINERIE, t. II, 768. COLMET DE SANTERRE, t. IV, 274 bis. HUC, t. VI., 478. Cass., 4 janvier 69, D. 69, 1, 10. — *Contra.* BENECH, *Quotité disponible entre époux*, 1842. AUBRY et RAU, t. 7, § 689, texte et note 5.

le moins prenant, et sans que, dans aucun cas, ces donations puissent excéder le quart des biens » (art. 1098).
Notre article rejette le deuxième chef de l'Edit des secondes noces ; il n'oblige pas les veuves qui se remarient à
garder pour les enfants du premier lit les biens provenant
de la libéralité de leurs défunts maris ; c'eût été contraire
aux principes de notre droit qui ne considère ni la nature
ni l'origine des biens pour en régler la succession (art. 732).
Mais il se montre plus sévère que l'Edit en fixant au quart
des biens le maximum que pourra recevoir le nouveau
conjoint. Il s'applique toutes les fois qu'il y a des enfants
survivants d'un précédent mariage, qu'ils soient légitimes
ou légitimés. En cas de plusieurs mariages successifs,
l'époux peut-il donner à chacun de ses nouveaux conjoints
une part d'enfant ? La négative nous paraît résulter de ce
fait que, dans l'ancien droit, tous les conjoints réunis ne
pouvaient recevoir qu'une part d'enfant. Or, loin de vouloir rompre avec la tradition, le législateur a encore
renchéri sur les sévérités de l'Edit en fixant un maximum
aux donations qui nous occupent. Nous croyons donc que
la solution doit être la même que sous l'empire de l'Edit.

Si donc l'époux a donné à son second conjoint une part
d'enfant, alors même que cette part ne serait pas égale au
quart des biens, il ne peut plus rien donner aux autres (1).

---

(1) Pothier, *Contrat de mariage*, n° 566. Laurent, t. XV, n° 387 ;
Demolombe, t. XXIII, n° 572 ; Aubry et Rau, t. VII, § 690, texte et
note 46 ; Baudry-Lacantinerie, t. II, n° 775. — *Contra*, Colmet de Santerre, t. IV, 278 bis, XI.

§ 2. — Conflit des lois.

L'art. 1096 du Code civil français permet les donations
entre époux, mais les déclare révocables. L'art. 1054 du
Code civil italien prohibe toute libéralité entre époux, si
ce n'est par testament. Les codes de Russie, d'Autriche
reconnaissent aux époux la même faculté qu'aux étrangers. La contrariété qui existe entre ces diverses législations amène à se demander quelle loi sera applicable, lorsque des époux étrangers se seront faits, sur des biens situés
en France, une donation prohibée par leur loi nationale.
Pour résoudre la question, il nous faut rechercher si la
disposition qui autorise ou défend les libéralités entre
époux appartient au statut personnel ou au statut réel.
Nous connaissons le motif de la révocabilité des donations entre époux autorisée par le droit français ; ce motif
est tiré de rapports tout personnels aux conjoints. Le
législateur a voulu garantir la libre expression de leur volonté (1) ; c'est là une disposition personnelle au premier
chef, on ne saurait la déclarer réelle, car ce serait dire que
la volonté du donateur est libre ou non suivant que les
biens donnés seraient situés dans tel pays ou dans tel
autre (2). Dans l'ancien droit, on soutenait volontiers que

(1) DESPAGNET, *Droit international privé*, p. 512. SURVILLE et AR
THUYS, *Dr. int. privé*, n° 375, p. 383. Voy. *supra*, p. 96, 97. *Exposé des motifs* par BIGOT-PRÉAMENEU.

(2) BERTAULD, *Questions de Code Napoléon*, t. 1, n° 65. LAURENT,
Dr. Cir. intern. t. VI, n° 292. Comp. BROCHER, *Droit international
privé*, t. II, p. 59. BRUSA sur Casanova, 31e leçon, note 9, t. 2, p. 382.

le but des coutumes était de conserver les biens dans les familles. Dans notre droit moderne, cette opinion ne peut plus être défendue. En effet le Code civil ne s'occupe ni de la nature ni de l'origine des biens; sauf la réserve attribuée aux descendants et ascendants, réserve basée sur les droits de la nature et du sang, la liberté de disposer est entière et les époux peuvent se faire toutes libéralités.

La prohibition portée par l'art. 1054 du Code italien procède des mêmes motifs que la révocation autorisée par notre article 1096 (1) ; seulement, plus logique, le législateur d'Italie a pensé qu'une donation toujours révocable n'est pas une véritable donation et, pour déjouer les fraudes auxquelles expose notre système, il n'a permis les libéralités entre époux que par disposition testamentaire. Pas plus que le Code français, le Code italien ne se préoccupe de conserver les biens dans les familles ; sa conception est trop moderne pour s'arrêter à ces idées d'un autre âge ; son seul souci est de préserver l'union conjugale des intrigues qui pourraient en relâcher les liens, et ce qui le prouve bien, c'est que l'un des époux peut par acte de dernière volonté, donner à son conjoint la totalité des biens dont il peut disposer. Au surplus le législateur italien s'est expliqué sur les motifs de la prohibition : « Toute donation est interdite entre époux pendant le mariage, bien que les conjoints puissent se donner l'un à l'autre par testament. Le danger de la séduction ou de la violence et celui de la fraude à l'égard des tiers est tel que la loi doit mettre un empêchement absolu (2). » Les commen-

----

(1) Despagnet, *op.* et *loc. cit.* Surville et Arthuys, *op.* et *loc. cit.*

(2) Gaetano Foschini, *Motivi del Codice civile* sous l'art. 1054.

tateurs expriment la même idée : « La prohibition des libéralités entre époux pendant le mariage », dit Pacifici Mazzoni (1), « a pour but de maintenir la pureté du mariage ; la loi veut empêcher que l'un des époux ne subordonne l'accomplissement de ses devoirs conjugaux à une pensée de lucre et n'exige des libéralités en retour de son amour simulé, etc. ».

L'art. 1096 français et l'art. 1054 italien sont donc relatifs à la capacité des personnes, ils ont pour but tous les deux de garantir la liberté des époux, ils sont une dépendance et un corollaire des lois relatives au mariage et à l'organisation de la famille (2). Cette organisation étant réglée par la loi personnelle, c'est à cette même loi qu'il appartient de régir les rapports conjugaux et de déterminer la capacité de disposer entre époux. Il s'ensuit que le Français marié et résidant en Autriche ne pourra faire que des donations révocables à son épouse, bien que la loi autrichienne permette les donations irrévocables entre conjoints ; que l'Italien marié et résidant en France ne pourra gratifier son conjoint que par testament, sa loi nationale lui défendant de le faire par donation entre vifs même révocable. On objecte il est vrai, que l'art. 3 ne s'occupe que de la capacité générale de la personne, mais non des incapacités spéciales qui peuvent la frapper tout

Relazione Governativa sull' ultimo progetto del Ministro Pisanelli.

(1) *Istituzioni di diritto civile*, t. 4, p. 469, n° 324. Voy. aussi FRANCESCO DE PHILIPPIS, *Diritto civile italiano comparato*, t. 7, n° 67 : « Les lois se sont toujours défiées des donations entre conjoints, parce qu'elles sont souvent accessibles aux égarements d'une affection aveugle et aux transports suivis de repentir. »

(2) WEISS, *Dr. int. privé*, p. 495 (2e édition).

en laissant subsister son habilité générale (1). Cette théorie est reproduite de d'Argentré ; nous l'avons examinée au cours de cette étude et nous avons vu qu'elle n'était pas satisfaisante. Les glossateurs avaient raison de ne pas distinguer entre l'état universel et l'état particulier. La loi qui déclare une personne incapable dans un cas donné est tout aussi personnelle que celle qui embrasse l'universalité de sa condition. Ce principe a été admirablement mis en lumière par un savant jurisconsulte : « Lorsque, dit-il, un statut n'est que la modification d'un autre, il en suit toujours la nature ; il est réel si celui dont il est la modification est réel ; il est personnel si celui dont il dépend est personnel ; car la modification d'une chose n'étant que la chose elle-même modifiée, la modification d'un statut est le statut lui-même modifié (2). »

Plus loin, il indique avec une précision remarquable les règles qui servent à distinguer les statuts réels des statuts personnels : « la loi dispose en deux manières des biens situés dans son empire, ou tellement qu'elle interdit aux possesseurs de ces biens toute disposition contraire à celle qu'elle a faite, ou tellement qu'elle leur permet d'en disposer autrement qu'elle n'a fait et n'a eu en vue de faire, sa disposition n'étant qu'au défaut de celle de l'homme. Lors donc qu'après avoir établi un ordre pour la transmission des biens situés dans son territoire et, voulant le rendre inviolable, elle défend ensuite aux personnes d'y contrevenir ; il est visible que cette défense tombe plutôt

----

(1) Voy. Foelix, *Droit int. privé*, tome 1, n°s 22 et 23, p. 43 à 47.

(2) Prévost de la Jannès, conseiller au présidial d'Orléans, *Principes de Jurisprudence*. Des statuts, 3e discours. De la distinction des statuts réels et personnels. Règle III.

sur la chose que sur la personne, ou plutôt ne tombe sur la personne qu'à cause de la chose et autant qu'elle le possède et qu'elle voudrait en disposer ; par conséquent un tel statut est au fond réel, quoiqu'il soit conçu dans les termes d'un statut personnel. Au contraire, lorsque la loi n'a fait la disposition que pour suppléer à celle de l'homme et qu'elle permet à ses sujets de disposer de leur biens autrement qu'elle n'en dispose elle-même, si elle vient ensuite à le défendre à quelqu'un d'eux en particulier, et suivant de certaines modifications, il est visible que ce n'est pas dans la vue d'affecter inviolablement les biens à l'ordre qu'elle a établi immédiatement pour ces biens, mais que si elle en interdit la disposition à certaines personnes dans certains cas, c'est par des raisons politiques et personnelles, puisqu'elle accorde d'ailleurs la liberté générale d'en disposer, et qu'elle ne peut avoir par conséquent pour motif le dessein de maintenir et d'assurer la disposition qu'elle en affecte et d'y assujettir par une nécessité inviolable. Ainsi lorsque la coutume de Paris défend à tous ses sujets de disposer de leurs propres par testament, il est visible que c'est uniquement pour maintenir inviolable l'affectation qu'elle a faite de ces biens aux parents de la ligne, soit paternelle, soit maternelle, en interdisant la liberté d'y contrevenir ; aussi ce statut est-il réel, parce qu'il n'est que la suite et le complément du statut qui a réglé l'ordre de la succession des propres. Au contraire, lorsque la coutume de Paris, après avoir permis à tous les citoyens de disposer par testament de leurs acquêts et d'intervertir à leur gré l'ordre de la succession des acquêts qu'elle n'a établi qu'au défaut de la disposition de l'homme, vient ensuite à défendre aux maris d'en disposer

au profit de leurs femmes, l'amant au profit de sa concu-
bine, le mineur de son tuteur, le pénitent de son directeur, le malade de son médecin; le motif de la loi n'est
pas d'affecter et d'assurer ces biens à la famille de celui
à qui elle défend d'en disposer au profit des personnes
prohibées ; car elle lui donne une liberté indéfinie d'en
disposer au profit de quelques autres personnes que ce
soit et d'ailleurs elle n'a fait aucune affectation des acquêts,
tout au contraire des propres qu'elle a voulu conserver
dans les familles ; c'est donc une incapacité spéciale que
la Loi, dans les cas dont il s'agit, a eu dessein d'attacher
à ces personnes, par des raisons tirées de leur qualité et
des vues particulières pour elles, incapacité qui, leur étant
personnelle, les suit partout, et de quelques biens qu'elles
veuillent disposer, et par conséquent ces statuts sont vrai-
ments personnels.

Ici le motif de la Loi a sans doute été qu'en permettant
à ces citoyens de disposer des biens qu'ils ont acquis, elle
veut qu'ils le fassent avec un jugement pleinement libre,
une raison tranquille qui leur fasse suivre dans leurs dispositions les vues les plus justes de la convenance et de
l'équité, avec un esprit dégagé de la passion et de la séduction ; or, les personnes mentionnées ci-dessus ne sont point
dans cette situation à l'égard de ceux auxquels il leur est
défendu de donner » (1).

Le statut qui régit les donations entre époux ne peut
être que personnel, puisqu'il a pour effet ou de consacrer
la capacité générale des conjoints ou de la restreindre.
D'Aguesseau, que les partisans de la réalité citent à l'ap-

____

(1) Règle IX.

pui de leur opinion, dit dans son 54ᵉ plaidoyer : « Le véritable principe en cette matière est qu'il faut distinguer si le statut a directement les biens pour objet ou leur affectation à certaines personnes et leur conservation dans les familles, en sorte que ce ne soit pas l'intérêt de la personne dont on examine les droits ou les dispositions, mais l'intérêt d'un autre dont il s'agit d'assurer la propriété ou les droits réels, qui ait donné lieu de faire la loi ; ou si, au contraire, toute l'attention de la loi s'est portée vers la personne, pour décider en général de son habilité ou de sa capacité générale et absolue ; dans le premier cas le statut est réel, dans le second, il est personnel. »

Le célèbre magistrat consacre, on le voit, la théorie de d'Argentré sur la capacité générale, mais la définition qu'il donne du statut réel n'est pas pour nous déplaire.

Lorsque le Code italien défend aux époux de se faire des donations entre vifs, ce n'est certainement pas pour affecter les biens à certaines personnes, ni les conserver dans les familles ; il ne se préoccupe d'assurer la propriété de qui que ce soit ; les époux sont libres de se donner par un autre moyen. De la définition même de d'Aguesseau, il résulte que le statut prohibitif italien n'est pas un statut réel, il ne peut donc être que personnel.

La jurisprudence a donné sur notre sujet des solutions contradictoires pour l'intelligence desquelles il est nécessaire d'exposer l'état de la doctrine en matière de succession *ab intestat* de l'étranger en France. Prenant pour point de départ la distinction traditionnelle admise par les légistes statutaires entre les meubles et les immeubles, les auteurs et la jurisprudence font dépendre la succession de l'étranger en France de la loi de son domicile ou de sa loi nationale pour les meubles, de la loi de la situation des biens pour les immeubles. Cette distinction est-elle consacrée par le Code civil ? Pour le soutenir on se base sur la disposition du 2ᵉ paragraphe de l'art. 3 : « Les immeubles, même ceux possédés par des étrangers, sont régis par la loi française. » Les rédacteurs du Code auraient ainsi entendu reproduire, au moins dans ses grandes lignes, la théorie statutaire. A l'appui de cette opinion on cite les explications données par Portalis dans son exposé de motifs : « Les lois qui règlent la dispostion des biens sont appelées réelles ; ces lois régissent les immeubles, lors même qu'ils sont possédés par des étrangers. Ce principe dérive de ce que les publicistes appellent le domaine éminent du souverain... Les mots *domaine éminent* n'expriment que le droit qu'a la puissance publique de régler la disposition des biens par des lois civiles, de lever sur ces biens des impôts proportionnés aux besoins publics et de disposer de ces mêmes biens pour quelqu'objet d'utilité publique, en indemnisant les particuliers qui les possèdent... La souveraineté est indivisible ; elle cesserait de l'être si les portions d'un même territoire pouvaient être régies par des lois qui n'émaneraient pas du même souverain. Il est donc de l'essence même des choses que les immeubles dont l'ensemble forme le territoire public d'un peuple, soient exclusivement régis par les lois de ce peuple, quoiqu'une partie de ces immeubles puisse être possédée par des étrangers. » Le législateur de 1804, ajoute-t-on, a fait prévaloir à tort ou à raison en matière de successions, le point de vue politique sur le point de vue familial ; à ses yeux le régime des successions, en tant qu'il s'agit d'immeubles, est surtout organisé en conformité des principes de droit public institués par la

Révolution, principes d'ordre public au premier chef, auxquels nulle loi étrangère ne saurait porter atteinte.

Il est vrai que le régime des successions est, en un certain sens, une dépendance du droit de famille ; et à ce titre, il serait plus logique d'appliquer à la succession envisagée dans son ensemble la loi personnelle du *de cujus*, abstraction faite de la situation des biens. Mais si en théorie, le principe de la réalité du statut des successions immobilières est fort discutable, l'interprète ne peut que s'incliner devant la volonté clairement manifestée du législateur et en déduire cette conséquence que la loi française a seule qualité pour régir les successions immobilières *ab intestat* ou testamentaires, délaissées en France par un étranger (1). Cette volonté a-t-elle été assez clairement manifestée pour qu'il ne puisse exister un doute sur la portée du 2e paragraphe de l'art. 3 ? C'est ce que contestent plusieurs auteurs parmi lesquels il faut citer MM. Weiss (2) ; Despagnet (3) ; Dubois (4) ; Bertauld (5).

La règle posée par l'art. 3, § 2, ne signifie qu'une chose à leur avis, c'est que la condition juridique des biens

---

(1) Voy. dans Dalloz 1892, 1. 497, la note sous cassation de M. Pic, professeur à la Faculté de Lyon. Comp. Renault, *De la succession ab intestat des étrangers en France et des Français à l'étranger*. Journal de Clunet, 1875, p. 329 et suiv. ; 422 et suiv.

(2) *Op. cit..* 2e édition. p. 280.

(3) *Revue critique*, 1884, p. 499 et suiv.

(4) Journal de Clunet, 1875, p. 51, 54.

(5) Bertauld, *Questions de Code Napoléon*, 1, p. 49 et suiv. Zachariæ et Arntz, *C. de D. civil français*, t. 1, § 31, soutiennent aussi la personnalité du statut des successions.

immobiliers situés en France, l'organisation de la propriété foncière si l'on veut, dépend de la loi française. « Quand le législateur parle des immeubles sans autre précision, il vise sans nul doute ces biens considérés en eux-mêmes, et on ne saurait, sans fausser sa pensée, étendre les règles qu'il édicte à tous les cas où des immeubles peuvent faire l'objet d'un droit, comme les successions immobilières, l'usufruit légal ou l'hypothèque légale. Cette extension serait aussi peu justifiée que celle que l'on ferait en appliquant à l'interprétation des contrats où des personnes sont en jeu, l'art. 3, § 3 qui règle l'état et la capacité des personnes d'après leur loi nationale (1). » Portalis dit que la puissance publique a le droit *de régler la disposition des biens* ; prétend-on en conclure que tout ce qui a trait à l'acquisition ou à la transmission des immeubles est du domaine de la *lex rei sitœ ?* (2) C'est là une conséquence inadmissible qui conduirait au rejet du statut personnel toutes les fois qu'un immeuble se trouverait être l'objet du litige. La place qu'occupent ces mots dans l'*Exposé des motifs*, à côté de ce qui a trait à la

______

(1) Despagnet, *Revue critique*, 1884, p. 501.

(2) Telle paraît être l'opinion de Fœlix : « Le statut réel gouverne toutes les dispositions de l'homme relatives aux immeubles. Tous les actes qui ont des immeubles pour objet ou qui exercent des effets sur les immeubles sont soumis aux lois du lieu de la situation ; ces lois dominent les actes dont il s'agit. Ainsi les dispositions au profit de l'époux survivant ou du nouvel époux en cas de second mariage, ne peuvent recevoir leur exécution sur les immeubles qu'autant que la loi de la situation le permet. De même les dons entre époux faits durant le mariage sont toujours révocables, lorsque les biens donnés se trouvent situés en France. *Op. cit.*, t. 1, n° 93.

perception des impôts et à l'expropriation pour cause d'utilité publique, leur assigne leur véritable signification. C'est l'immeuble envisagé dans ses rapports exclusifs avec le *droit public* que la loi française prétend gouverner. La Révolution avait substitué au régime féodal de la terre une organisation nouvelle ; le bénéfice des réformes qu'elle avait accomplies eût été singulièrement compromis si le Code issu de l'ordre de choses nouveau, n'avait empêché qu'à la faveur des lois étrangères admises à l'exterritorialité, il ne se préparât un retour à l'ancien régime (1). »

Pour avoir le sens exact du § 2 de l'art. 3, il faut le rapprocher du § 1er : « Les lois de police et de sûreté obligent tous ceux qui habitent le territoire. »

Les auteurs et la jurisprudence répliquent qu'alors même que le Code n'aurait pas consacré la doctrine traditionnelle dans la disposition vague du 2e § de l'art. 3, son silence équivaudrait à une approbation pure et simple, car lorsqu'on se trouve dans une matière traditionnelle sur laquelle le législateur n'a pas statué, l'interprète ne peut se déterminer qu'en ayant recours à la tradition. (2) Mais ne peut-on pas dire que le législateur ne voulant se prononcer dans une matière aussi ardue, en présence d'une situation où les conflits de lois n'étaient guère à prévoir avec l'unité de législation dont la France venait d'être dotée, s'est déchargé sur la doctrine du soin de résoudre les difficultés qui pourraient survenir ?

La Révolution avait fait table rase de l'organisation foncière du passé, l'homme n'était plus considéré comme un

(1) Weiss, *Loc. cit.*

(2) Laurent, *Op. cit.*, t. VI, n° 130. Baudry-Lacantinerie, t. II, n° 915, 5e édition.

accessoire de la terre ; les légistes du XVIIIᵉ siècle eux-mêmes avaient fait ressortir l'anachronisme de la maxime : « *Quot bona diversis territoriis obnoxia tot hœreditates* », et insisté sur les inconvénients qui résultaient de ces démembrements du patrimoine. (1) Cette maxime avait perdu sa raison d'être, elle ne subsistait plus que par la force de l'habitude ; ne rendant plus de services réels, elle éprouvait de nombreux échecs tenant à la renaissance et à l'opposition d'une idée toute contraire, et sa suppression était demandée comme un bienfait. « Bref, c'est un arbre aux racines desséchées, bien que resté debout, une institution féodale survivant à la féodalité. Tout semble autoriser à croire qu'elle sera bientôt emportée par le souffle révolutionnaire, avec les autres débris du moyen-âge (2). »

De cet état d'esprit, il n'est pas impossible de conclure que les rédacteurs du Code n'ont pas résolu la question du conflit des lois successorales et qu'ils ont laissé à la doctrine le soin de formuler les règles applicables à cette matière (3).

____

(1) Boullenois, *Dissertations*, Discours préliminaire. — Bouhier, *Op. cit.*, ch. XXXVI, nᵒ 7.

(2) Lainé, *op. cit.*, t. II, p. 327, 328.

(3) Il convient de remarquer que la Jurisprudence et les auteurs des pays allemands où le Code civil est en vigueur, ne donnent pas à l'art. 3 la même interprétation que les tribunaux français. Ainsi par arrêt du 19 novembre 1883, l'Oberlandesgericht de Darmstadt a décidé que cet article ne fait pas obstacle à l'application de la *lex domicilii* aux successions immobilières (Journal de Clunet, 1886, p. 732, 733). On répond il est vrai, que dans une matière toute traditionnelle chaque pays se reporte à sa tradition, qu'en Allemagne la succession aux immeubles est régie depuis plus d'un siècle par la loi personnelle

En raison du lien étroit qui existe entre l'hérédité *ab intestat* et les actes par lesquels on dispose de son patrimoine, il nous a paru indispensable de ne point passer sous silence la controverse grave et toujours pendante sur la nature du statut de la succession immobilière en droit positif français. Mais quelle que soit la qualité qu'on reconnaisse à ce statut, qu'avec l'opinion dominante on le déclare réel et qu'on soumette les immeubles transmis *ab intestat* ou par voie testamentaire à la *lex rei sitæ*, ou qu'avec la théorie la plus rationnelle qui n'est désavouée par aucun texte probant, on le déclare personnel, le parti qu'on prend dans ce débat n'influe en rien sur la solution de notre question. Il s'agit en effet de savoir si le disposant était capable ou incapable de faire la donation entre vifs ou testamentaire qu'il a faite, d'accomplir l'acte qu'il a accompli. L'objet de la discussion étant ainsi nettement précisé, la réponse ne peut être douteuse à notre avis. A quelle loi doit-on se reporter pour décider si un donateur était capable ou incapable de donner ; un testateur capable ou incapable de tester ?

Sans conteste à sa loi nationale ; sur ce point il n'y a guère de dissidence. C'est ainsi que l'Espagnol, âgé de plus de quatorze ans, pourra valablement exprimer ses dernières volontés, bien que la loi française fixe à seize ans l'âge nécessaire pour tester et même n'accorde, jus-

---

du défunt qui est la loi de son domicile. Nous verrons plus loin qu'en Saxe et dans le Grand Duché de Bade on applique la loi nationale ; mais même en négligeant ces exceptions, il nous est difficile de comprendre que la tradition puisse prévaloir contre un texte qu'on déclare sans équivoque Si l'article 3 consacre le système suivi dans notre ancien droit, sa promulgation en territoire étranger abroge l'usage contraire du pays et y implante notre tradition.

qu'à 21 ans, qu'un droit de disposition restreint. De même
une femme française mariée peut valablement tester, sans
autorisation maritale, dans la forme de l'Etat de Californie
où cette autorisation est nécessaire, car le statut personnel
auquel elle est soumise lui permet de tester sans cette autorisation (1). Admettons qu'il faille appliquer aux actes
de disposition à titre gratuit, les règles relatives à la
transmission de l'hérédité *ab intestat* et que la volonté du
disposant soit tenue en échec par une loi étrangère qui n'a
pas un caractère d'ordre public, qu'en résultera-t-il ? C'est
que l'étranger, à qui sa loi nationale accorde la libre disposition de la totalité de son patrimoine, sera contraint
d'obéir aux prescriptions de la loi française sur la réserve
et qu'il ne pourra donner que la quotité disponible. Dans
ce système, un Anglais ne pourrait, malgré sa loi nationale
qui n'établit aucune réserve, disposer au préjudice de ses
ascendants ou descendants de la totalité des immeubles
qu'il possède en France (2). Là se borne pour l'étranger le

(1) Laurent, *Op. cit.*, t. VI, p. 331 et suiv. Paris, 5e ch., 10 août
1872 (Journal de Clunet, 1874, p. 128) ; 7 août 1883 (Journal de
Clunet, 1884, p. 192). Demangeat sur Fœlix, *Op. cit.*, t. 1, p. 64, note
a et p. 146. Savigny, *Droit romain*, t. VIII, § 377. Weiss, *Op. cit.*,
p. 704, 2e édition. C'est aussi l'opinion de Pothier : « La disposition
des coutumes qui assujettissent la femme mariée à l'autorisation,
même pour ses dispositions testamentaires, ayant pour objet de
régler l'état de la personne mariée, doit être regardée comme un
statut personnel. » *Puissance du mari*, n° 44.

(2) Chose curieuse à remarquer, la jurisprudence anglaise, malgré
le réalisme à outrance qui domine dans les coutumes anglo-améri-
caines, n'applique pas la *lex rei sitæ* aux immeubles laissés en Angleterre par un étranger, lorsque le *de cujus* en a disposé par testament. Elle respecte dans ce cas la volonté du défunt, Asser, *Revue
de Dr. int.*, t. 7, 1873, p. 393 et suiv.

champ d'application de la loi française en ce qui concerne la validité de la disposition ; sa volonté, si elle n'est pas mise en interdiction totale ou partielle par sa loi nationale, aura toute faculté de se mouvoir dans les limites qui ont été fixées. Il est indifférent au législateur français que le disposant gratifie telle ou telle personne, du moment qu'il ne touche pas à la partie de la succession frappée d'indisponibilité. C'est donc par son statut personnel, qui régit son état et sa capacité, qu'il faudra apprécier si la libéralité qu'il a faite est valable ou non.

La loi étrangère défend-elle aux époux de se faire des donations entre vifs ? Leur volonté est bridée et la loi française sera impuissante pour les rendre aptes à accomplir un acte qui leur est expressément défendu par leur loi nationale, autrement elle se substituerait à la seule loi qui ait empire sur leur capacité.

Mais, dit-on, lorsqu'il s'agit de dispositions à titre gratuit, la capacité tient au statut réel et les étrangers sont régis en cette matière par la loi de la situation des biens. Les antécédents historiques et les textes du droit positif français nous montrent la succession légale comme constituant l'évolution la plus normale de la transmission héréditaire des biens ; les dispositions à titre gratuit y ont nature d'exceptions autorisées et d'accessoires plus ou moins complexes. Il en résulte une sorte de hiérarchie entre les deux sujets ; la loi régulatrice des principes prépondérants, est naturellement appelée à fixer les conditions auxquelles on pourra déroger aux règles édictées par elle. De tels rapports semblent conduire à réunir les deux sujets sous une même compétence. Il paraît difficile de les séparer ; ce qui prédomine dans le principal ne saurait être sans importance dans l'accessoire et dans l'exception. Les do-

nations et testaments se rattachent à la succession légale,
et comme tels ils doivent en suivre les règles (1).

Dans un rapport fait à la Cour de cassation le 31 mars
1874 (2), M. le conseiller Guillemard soutenait la même
opinion : « Toute loi sur les successions ayant pour objet
principal et prédominant les choses et non les personnes,
constitue uniquement, puisque c'est à ce caractère qu'on
les distingue l'un de l'autre, non point un statut personnel, mais un statut réel, dans toutes les dispositions dont
elle se compose, *même dans celles qui prononcent des
exclusions et des incapacités*; de sorte que ces incapacités et ces exclusions changent et varient, naissent et
finissent selon la situation des biens, avec le territoire
sur lequel la loi exerce et renferme son empire. Et cela
est vrai, non seulement des clauses d'exclusion ou d'incapacité qui n'agissent point sur l'état de la personne,
comme l'indignité, mais encore de celles qui l'affectent en
tout ou en partie, comme un manque ou un vice de qualité. » On ajoute que l'art. 3 du Code civil ayant maintenu
la théorie des statuts, les solutions admises dans l'ancien
droit s'imposent encore de nos jours aux tribunaux. Or,
dans l'ancien droit, les règles relatives à la capacité de
disposer et de recevoir à titre gratuit étaient considérées
comme faisant partie du droit de succession, et rentraient
par conséquent dans le statut réel. Nous nous réservons
de discuter cette doctrine en faisant l'analyse des deux
sentences judiciaires qui constituent le fond même de

____

(1) Brocher, *C. de Dr. intern. privé*, t. 2, p. 2. Notez cependant
que l'auteur se déclare pour la personnalité du statut de l'art. 1096,
C. civ. français. Voy. ci-dessus, p. 111.

(2) Sirey, 1874, 1, 346.

cette partie de notre étude. Nous dirons que les auteurs
coutumiers donnaient sur cette matière des solutions diverses ; qu'enchaînés au début par la formule surannée
de la souveraineté des coutumes, ils tendaient de plus en
plus à s'en dégager ; qu'enfin, la jurisprudence des parlements se ressentait elle-même de l'influence des idées
progressives. Pour le moment, il nous faut revenir aux
décisions de nos Cours et tribunaux sur la matière des
donations entre époux. Par un arrêt du 4 mars 1857 (1),
la Cour de cassation a décidé que l'art. 1185 du Code
civil sarde (qui contenait la même prohibition que celle
de l'art. 1054 du Code civil italien), constitue une règle
de statut réel. Nous retrouvons la même doctrine dans
un jugement du tribunal de la Seine rendu dans l'espèce
suivante. Un Italien avait fait donation à sa femme, par acte
entre vifs, pour le cas où elle lui survivrait, de l'usufruit
de l'universalité de ses biens mobiliers ou immobiliers. Le
frère du donateur, qui était en même temps son héritier,
demanda à la mort du *de cujus*, la nullité de la donation,
comme contraire à l'art. 1054 du Code civil italien, qui
défend aux époux de se faire pendant le mariage aucune
libéralité, sauf par acte de dernière volonté, en observant
les formes et les règles établies pour ces actes. Le tribunal saisi de la demande, se prononce en ces termes :
« Attendu que, d'une façon générale, le statut réel se compose des lois qui ont pour objet direct et principal de
régler la condition juridique des biens ; que celles qui
prohibent certains modes de disposition ou restreignent la
faculté de disposer, soit d'une manière absolue, soit à

(1) D. P. 1857, 1, 102.

l'égard de certaines personnes seulement, dépendent de ce
statut : qu'en principe le pouvoir de ces lois s'arrête aux
limites de la souveraineté pour laquelle elles sont établies ;
qu'ainsi le statut réel étranger ne régit pas les biens situés
en France ; — qu'il est, il est vrai, fait exception à cette
règle en ce qui concerne les successions, que bien que la
matière rentre dans le statut réel, il est admis que la succession *ab intestat* d'un étranger est, quant aux meubles
corporels ou incorporels qu'il a délaissés en France, réglée
par la loi de son pays ; mais que cette exception fondée
sur la relation juridique qui existe entre la personne et
l'universalité de ses biens, cesse d'être applicable lorsqu'on
ne se trouve plus en présence de la dévolution légale de
l'hérédité et, qu'en dehors de cette dévolution, il s'agit
d'assurer l'exécution d'actes ayant pour objet la disposition ou la transmission des biens ; que c'est d'après la loi
française seule que la validité et les effets de ces actes
doivent être appréciés ; — Attendu que les règles ainsi
posées ne sauraient être écartées par le motif qu'elles
seraient en opposition avec la législation de l'Italie et notamment avec l'art. 9 du Code civil de ce pays; que l'argumentation produite à cet égard, au nom de Charles-Blaise
Zammaretti, repose sur une seule pétition de principe ;
qu'avant d'invoquer la législation italienne, il faudrait
savoir si elle est applicable, et que telle est précisément la
question à résoudre ; — Attendu qu'il résulte des principes
ci-dessus que la dévolution *ab intestat* de la portion mobilière de la succession de Xavier Zammaretti est réglée par
la loi italienne ; qu'au contraire, c'est d'après la loi française qu'il faut apprécier l'acte de disposition qu'il a fait au
profit de sa femme d'une partie de ses biens et que, par

suite, la prétention de Charles-Blaise Zammaretti, exclusivement basée sur la loi italienne, n'est pas fondée ; par ces motifs, etc. (1) ».

Le tribunal rejette la distinction entre les meubles et les immeubles appliquée dans la dévolution *ab intestat* de l'hérédité ; il décide que lorsqu'il s'agit d'assurer l'exécution d'actes ayant pour objet la disposition ou la transmission des biens, c'est d'après la loi française seule que la validité et les effets de ces actes doivent être appréciés, en un mot que non seulement ces actes sont régis par le statut réel, mais encore qu'on ne doit tenir aucun compte de la fiction qui répute les meubles situés au domicile du défunt. Quelle est la raison de cette nouvelle distinction que le tribunal de la Seine essaie d'établir dans une matière qui, avec la doctrine consacrée, présente déjà des difficultés insurmontables ? Le jugement ne la fait pas connaître et nous en sommes réduit aux conjectures. Est-ce parce que le disposant avait en France un domicile de fait ? Mais une jurisprudence dont les arrêts ne se comptent plus n'accorde d'effet légal qu'au domicile de droit obtenu dans les conditions de l'art. 13 (2). Est-ce parce que la donation avait eu lieu en France ? Mais la validité d'un acte ne s'apprécie pas uniquement d'après la *lex loci actus*. La fiction de l'ancien droit répugnerait-elle à l'esprit du tribunal et voudrait-il la faire cesser lorsqu'on ne se trouve plus en présence de la dévolution légale de l'héré-

(1) 3 mars 1891, D. P. 92, 2, 553.

(2) Cass., 5 mai 75, D. 75, 1,343 ; Paris, 14 juillet 72, D. 72, 2, 65 ; PAU, 72, Journal de Clunet, 74, p. 49 ; PAU, 22 juin 85, Journal de Clunet, 87, p. 611, etc.

dité (1) ? Cette limitation serait arbitraire ; elle serait de plus en contradiction avec la doctrine traditionnelle qui fait dépendre de la même loi la succession *ab intestat* et la succession testamentaire. Le tribunal accepte bien cette doctrine puisqu'il reconnaît qu'il est fait exception au statut réel pour la succession mobilière *ab intestat*. Or cette exception, aussi bien que la règle à laquelle elle déroge, nous vient de l'ancien droit. Nous ne voyons pas dès lors, de

(1) Nous avons vu précédemment qu'on expliquait de deux façons différentes l'application aux meubles de la loi du domicile. Les uns prétendaient que les meubles suivent la personne, les autres que les meubles n'ayant pas d'assiette fixe, sont censés être, par une fiction légale, au domicile de leur propriétaire. Merlin qui accepte cette dernière opinion, se montre néanmoins plein de scrupules sur la valeur de cette fiction : « Si la fiction de droit qui répute les meubles situés au domicile de la personne à qui ils appartiennent, s'applique dans toute sa latitude au cas où les meubles se trouvent dans la même souveraineté que le domicile de la personne, serait-il désirable de la faire cesser dans le cas où les meubles se trouvent dans une souveraineté et le domicile de la personne dans une autre ? Ne peut-on pas dire qu'elle est de pur droit civil, que le droit civil de chaque État est limité à cet Etat même, que le droit civil d'un Etat ne peut pas étendre à un autre Etat une fiction qui est son ouvrage et qui n'existerait pas sans lui ? Non sans doute, cette fiction ne devrait pas à la rigueur dépasser les frontières de chaque souveraineté. Mais la loi qui l'établit dans un Etat peut se prêter, par une sorte de courtoisie, à ce qu'elle agisse même au dehors, et telle est évidemment la pensée de Voët, dans son commentaire des Pandectes, etc. » *Répertoire*, Loi, § 6, n° 3. Voy. aussi *id*. Jug. § 7 bis. Mais Merlin ne fait aucune différence entre les meubles transmis par succession *ab intestat* ou testamentaire, il accepte la tradition telle quelle. Quoi que l'on puisse penser de la fiction admise pour les meubles, il faut reconnaître que l'application d'une loi unique à leur transmission a été un véritable bienfait, la fortune mobilière étant plus disséminée que la fortune immobilière. En cette matière le statut personnel était une nécessité pratique.

bons motifs pour scinder la tradition ; on doit l'accepter
ou la rejeter. Que l'exception admise par le droit coutumier, en raison peut-être du peu d'importance qu'avait la
fortune mobilière (*vilis mobilium possessio*), paraisse aux
partisans de la réalité du statut des successions peu raisonnable de nos jours où l'hérédité se compose le plus souvent de valeurs mobilières, soit. Mais le propre de toute
tradition, une fois qu'elle a été définitivement fixée dans un
texte de loi, est d'être immuable. C'est au législateur qu'il
appartient d'édicter des lois nouvelles quand celles qui
existent ou sont censées exister ne correspondent plus à
l'état des choses.

Au surplus la relation juridique qui existe entre la personne et l'universalité de ses biens cesse-t-elle quand cette
universalité est transmise par voie de disposition ? La
doctrine du tribunal de la Seine est inexplicable, elle a
contre elle la raison, le passé, elle est en opposition avec
une jurisprudence constante, avec la tendance incessante
des législations vers la personnalité du droit successoral (1). Mais cette discussion ne touche pas au fond même

(1) Avec cette doctrine, la sanction de la réserve est beaucoup plus
énergique. Supposez en effet qu'un Anglais décéde laissant pour toute
succession des valeurs mobilières placées en France. Il a disposé de
l'intégralité de sa fortune comme le lui permet sa loi nationale. Ses
héritiers français ou étrangers demandent la réduction des donations
ou des legs qui excèdent la quotité disponible. Leur prétention devra
être repoussée dans l'opinion courante, car le défunt, n'ayant pu
acquérir en France un domicile de droit, ses meubles sont régis par
sa loi nationale. Dans la théorie du tribunal de la Seine, on arriverait
à la solution contraire.

Une espèce analogue s'est présentée dans l'affaire suivante : Un
Suisse, originaire du canton des Grisons, était décédé à Niort, laissant

de notre sujet, nous y arrivons avec le considérant qui
suit : C'est dans le statut réel, dit le tribunal, que rentrent

un testament olographe par lequel il instituait des mineurs français
ses légataires universels. La succession comprenait une maison sise à
Niort, diverses valeurs mobilières, obligations et rentes sur l'État
français et divers autres biens situés à Obersaxen (Grisons). Les frères
et sœurs du *de cujus* demandaient à faire valoir sur les biens de
France les droits de réserve (moitié des biens acquêts) que leur confère
leur loi nationale. Par arrêt du 4 juillet 1887, la Cour de Poitiers a
repoussé cette demande légitime sur le motif étrange que la loi
de 1819 autorise les cohéritiers français à prélever sur les biens situés
en France une portion égale à la valeur des biens situés en pays
étranger, dont ils seraient exclus à quelque titre que ce soit, en vertu
des lois et coutumes locales. D'abord il ne s'agissait pas de cohéritiers
mais bien d'héritiers et de légataires, ce qui suffisait à ruiner la
solution donnée par la Cour de Poitiers. En outre, la loi de 1819 a eu
pour but de protéger les Français contre les incapacités de toute
nature qui seraient édictées contre eux par une loi étrangère, mais
elle ne les a pas garantis contre les conséquences de l'inefficacité d'un
acte émané d'un *de cujus* étranger, acte qui est gouverné par la loi
étrangère et dans lequel ils puisent précisément leur vocation successorale. La Cour a prétendu que refuser aux légataires français la
totalité des valeurs mobilières qui se trouvaient en France au jour du
décès du *de cujus*, serait consacrer au profit d'étrangers une réserve
doublement contraire au système adopté par le Code civil, tant au
point de vue des personnes qu'au point de vue de la recherche et de
l'origine des biens. D'où il faudrait conclure, comme l'a fait le tribunal
de la Seine, que la dévolution des biens meubles laissés en France par
un étranger doit être régie par la loi française. L'arrêt était de plus
en contradiction formelle avec le traité franco-suisse du 15 juin 1869 ;
il a été réformé le 11 février 1890 par la Cour de cassation sur les
conclusions conformes de M. le Procureur général Ronjat. Voy. D. P.,
88, 2, 36. D. P., 90, 1, 153. Journal de Clunet, 1890, p. 299 et suiv.,
avec l'Étude de M. Surville, professeur à la Faculté de Poitiers. *Adde*,
M. Chausse, sur l'arrêt de Poitiers, *Revue critique*, 1889, p. 248 et
suiv. Note de MM. Weiss et Lucas, *Pandectes françaises*, 1890,
V., 10.

les lois qui prohibent certains modes de disposition ou restreignent la faculté de disposer, soit d'une manière absolue, soit à l'égard de certaines personnes seulement (1).

Dans sa généralité, cette affirmation nous paraît inexacte. Sans doute les lois qui ont un caractère d'intérêt général s'imposent aux étrangers comme aux nationaux, telle celle qui prohibe les substitutions. Il est certain qu'aucune loi étrangère ne peut prévaloir contre cette prohibition dictée par des considérations d'intérêt social. Il en est de même, dans l'opinion dominante, des lois qui règlent la quotité des biens disponibles, soit ordinaire, soit exceptionnelle, lorsque le défunt laisse des immeubles. Mais s'ensuit-il pour cela que toutes les lois qui restreignent la faculté de disposer dépendent du statut réel ? Ainsi l'art. 1595 du Code civil interdit le contrat de vente entre époux ; son but évident est d'empêcher les conjoints de se faire par des moyens détournés, des donations irrévocables : « On a craint, dit Portalis, l'abus que le mari pourrait faire de son autorité et celui qui aurait sa source dans l'influence que la femme peut se ménager par les douces affections qu'elle inspire (2). Il y a certainement là une restriction à la capacité de

____

(1) *Comp.* Aubry et Rau, t. 1, § 31, p. 84. — Duranton, I, 84, 85, 87. — Demolombe, I, 80, 83 ; Rouen, 25 mai 1813, Sirey, 1813, 2., 233 ; Cass. 3 mai 1815, S. 1815, 1, 352, 356.

(2) Portalis, *Exposé des motifs du titre de la vente*, n° 15. Locré, t. VII, p. 72. C'est pour le même motif que les art. 1394 et 1395 du Code exigent que les conventions matrimoniales soient rédigées avant le mariage et ne puissent recevoir aucun changement après la célébration. Nous ne saurions donc approuver les arrêts qui ont déclaré valables les conventions matrimoniales d'un Français en pays

disposer à l'égard de certaines personnes. Dira-t-on que les époux ne sont pas frappés d'une véritable incapacité et que cette disposition ne fait point partie du statut personnel? La prohibition qui nous occupe étant fondée sur l'état de mariage, prend un caractère personnel, et par suite, c'est la loi personnelle des époux qu'il faut appliquer (1).

Des époux français ne pourront donc se vendre des immeubles situés en Italie, bien que la prohibition portée par notre Code ne figure pas dans le Code italien (2), et *vice versa*, des époux italiens pourront se faire des ventes de biens situés en France. Un autre exemple : la femme mariée sous le régime dotal ne peut aliéner ses immeubles dotaux, il y a encore là une restriction à sa faculté de

étranger, passées ou changées après le mariage, en conformité de la loi du lieu où l'union a été contractée. Cette jurisprudence nous paraît en contradiction complète avec l'arrêt de la Cour de cassation qui déclare nulles comme contraires à l'article 1595 les ventes faites par le mari à sa femme de ses biens situés en pays étranger, Cass., 19 avril 1852, Sirey, 52, 1, 801. A notre avis, lorsqu'un Français se marie sans contrat en pays étranger, le contrat qu'il aurait fait postérieurement en conformité de la loi locale doit être considéré comme non avenu ; seulement les conditions de son mariage seront réglées par la loi du domicile conjugal à laquelle il sera censé s'être référé. Voy. Montpellier, 25 avril 1844, Sirey, 45, 2, 8. Cass., 11 juillet 1855, Sir., 55, 1, 699. Toulouse, 7 mai 1866, D. P. 66, 2, 109. Cass., 24 décembre 1867, *Journal du Palais*, 1868, p. 303. Demangeat sur Fœlix, note b., p. 85, t. 1.

(1) Laurent, *op. cit.*, t. VIII nº 135 ; Brocher, *op. cit.*, t. II. nº 189 ; Bertauld, *Questions pratiques et doctrinales du Code Napoléon*, t. I. nº 64. Cass. 19 avril 1852, Sirey, 1852, I. 801.

(2) Huc, *Le Code civil italien et le Code Napoléon*, t. I, p. 266 et suiv.

disposer ; on reconnaît cependant que la femme est frappée sous ce régime d'une incapacité purement relative (1).

Ainsi encore, dans l'ancien droit, le Parlement de Paris avait jugé que le sénatus-consulte Velléien qui défendait aux femmes d'intercéder, formait un statut personnel ; et pourtant ce sénatus-consulte n'interdisait à la femme qu'une certaine nature d'actes ; il n'en laissait pas moins subsister sa capacité générale. Fœlix, défenseur de la réalité des statuts, critique lui-même une décision de la Cour de Paris du 15 mars 1831 (Sirey 1831, 2, 237) qui avait reconnu valable l'engagement pris pour son mari par une femme espagnole, sur un de ses immeubles situé en France, au mépris du sénatus-consulte qui régissait sa capacité. « La demande en nullité, dit-il, était évidemment fondée sur le statut personnel de la demanderesse ». Cela prouve que Fœlix, malgré tout son réalisme, n'est pas conséquent avec la doctrine qu'il enseigne et d'après laquelle il n'y a de statut personnel que celui qui affecte l'universalité de la condition des personnes (2). Mais, dira-t-on, il s'agit là d'actes onéreux et l'espèce soumise au tribunal concernait les actes de disposition à titre gratuit.

Examinons-donc l'affirmation du jugement pour ces

(1) Voy. Dalloz, *Répertoire, Contrat de mariage*, 3445 à 3449. Supplément *eod.*, nᵒˢ 1238 et suiv. Baudry-Lacantinerie, t. III, nᵒ 385. De Loynes, *Femme mariée sous le régime dotal, obligations nées pendant le mariage, exécution*, nᵒˢ 6 et suiv. ; Cass. 24 mars 85. D. P. 85, 1, 254.

(2) Fœlix, *op. cit.*, t. 1, nᵒ 93, M. Demangeat *(note a)* observe avec justesse que le propre des idées fausses est d'entraîner à des inconséquences ceux qui les ont une fois adoptées.

actes de disposition. **Nous avons vu que le mineur étranger, capable d'après sa loi nationale, peut disposer à titre gratuit de ses biens situés en France (1** .

(1) Weiss, *op. cit.*, p. 704. Fœlix, t. 1, n° 87, 88, p. 197, 198 ; Bertauld, *Questions pratiques et doctrinales du Code Napoléon*, t. 1, p. 51, n° 67. Fœlix semble établir une différence entre la disposition permise ou prohibée comme conséquence de la capacité ou de l'incapacité générale de la personne, et celle qui ne l'est qu'à titre exceptionnel. Ainsi il décide que le testament fait en France par un Espagnol qui n'a pas atteint l'âge de 25 ans sera nul, même à l'égard des biens du testateur qui sont situés en France, car la loi espagnole fixe la majorité à 25 ans, tandis que l'art. 904 de notre code fait partie du statut réel, car il permet au mineur âgé de 16 ans de tester pour une partie de ses biens, ce qui constitue une restriction à l'incapacité générale qui le frappe. « Les lois qui restreignent ou étendent la capacité ou l'incapacité générale que l'état de la personne attribue à l'individu, font partie du statut réel ». Pourquoi ? « Parceque la règle d'après laquelle le statut personnel suit l'individu en pays étranger, n'étant elle-même qu'une exception au principe de la souveraineté des États, qui sont absolument maîtres de régir les biens situés sur leur territoire, il suit, par application de l'adage *exceptio firmat regulam in casu non excepto*, que le principe général reprend toute sa force dès qu'il s'agit d'appliquer une loi étrangère qui statue sur d'autres matières que l'état de la personne ». Il cite comme exemples de statut réel les dispositions des art. 903 et 904 du Code civil (t. 1, n° 30, p. 64). Mais il commet ici une erreur manifeste en ce qui concerne l'art. 903. Cet article en effet, ne refuse au mineur âgé de moins de 16 ans, le droit de disposition, que comme conséquence de l'incapacité générale qui le frappe. L'opinion de l'auteur est-elle plus fondée en ce qui concerne l'art. 904 ? Nullement, car l'art. 904 décide une question de capacité personnelle et non une question de quotité disponible. La preuve en est dans la place même que cet article occupe dans le chapitre du Code intitulé : *De la capacité de disposer ou de recevoir par donation entre vifs ou par testament ;* elle résulte en outre du motif sur lequel il est fondé. C'est le mineur lui-même que le législateur a voulu potréger contre sa propre faiblesse, contre son inexpérience et

De l'avis de la majorité des auteurs, la disposition de
l'art. 907 qui défend notamment au mineur de disposer,
même par testament, au profit de son tuteur, appartient
au statut personnel. Le législateur a considéré que ces
libéralités, alors même qu'elles seraient l'expression de la
libre volonté du disposant, pourraient paraître plus ou
moins suspectes. Il n'y a là rien qui soit réel, rien qui soit
fait en vue de la conservation des biens dans la famille.
Dans les limites de l'art. 904, le mineur peut tester en
faveur de qui bon lui semble ; s'il ne le peut en faveur de
son tuteur, c'est que la dépendance dans laquelle il se
trouve vis-à-vis de lui peut gêner sa liberté, donc l'art. 907
est une conséquence de son incapacité (1).

l'imperfection de son jugement ; c'est dans sa personne que réside
le principe de la restriction à laquelle il est soumis. L'art. 904
repose donc sur des considérations déduites de la personne du
mineur et il est indépendant de la qualité des héritiers que peut
laisser le mineur. Voy. DEMOLOMBE, *Donation* 1 ; n° 424. AUBRY
et RAU, t. VII, § 688, note 3. La doctrine de FŒLIX n'aboutirait
à rien moins qu'à enlever au mineur à l'étranger le droit de tester
qui lui est reconnu par sa loi nationale. Et cependant c'est cette loi
qui prend soin de garantir sa liberté et de le protéger contre son
inexpérience, ce qui indique bien son caractère. (Voy. notamment
l'art. 569 du Code civil autrichien qui exige l'intervention de la justice
locale ou celle d'un notaire pour que le mineur de 14 à 18 ans puisse
tester valablement. PFAFF et HOFMANN, *Commentar*, t. II, p. 112 ;
Oberlandesgericht du Tyrol-VORALBERG *(Jüristische Blatter*, 10 janvier 86, p. 13) et les observations de M. BEAUCHET dans le Journal de
Clunet, 86, p. 683. Nous devons dire cependant que FŒLIX paraît revenir sur son opinion et déclarer personnel l'art. 904 quelques pages
plus loin (p. 199, n° 88). Après avoir dit que la loi espagnole fixe la
majorité à 25 ans, il ajoute que l'Espagnol ne pourra tester qu'à cet
âge, *car la loi de son pays ne contient pas une disposition semblable à celle de l'art. 904 du Code civil français.*

(1) AUBRY et RAU, t. 7, § 649, p. 28 à 30. LAURENT, *op. cit.*, t. 6,

De même la disposition de l'article 909, qui prohibe les libéralités faites aux médecins, pharmaciens, dans le cours de la maladie à laquelle a succombé le disposant, renferme une règle d'incapacité et appartient au statut personnel. Les motifs sont les mêmes que pour l'article 907 (1). Au surplus les art. 901 à 912, compris dans un chapitre qui traite *de la capacité de disposer ou de recevoir par donation entre vifs ou par testament*, appartiennent au statut personnel; il n'y a d'exception à faire que pour l'art. 910, dont la disposition est dictée par l'intérêt de l'Etat qui a des mesures à prendre pour empêcher l'accumulation des biens de mainmorte (2). De tout ceci il faut conclure que

---

n° 208. Demolombe, t. 18. *Donations*, n°s 470 à 499. Despagnet, *Précis de Dr. int. privé*, n° 603. Bertauld, *op. et loc. cit.* Weiss, *op. cit.*, 2e éd., p. 706 ; Brocher, *Cours de dr. int. privé*, t. 2, n° 140.

(1) Laurent, *op. cit.*, t. VI, n° 209. Demolombe, *op. cit.*, t. 18, n°s 499 à 502. Aubry et Rau, *op. cit.*, t. 7, § 649, p. 30 et s. Bertauld, *op. cit.*, t. 1, p. 31, n° 34. M. Brocher, *Dr. int. privé.*, p. 262, avoue que les apparences sont pour la personnalité de l'art. 909, mais il croit que les vrais caractères du statut personnel font défaut en ce sens qu'il n'y a rien là qui affecte les personnes d'une manière plus ou moins permanente. Mais c'est là, croyons-nous, une thèse inadmissible, car cette incapacité, pour passagère qu'elle soit, n'en est pas moins fondée sur la qualité des personnes.

(2) *Quid* en ce qui concerne l'art. 908 ? La question est vivement controversée. Les uns y voient un statut réel (l'objet de la loi serait la conservation des biens dans la famille légitime). Aubry et Rau, t. 1, § 31, p. 85. Demolombe, 1, 81, XIV, 83 ; XVIII, 555. Cardot, *Revue critique*, 1864, XXV, p. 40 à 48 ; Marcadé, t. 1, p. 89, n° 81 ; les autres un statut personnel ; Laurent, *op. cit.*, t. 6, n° 212 ; Demangeat sur Fœlix, t. 1, p. 123 ; Bertauld, *op. cit.*, t. 1, p. 51. Cette dernière opinion a nos préférences. La loi n'a qu'un but : faire respecter le mariage ; ce qui le prouve c'est que le père de l'enfant naturel qui ne laisse ni descendants légitimes, ni ascendants, peut donner tous ses

les lois qui restreignent la faculté de disposer ne sont pas nécessairement des règles de statut réel ; il n'y aurait plus dans ce cas, de statut personnel, ou du moins ce statut ne comprendrait plus que les lois relatives à la nationalité ou à l'état des personnes, abstraction faite des biens. En effet, toute disposition qui édicte une incapacité limite par cela même la faculté de disposer et a pour résultat de conserver les biens dans le patrimoine de l'incapable, mais cela ne prouve pas que le législateur se soit proposé ce résultat comme but principal. Ce qu'il faut considérer, ce sont les motifs pour lesquels la loi a édicté cette incapacité, et, par conséquent, pour déterminer le caractère d'une loi, pour décider si elle appartient au statut personnel ou au statut réel, il faut essayer de pénétrer la volonté du législateur. Lorsqu'il n'a eu en vue que les biens, sans prendre

biens à un étranger ; sa famille sera donc frustrée. Tout au plus pourrait-on admettre que l'art. 908 renferme une disposition d'ordre public international parce que le législateur français veut faire respecter le mariage alors même qu'il s'agit de la famille étrangère (Weiss, p. 707), mais cela encore nous paraît excessif, car il faudrait dire alors que la loi française peut imposer à la loi étrangère sa manière de concevoir l'intérêt de la morale. Il nous semble qu'entre peuples également civilisés il faut faire intervenir le moins souvent possible les questions de morale pour faire échec à une loi étrangère. Ainsi le Code italien considère les donations de biens à venir ou l'institution contractuelle comme immorales parce qu'elles portent sur une succession future ; tel paraît être aussi le sentiment du législateur français qui cependant les autorise entre époux ou par contrat de mariage en faveur des époux ; contrat moral au premier chef. Dans les pays germaniques au contraire, les pactes successoraux sont permis ; ils ne sont l'objet d'aucune défaveur. Tout ce que l'on peut en conclure à notre avis, c'est que ces pactes, sans danger pour les populations froides et réfléchies du Nord, pourraient donner lieu aux plus graves abus dans des pays où les natures sont plus vives.

en considération la personne, la loi appartiendra au statut
réel ; que si c'est la personne dont il s'est préoccupé sans
se soucier des conséquences qui en résulteront pour les
biens, elle appartiendra au statut personnel. Là est le seul
critérium basé sur la raison et sur la justice, tout autre
ne conduirait qu'à des déceptions et à des contradictions
insolubles. Ainsi donc, pour connaître la nature d'une
disposition, il faut en étudier le texte et dégager
l'intention du législateur. Ce sera la gloire de Bartole
d'avoir posé ce principe malgré l'erreur secondaire
qu'il a commise en attribuant, à titre d'exemple,
une influence excessive à l'ordre des mots sur le sens
d'une formule législative (1).

La doctrine du tribunal de la Seine, sans fondement
en droit ni en raison, condamnée par les auteurs, par
ceux-là mêmes qui se montrent favorables à la réalité des
statuts, a été rejetée par la Cour de Paris, sur l'appel du
jugement du 3 mars 1891. Par arrêt du 27 mai 1892, la
Cour décide que les prohibitions de disposer à titre gratuit ne constituent pas toujours des règles de statut réel.
« Considérant, dit la Cour, que si la disposition de l'arti-

____

(1) On a beaucoup raillé le critérium donné par BARTOLE à titre
d'exemple pour reconnaître si une loi est réelle ou personnelle « *Bona
decedentium in primogenitum* » ou « *Primogenitus succedat* » avait-
il dit pour mieux frapper les esprits. DUMOULIN qui qualifie ce procédé
de distinction verbale, n'a pas manqué lui aussi d'user d'un semblable
arrangement de mots pour démontrer que la disposition qui défend
au mineur de 25 ans de tester de ses immeubles appartient au statut réel. « C'est, disent MM. ASSER et RIVIER, un expédient d'interprétation que des auteurs plus modernes n'ont pas dédaigné. LAURENT,
t. I. n° 216. ASSER et RIVIER, *Elém. de Dr. intern. privé*, p. 10. LAINÉ,
op. cit., t. I, p. 157-160.

cle 1054 du Code civil italien porte en effet sur la distribution et la conservation des biens, elle vise principalement l'état et la capacité des personnes ; que la faculté de disposer touche essentiellement à la capacité de la personne ; que la disposition invoquée ne doit donc point être considérée comme faisant partie du statut réel, mais du statut personnel du donateur. Qu'aux termes de l'article 3 du Code civil français, les dispositions de cette nature, c'est-à-dire celles réglant l'état et la capacité de personnes, régissent le Français, même résidant en pays étranger ; que de même, les lois réglant l'état et la capacité des étrangers sont réputées applicables à ceux-ci pendant leur résidence en France ; que la distinction alléguée, au point de vue du caractère du statut, entre la transmission des biens par voie de dévolution légale et la transmission par acte de disposition, ne repose sur aucun texte et n'a point de base juridique ; qu'il y a même contradiction entre la prétention de la veuve Zammaretti de se dire héritière d'un tiers, aux termes des dispositions spéciales de la loi italienne et donataire d'usufruit, contrairement aux dispositions de la même loi ; que l'acte du 6 octobre 1870, doit en conséquence être déclaré nul en principe, comme fait par les époux en fraude de la loi nationale qui les régit. »

Jusqu'ici, et sauf une généralisation quelque peu inexacte sur laquelle nous reviendrons, les considérants de l'arrêt sont irréprochables ; la Cour adopte les vrais principes de la matière. Puisqu'en effet, l'acte litigieux avait été fait par un étranger, il fallait se demander tout d'abord si cet acte était prohibé ou permis par la loi étrangère, puis, en second lieu, dans quel but cette loi l'autorisait ou le prohibait.

Est-ce pour des motifs personnels ou pour des motifs réels? Evidemment la réponse à cette question ne peut être donnée que par le législateur étranger. Nous connaissons la nature et le caractère de la prohibition portée par l'art. 1054 du Code italien, nous savons que cette prohibition a été dictée par la qualité des personnes. L'art. 1054 appartient donc au statut personnel ; c'est une incapacité qui est attachée à la personne des époux italiens, et les suit en pays étranger. La Cour a raison de dire que la disposition de l'art. vise principalement l'état et la capacité des personnes. Sur ce point, sa décision nous satisfait pleinement ; mais nous aurons à critiquer son inconséquence, en ce qui concerne la capacité de disposer des immeubles. Avant d'entreprendre cette discussion, nous devons nous arrêter un instant sur les conclusions qui ont précédé l'arrêt. M. l'avocat-général Jacomy avait proposé, dans ses observations, de s'en tenir à la décison des premiers juges. Nous allons citer les passages les plus importants de son argumentation. Après avoir accepté le critérium qui permet de distinguer les statuts personnels des statuts réels, il poursuit ainsi : « Si le législateur italien ne s'était inspiré que de cette préoccupation : assurer l'union des époux, qu'est-ce qui l'aurait empêché d'imiter le législateur français qui s'est montré beaucoup plus favorable aux dispositions entre époux, sans avoir, j'imagine, moins de sollicitude pour leur tranquillité dans la vie conjugale? Il n'avait, à l'exemple du législateur français, qu'à déclarer les donations entre époux permises, mais toujours révocables. La révocabilité parait à tous les dangers..... Le Code italien s'est montré beaucoup plus rigide que le Code français, parce que les considérations de personnes étaient bien loin de son esprit, parce que ce qui l'a surtout préoccupé, ce sont les considérations relatives aux biens eux-mêmes. L'unique but de l'art. 1054 est d'assurer la conservation des patrimoines dans les familles, de les mettre à l'abri des influences et des suggestions conjugales qui s'exerceraient beaucoup trop activement, si les donations au cours du mariage étaient permises, et auxquelles la révocabilité n'aurait plus été un remède suffisant, eu égard à cette préoccupation du législateur italien qui peut nous paraître un peu inquiète, parce que le Code civil nous a habitués à une tendance contraire, mais qui est bien réelle dans le Code italien : le désir de maintenir la cohésion des patrimoines. Cette préoccupation se révèle avec une force incontestable dans une des dispositions fondamentales de la loi italienne en matière de contrat de mariage. Vous n'ignorez pas, en effet, que le Code italien a écarté, parmi les régimes qui peuvent régir les biens dans l'association conjugale, celui qui constitue la base même de notre législation matrimoniale. Il repousse le régime de la communauté légale ; il repousse même la communauté conventionnelle, si elle n'est réduite aux acquêts. C'est bien démonstratif cela au point de vue de notre question. Qui ne voit là une trace lumineuse de cette préoccupation dont je parle, le désir de maintenir l'intégrité des patrimoines et de les soustraire aux influences, dissolvantes sous ce rapport, des conventions matrimoniales ?

Et qui ne voit par conséquent, que la prohibition de l'art. 1054 procède de la même idée, qu'elle est en harmonie parfaite avec les considérations dont je viens de parler ? Les considérations de personnes n'ont rien à faire ici. Ce que le législateur a en vue, comme dans la matière du contrat de mariage, c'est la protection du patrimoine de chaque conjoint, et non point la protection de la personne même des époux. Ce qui domine en un mot dans l'art. 1054, ce n'est point l'organisation, le règlement de la capacité générale des époux, c'est la restriction de leur capacité personnelle au regard des biens et en considération, en faveur de la conservation de ces biens ; ce qui veut dire que la disposition est de statut réel et non de statut personnel ».

Puis, M. l'avocat général rappelle que par arrêt de la Chambre civile du 4 mars 1857 (1), la Cour de cassation a décidé que la prohibition de l'art. 1185 du Code civil sarde (la même reproduite par le Code italien), ne constitue qu'un statut réel, et qu'un arrêt de la Cour de Paris du 12 mars 1881, favorable à la personnalité, a été cassé par la Cour suprême.

Ainsi l'art. 1054 du Code civil italien a pour but d'assurer la conservation des patrimoines dans les familles ; s'il en était autrement, la loi italienne aurait imité la loi française, elle se serait contentée de donations révocables. Voilà le premier argument, serrons-le de près.

Qu'est-ce que la donation révocable permise par le législateur français ? C'est, en allant au fond des choses, une pure manifestation d'intention qui ne deviendra efficace que par la mort du donateur, en supposant qu'il n'ait pas changé d'opinion.

Le législateur italien a pensé, à bon droit selon nous, qu'il était inutile de fausser les règles de la donation, du moment que les époux avaient un autre moyen de se gra-

(1) D. P. 57, 1, 102.

tifier. Nous n'avons pas à discuter le bien ou mal fondé
de la règle de l'irrévocabilité, il nous suffit de reconnaître
qu'elle est la base du système adopté en France et en
Italie (1). De ce que le législateur italien s'est montré logique, tirer cette conclusion qu'il était animé d'autres
préoccupations que le législateur français, c'est un procédé d'interprétation qui peut paraître surprenant, alors
surtout que le législateur d'Italie s'est expliqué sur
les motifs tout personnels de la prohibition. Etait-ce
pour des motifs tirés de la nécessité de conserver les
biens dans les familles que le droit romain avait prohibé
les donations entre époux ? Non, sont unanimes à dire
tous les jurisconsultes de Rome. Et cependant jusqu'au
sénatus-consulte de Caracalla, ces donations ne pouvaient
valoir qu'en vertu d'une confirmation testamentaire
expresse. Dira-t-on que le sénatus-consulte, en inaugurant
le système que devait suivre le législateur français, a
changé le caractère de la prohibition ? Pourquoi donc, en
sens inverse, ce caractère serait-il changé par la substitution rationnelle d'un acte de dernière volonté à un
contrat entre vifs (2) ?

(1) Voy. GIDE, *De la législation civile dans le nouveau royaume
d'Italie*. Revue historique du Droit français et étranger, n° de juillet-
août 1866.

(2) Au Moyen-âge, les statuts de certaines cités italiennes avaient
renchéri sur la prohibition du droit romain, dans l'unique but de garantir la liberté du donateur. Ainsi le statut de Mantoue : « *Quoniam
viri et uxores de facili et per importunitatem petentes, ad donan-
dam sibi invicem inducuntur, et homines plerumque cogitatione
mortis turbati, obliviscuntur eorum quœ agerent si sanitate vige-
rent, statuimus et ordinamus quod donationes factœ inter virum
et uxorem morte donantium prœmorientium non confirmentur,
nec juris effectum assumant.* »

c. 10

Si l'époux veut gratifier son conjoint, sa liberté n'est-elle pas aussi entière avec le testament qu'il peut rédiger seul en toute indépendance de volonté?

La révocabilité pare à tous les dangers, dit M. l'avocat-général. Est-ce bien certain? De son propre aveu, la révocabilité n'est pas un remède suffisant contre les influences et les suggestions conjugales qui peuvent s'exercer beaucoup trop activement quand les donations sont permises au cours du mariage. Ce qui est manifeste par contre, c'est qu'elle fausse les règles de la donation et qu'elle favorise singulièrement certaines tromperies. On a vu des époux faire des donations à leur conjoint, soit pour obtenir eux-mêmes quelques avantages, soit pour se débarrasser de sollicitations gênantes, et tenir en réserve une révocation faite par testament et soigneusement dissimulée de leur vivant. Mais, ajoute M. Jacomy, ce qui prouve bien que l'art. 1054 a pour but unique de conserver les patrimoines dans les familles en les mettant à l'abri des suggestions conjugales, c'est que le législateur italien repousse le régime de la communauté légale; par là il marque bien sa volonté de les soustraire aux influences dissolvantes des conventions matrimoniales. En prenant ce raisonnement à la lettre, on pourrait penser que les législations qui n'admettent pas la communauté entre époux sont toutes basées sur l'idée de conservation des biens dans les familles. Pourquoi le droit romain ne connaissait-il pas d'autre régime que le régime dotal? Etait-ce pour conserver les biens dans les familles? Dans un droit où la liberté de tester était presque illimitée, où le testament était en grand honneur, bien plus, où le culte jaloux de la liberté testamentaire avait inspiré toutes les restrictions aux dispositions entre vifs, cette conception toute

féodale n'aurait certainement pas hanté l'esprit des jurisconsultes. Par contre on pourrait croire que, par sa seule
vertu, la communauté, issue du droit coutumier, tend à
briser la cohésion des patrimoines et à les faire passer
dans des mains étrangères.

La corrélation nécessaire qu'on essaie d'établir entre
les règles prohibitives de la communauté et celles de la
donation entre époux ne repose sur aucun fondement.
Dire que le législateur a fait des unes une dépendance des
autres est une simple affirmation qui ne s'étaie sur aucune
preuve positive. En effet, si ce critérium était exact, il
faudrait tâcher d'expliquer les législations qui font de la
communauté universelle le régime légal et prohibent en
même temps toute donation entre conjoints pendant le
mariage, et tel est le cas de la loi hollandaise. Sans doute
il pourra arriver que les deux prohibitions concourent au
même but : conserver les biens dans les familles, mais
c'est dans l'esprit de la loi qu'il faudra rechercher si elle a
voulu rendre les biens indisponibles à l'égard de tous
pour les conserver aux héritiers du sang. D'un autre côté,
notre communauté légale, que M. l'avocat-général oppose
à la communauté réduite aux acquêts de la loi italienne,
ne comprend que les meubles, et encore convient-il de remarquer qu'elle a été établie à une époque où les immeubles
formaient l'élément essentiel des fortunes. Aux yeux du
législateur de 1804, elle ne tendait guère à opérer la confusion des patrimoines (1).

(1) Voici ce que pensent de notre régime légal les rédacteurs du
projet de Code civil allemand : « Ce qui empêche absolument
aujourd'hui de s'arrêter au système de la communauté des meubles,
c'est qu'en fait il n'y a aucun principe à la base de la distinction qu'il

Il est vrai que notre Code autorise la communauté universelle, mais en fait, ce régime est d'un usage à peu près nul. Pourquoi la loi italienne repousse-t-elle la communauté ʲégale, et même la communauté conventionnelle si elle n'est réduite aux acquêts (*gli utili*)? Parce que c'est toujours la loi romaine qui forme le fond et la substance du Code de 1866 (1); parce que la communauté est antipathique aux populations italiennes et que leurs habitudes résistent à un tel régime (2).

fait entre ce qui doit tomber dans la communauté et ce qui doit rester propre à chaque époux. On peut donner de bonnes raisons pour attribuer quelque influence à la distinction entre meubles et immeubles au point de vue des rapports des époux avec les tiers, et pour abandonner tous les meubles sans distinction à la disposition du mari et à la sauvegarde des droits des créanciers, car en général, ces biens sont tellement confondus qu'il serait impossible aux tiers de discerner au juste auquel des conjoints ils appartiennent. Mais il n'y a aucune raison sérieuse pour donner cette circonstance tout extérieure et accidentelle comme base aux relations des deux époux entre eux et pour faire dépendre d'elle les limites de l'avoir commun. Ce système aboutit à ce que, si toute la fortune de l'un des époux est immobilière et celle de l'autre mobilière, la communauté absorbe l'une entièrement et rien de l'autre, et qu'à la dissolution du mariage l'un des époux reprend, outre la totalité de ses propres, la moitié de la fortune de son conjoint, tandis que celui-ci perd, sans nulle compensation, la moitié de son avoir.» *Motive*, t. IV, p. 151. — Ernest Lehr, *Dr. C., g.*, 2, p. 509.

(1) Gide, *op. cit.*, p. 402.

(2) Huc., *Code civil italien*, t. 1, p. 265.

La loi italienne ne semble pas reconnaître de régime légal; elle a préféré, suivant les termes mêmes de M. Vacca, devant le Sénat, se placer sur le terrain neutre de la liberté. Elle se borne à tracer les règles de la dotalité et celles de la communauté. Cependant, comme elle déclare que tous les biens de la femme non constitués en dot sont

Bien que le régime de communauté subisse des critiques assez vives et que la tendance des. législations paraisse le condamner comme régime légal (1), le législateur italien, qui s'est montré si libéral (2), aurait été
mieux inspiré à notre avis, en laissant aux futurs conjoints toute liberté de régler à leur gré leurs conventions
matrimoniales, mais de ce qu'il ne l'a point fait, doit-on
conclure que son but, en prohibant toute communauté
autre que celle d'acquêts, a été de conserver les patrimoines dans les familles? Ce n'est pas dans la disposition de l'article 1054 fondée uniquement sur le lien qui

paraphernaux (art. 1425), il faut admettre qu'en l'absence de contrat, les époux seront soumis au régime de la séparation des biens. Voy.
Huc, *op. cit.*, p. 259. Weiss (2e édit.), *op. cit.*, p. 504. M. Fiore, après
avoir établi que, avant le nouveau Code civil, aucune des diverses législations italiennes ne présumait la communauté comme régime légal en
l'absence d'une convention expresse et que le Code sarde restreignait
aux acquêts la communauté universelle expressément convenue ajoute :
Enfin il faut encore noter que sous l'empire de ces codes, les cas de
stipulation de communauté entre conjoints étaient fort rares. Lors de
la rédaction du nouveau Code, on considéra qu'il n'y avait pas lieu de
faire de la communauté le régime légal, parce que ce régime est
contraire aux habitudes italiennes ; on ne voulut pas non plus
accorder la prépondérance au régime dotal, si bien qu'on en est venu
à retenir comme règle légale le régime de la séparation des biens.
Pasquale Fiore, *Diritto Internazionale privato*, t. 2, 3e édit., nᵒ 631,
p. 132.

(1) C'est là le résultat des idées nouvelles sur l'émancipation de la
femme.

(2) Toutes les nouvelles règles qu'il consacre concourent vers un
même but, se résument en une même idée, l'extension de la liberté
civile ; et de cette idée féconde appliquée tour à tour aux lois sur
l'état des personnes et aux lois sur la circulation des biens est sorti
un double progrès, un progrès moral et un progrès économique. Gide,
op. cit., p. 422.

unit les époux ; ce n'est pas davantage dans la restriction imposée aux contractants pour leurs conventions matrimoniales qu'on peut apprécier l'esprit de la législation italienne sur la matière qui nous occupe, car alors il serait vrai de dire en sens contraire qu'une législation féodale où la donation entre époux serait permise et le régime de communauté reconnu comme régime légal voit d'un mauvais œil la perpétuité du patrimoine dans la famille. Ce qu'il faut considérer, c'est l'ensemble des dispositions de la loi italienne sur les successions et donations, en un mot sur les modes par lesquels s'opère la transmission à titre gratuit des biens. A cet égard la loi italienne s'éloigne résolument des idées qui avaient cours dans notre ancien droit. C'est ainsi que, dans la succession *ab intestat*, loin de rechercher la nature et l'origine des biens, elle les transmet dans l'ordre des affections présumées du défunt, en répudiant le système des feintes admis par notre Code civil, et en appelant toujours le parent le plus proche, ascendant ou collatéral. Ainsi l'enfant naturel exclut les collatéraux et la part qui lui est allouée est supérieure à celle de notre Code. Ainsi le conjoint survivant qui a une portion d'usufruit lorsque le défunt laisse des enfants légitimes, obtient en propriété le tiers de l'hérédité quand elle ne se trouve en concours qu'avec des ascendants, des enfants naturels ou des frères et sœurs.

De même la loi italienne prohibe toutes les substitutions fidéicommissaires, même dans les cas où elles sont permises par le Code civil ; elle n'admet pas le retrait successoral, elle n'autorise la révocation d'une donation pour cause de survenance d'enfants que sous la réserve des droits acquis par les tiers, antérieurement à la transcription de la demande de révocation. « Toujours fidèle à son principe et plus soucieux des droits de la nature et du sang *que de la conservation des biens dans la famille*, le législateur (italien) efface toutes les anciennes distinctions tirées de la nature ou de l'origine des biens héréditaires, et proscrit tous ces retours légaux, toutes ces successions bizarres et trop justement qualifiées d'anormales, qui, chez nous, ont fait de tout temps le désespoir des interprètes. C'est toujours l'affection probable, l'intention présumée du défunt qui préside à la distribution légale de l'héritage ; la loi a pour ainsi dire testé pour lui comme il aurait sans doute testé lui-même ; comme l'a très bien dit M. Huc, celui qui meurt sans testament personnel laisse néanmoins un testament écrit pour lui dans la loi (1) ». Quant à la succession testamentaire, elle est, dit M. Vacca, l'affirmation la plus énergique du droit de propriété ; la loi doit seulement s'attacher à concilier ce droit avec l'intérêt général de la société... Aussi ajoute-t-il : le projet de Code a adopté une situation moyenne entre la tradition romaine qui exagérait les pouvoirs du testateur et le système français qui lui impose souvent de trop grandes restrictions (2). Et le Code italien n'assigne à la liberté complète du testateur d'autres limites pour la disposition de ses biens que celles qui sont commandées par un devoir naturel ; encore convient-il de dire que la portion légitime réservée aux descendants, aux ascendants, au conjoint et aux enfants naturels est le plus souvent inférieure à la

(1) GIDE, *op. cit.*, p. 414. Voy. HUC, *op. cit.*, p. 169.

(2) Rapport de M. Vacca sur le 3e livre du Code, *Procès-verbaux officiels*, p. 2.

nôtre (1). « Entre notre droit de réserve et la *porzione legitima* de nos voisins, il est une nuance qui ne doit pas nous échapper. Tandis que, dans la réserve de notre Code, l'on retrouve encore, dans une certaine mesure, *avec les traditions du droit coutumier, le désir de conserver les biens dans les familles, la légitime italienne, au contraire, descend en ligne directe de la légitime du droit romain*, et n'a pour but, comme celle-ci, que de consacrer, d'ériger en obligation civile les devoirs que dictent les affections domestiques et qu'impose la nature. De cette différence d'origines et de principes découlent, dans tous les détails d'organisation, des différences pratiques importantes. La liberté de tester, dans le système du législateur italien, est tantôt plus restreinte que chez nous, tantôt plus étendue : plus restreinte, car la légitime est expressément conférée non seulement aux descendants et ascendants comme notre réserve, mais encore à l'enfant naturel et au conjoint survivant ; plus étendue d'autre part, car l'obligation du rapport n'a jamais pour cause que l'intention probable du testateur, et par conséquent, ne s'applique jamais aux libéralités testamentaires ; plus étendue encore, car la légitime due aux enfants ne peut jamais dépasser, quel que soit leur nombre, la moitié de la succession (2). »

---

(1) En Italie où la descendance est généralement nombreuse, la quotité disponible est de la moitié des biens, quel que soit le nombre des enfants, tandis qu'en France elle est du quart si le défunt en laisse trois.

(2) GIDE, p. 414, 415. Voy. *Code civil italien*, art. 805, 806, 807. Quelques lignes plus loin, M. Gide semble reprocher au législateur

Enfin, le Code italien, à l'exemple de la tradition romaine, reconnaît au testateur le droit de faire des héritiers qui sont placés sur la même ligne et soumis aux mêmes règles que les héritiers légitimes (1).

Cette étude nous a paru nécessaire pour montrer que la loi italienne n'a pas pour objectif direct la conservation des biens dans les familles. Les dispositions testamentaires pour lesquelles elle laisse pleine liberté sont d'autant plus dangereuses pour le maintien des patrimoines dans les familles que celui qui les fait sait bien qu'elles ne lui seront aucunement nuisibles puisqu'elles n'ont d'effet qu'après la mort, tandis que la donation entre vifs a pour effet nécessaire et pour caractère essentiel d'appauvrir le donateur (2). C'est ce qu'avait très bien compris le droit coutumier en prohibant la donation *par testament* des quatre quints des propres. Si donc elle défend aux époux de se faire des libéralités par d'autre voie que par la voie testamentaire, ce n'est point qu'elle redoute que les biens de l'un deviennent la propriété de l'autre ; — elle prouve par les droits qu'elle accorde au conjoint survivant (dans la succession *ab intestat*, la pleine propriété du tiers de l'hérédité lorsqu'il n'y a pas d'enfant), que cette préoccupation n'a pas été la sienne ; — c'est uniquement pour garantir

italien les restrictions qu'il a apportées à la faculté de disposer. Mais il reconnaît lui-même que c'est pour protéger la liberté du donateur contre le danger des captations.

(1) Voy. Huc, p. 171. *C. Civ. ital.*, art. 760.

(2) C'est pour ce motif que dans plusieurs Codes de la famille germanique (*Zurich, Grisons, Projet de C. civ. allemand*, etc.), les restrictions auxquelles sont soumises les libéralités testamentaires dans l'intérêt des héritiers à réserve, ne s'appliquent pas aux donations entre vifs.

leur liberté et assurer la libre expression de leur volonté (1). Ce souci se révèle clairement dans nombre de ses dispositions, notamment dans celle de l'art. 136 où elle décide que l'autorisation de la justice est nécessaire chaque fois qu'il y a opposition d'intérêts entre les conjoints. Ainsi pour que le contrat de vente entre époux permis par le Code italien soit valable, il faut l'homologation du tribunal civil (2).

La Cour de Paris a donc eu raison de dire que l'art. 1054 du Code civil italien édicte une règle d'incapacité, qu'il vise principalement l'état et la capacité des personnes et

(1) Il est intéressant de rapprocher des paroles de M. l'avocat-général Jacomy ce passage de Merlin : « La qualité des époux n'aurait peut-être pas déterminé par elle-même la coutume à leur défendre de s'avantager l'un l'autre ; mais elle a vu que cette qualité les conduisait à l'aliénation de leurs biens, et pouvait par conséquent rendre inutile le désir qu'elle a de conserver les biens dans les familles. » *(Questions de Droit, avantages entre époux*, § II, p. 331). C'est donc le lien qui unit les époux qui a dicté la prohibition, mais ce lien est une conséquence du mariage et les effets du mariage sont régis par le statut personnel. Quant à l'argument que la qualité d'époux peut conduire à l'aliénation des biens, il est facile d'y répondre. Oui, cela est exact, mais justement une loi inspirée par la qualité des personnes est une loi personnelle, puisque ce sont les rapports existant entre les personnes qui l'ont motivée. La qualité de mineur peut aussi conduire le pupille à l'aliénation de ses biens au profit de son tuteur. C'est pourquoi l'art. 907 lui défend de tester en faveur de celui-ci. Et cependant tout le monde est d'accord sur le caractère de cet article.

(2) Le Code italien se montre sévère, et à bon droit, pour les entraves apportées à la libre expression de la volonté. Il déclare indigne de succéder celui qui a forcé le *de cujus* à faire ou à changer un testament, celui qui l'a empêché de faire ou de révoquer un testament, celui qui aurait supprimé, caché ou altéré un testament postérieur. (Art. 725).

qu'ainsi il fait partie du statut personnel. C'est à bon droit qu'elle a déclaré nul l'acte fait par les époux frappés d'incapacité par leur loi nationale, mais il y a des réserves à faire sur cette affirmation que la faculté de disposer touche essentiellement à la capacité de la personne. Il y a en effet des interdictions de disposer qui appartiennent au statut réel, c'est alors une règle d'indisponibilité et non une règle d'incapacité qui est édictée par la loi (1). La donation faite à son conjoint par un époux italien est donc nulle comme émanant d'un incapable (2), et comme telle, elle ne peut produire aucun effet : *quod nullum est nullum producit effectum.* L'arrêt admet cette conséquence logique et rigoureuse en ce qui concerne les meubles ; il la repousse en ce qui concerne les immeubles possédés en France par le disposant. « Considérant, toutefois, que les effets de cette nullité ne portent que sur la partie mobilière de la succession, les meubles corporels et incorporels suivant la loi du domicile légal du *de cujus* ; qu'en ce qui touche les immeubles, l'art. 3 Code civil français édicte, par exception, que les immeubles, même ceux possédés par des étrangers, sont régis par la loi française ; que cette loi autorise entre les époux des donations de la nature de celle faite dans l'acte du 6 otobre 1870 ; que cette donation demeure donc valable en ce qui touche la partie

---

(1) Voy. Prévost de la Jannès, *op.* et *loc. cit.*

(2) « Quelle que soit la donation faite entre les conjoints, elle est nulle, alors même que son exécution serait reportée à la mort du conjoint donateur ; la prohibition delaloi est générale et absolue, car ses motifs subsistent dans tous les cas... *La donation entre conjoints, nulle à l'origine, n'est point validée par la mort du donateur qui ne l'a pas révoquée pendant sa vie.* » Pacifici Mazzoni, *op.* et *loc. cit.,* p. 166.

immobilière de la succession ; — qu'en vain il est objecté
que la loi italienne permet des donations testamentaires
entre époux, et que les donations entre vifs autorisées par
la loi française doivent être assimilées aux donations testamentaires à raison de leur caractère révocable ; que par
suite, l'acte du 6 octobre 1870 devrait produire effet indistinctement sur les meubles et les immeubles, comme constituant au fond une libéralité testamentaire permise par la
loi nationale des époux ; — considérant que la donation
entre les époux permise par la loi française, est qualifiée
de donation entre vifs par l'art. 1096 Code civil français ;
qu'elle constitue en droit, non une disposition testamentaire, mais une véritable donation, laquelle ne diffère des
autres donations que par la condition résolutoire qui y
demeure attachée ; infirme le jugement en ce qu'il a déclaré C. B. Zammaretti mal fondé dans sa demande en
nullité de la donation du 6 octobre 1870 ; — statuant à
nouveau, déclare nulle et de nul effet la donation en ce
qui touche tous les biens mobiliers, meubles corporels ou
incorporels faisant partie de la succession, dit que ladite
donation portera effet seulement en ce qui touche les biens
immobiliers sis en France, faisant partie de la succession ; —
dit, en conséquence, que la dame veuve Zammaretti est
sans droit pour prendre la qualité de donataire, sauf en ce
qui touche la partie immobilière de la succession ; réserve
les droits qui peuvent lui appartenir sur l'hérédité à tous
autres titres ».

Il faut tout d'abord écarter l'argument subsidiaire présenté par la partie défenderesse à l'appel. La donation
entre époux ne peut, en droit, être assimilée à un testament ; bien que révocable, sa nature contractuelle diffère
essentiellement de celle du testament qui est un acte uni-

latéral. Nous nous sommes suffisamment expliqué sur ce point pour qu'il soit inutile d'insister, et nous arrivons à la conclusion tirée par la Cour du second alinéa de l'art. 3 du Code civil français (1). Cette disposition, d'après l'arrêt, contient une exception au principe d'après lequel la capacité de l'étranger est régie en France par sa loi nationale. Lorsque l'étranger possède des immeubles en France, c'est la loi française qui détermine sa capacité de les transmettre à titre gratuit; en un mot la loi territoriale gouverne la capacité du disposant en matière immobilière (2). Voilà certes une théorie qui tend à renverser les principes les mieux établis.

L'état et la capacité des étrangers sont régis par leur loi nationale; l'accord est unanime sur ce point. Comment

(1) Comp., Cass., D. P., 84, 1, 277. La Cour suprème motive ainsi sa décision : « Il résulte de l'art. 3, § 2, C. C., que tout ce qui touche à la transmission des biens immeubles, soit par voie de succession *ab intestat*, soit par voie d'institution contractuelle, est régi par le statut réel français et non par le statut personnel de celui dans la succession duquel se trouvent les biens. Quels que soient dès lors la nationalité des intéressés et le lieu où l'acte de transmission a été passé, c'est d'après la loi française que doivent être appréciées la valeur de cet acte et la légalité des stipulations qu'il contient ». Comme le fait très bien observer M. Renault, la Cour de cassation n'a point éclairé la question d'un jour nouveau, elle passe sous silence le point important, ce qui est la difficulté même du débat. Dans l'espèce il s'agissait précisément de savoir quel était le véritable caractère de la disposition de la loi espagnole qui défendait d'avantager les filles par acte entre vifs, si elle règlait une question de transmission et de disponibilité, ou bien une question de capacité. Voy. Renault, *Revue critique*, 1882, nouvelle série, t. 11, p. 712; *id.* 1885, t. 14, p. 584.

(2) « Les dons entre époux durant le mariage sont toujours révocables lorsque les biens donnés sont situés en France. » Foelix, t. 1, nº 93. *Contra.*, Demangeat, *eod. loc.* note.

donc la loi française pourrait-elle habiliter un étranger à accomplir un acte pour lequel sa loi nationale le déclare incapable et, en sens inverse, frapper d'inefficacité un acte fait par un étranger en vertu de son statut personnel ? La loi nationale ne régit donc l'état et la capacité de ceux qui lui sont soumis que pour les meubles se trouvant en pays étranger ? Comment expliquer cette division de la capacité ; sur quels fondements repose-t elle ? Ce n'est point l'arbitraire qui détermine les conditions de capacité ou d'incapacité. La capacité, dit un savant auteur, est réglée d'après l'état moral, intellectuel, politique du pays auquel appartient le donateur ou le testateur ; elle n'a rien de commun avec le territoire où les biens sont situés (1).

Soumettre l'étranger, en ce qui concerne sa capacité, à la loi territoriale, c'est l'exposer à être frappé d'autant d'incapacités diverses qu'il a de biens situés dans des territoires différents. Sa volonté, qui est unique, deviendrait double, triple, ou quadruple ; c'est diviser ce qui est essentiellement indivisible (2). C'est réduire à l'impuissance la loi personnelle, seule protectrice des individus, que d'écarter son application sous prétexte que les biens situés en territoire étranger sont de nature immobilière. Cette exclusion est la négation de la justice, elle aboutit en fin de compte à rendre vaines les mesures prises par le législateur national, qui a seul compétence pour apprécier les qualités morales des personnes. Mais, dira-t-on, en théorie cela est l'évidence même, il est inadmissible que le même homme soit capable ou incapable suivant

____

(1) LAURENT, t. VI, nº 185.

(2) Comp. RICARD, *Don mutuel*, 331.

que ses biens sont situés en tel ou tel pays, bien plus même, suivant leur nature mobilière ou immobilière. Cependant les juges sont contraints d'appliquer la loi ; or le Code en disposant que les immeubles, même possédés par des étrangers, sont régis par la loi française, a consacré la tradition, et, dans l'ancien droit, la capacité de transmettre les immeubles à titre gratuit, était du domaine de la *lex rei sitæ*. (1) Si l'on ne peut nier que le

(1) Le deuxième paragraphe de l'art. 3 du Code civil a donné lieu aux interprétations les plus abusives. Ainsi, par arrêt du 4 avril 1881, la Cour de Cassation a décidé que les immeubles situés en France étant régis par la loi française, une femme étrangère ne peut réclamer, sur un immeuble du mari situé en France, le douaire légal ou conventionnel qui lui appartiendrait d'après la loi étrangère. Merlin avait réfuté par avance cette doctrine : « Peut-on dire que la loi étrangère doit toujours indistinctement, même à l'égard des immeubles possédés en France par des étrangers, se taire devant la loi française ? Non, il est deux cas où c'est au contraire la loi française qui doit céder à la loi étrangère. Le premier est, lorsque la validité des transactions ou dispositions relatives à ces immeubles, est subordonnée *à la capacité ou à l'incapacité* des étrangers qui les font. Le deuxième est quand la loi étrangère sous laquelle des contrats ont été passés par les étrangers possesseurs de ces immeubles a été adoptée par les contractants et convertie par eux en pacte exprès... Ainsi, qu'un homme et une femme étrangers à la France, et domiciliés sous une loi qui n'admet pas de plein droit la communauté des conquêts immeubles, se marient, n'importe en quel lieu, sans régler leurs droits nuptiaux par aucun acte ; que pendant le mariage, le mari acquierre' des immeubles en France et qu'il meure sans les avoir aliénés ; la veuve ne pourra pas en réclamer la moitié, sur le fondement que la loi française rend de plein droit communs aux deux époux les immeubles qui sont achetés par le mari. Pourquoi ? Parce qu'en se mariant sans contrat, les époux sont censés s'en rapporter à la loi de leur domicile matrimonial, et que, par là, il se forme entre eux une convention tacite qui a la même autorité qu'une convention expresse ». *Répertoire, loi*, n° 6, p. 431. Voy. dans le sens de ces observations. Cass. 30 janv., 54, Sir.,

vieil adage issu de la féodalité : « toutes coutumes sont réelles », n'ait exercé une influence fâcheuse sur l'esprit des meilleurs juriconsultes coutumiers et n'ait amené le plus éminent d'entre eux, malgré ses tendances en faveur de la personnalité, à déclarer réel le statut qui défend au mineur de 25 ans de tester de ses immeubles (1) ; il est, par contre, inexact d'affirmer que la tradition, dans son dernier état, ait appliqué invariablement la loi territoriale à la capacité de transmettre les immeubles. En cette matière, comme en bien d'autres, on s'était nettement rendu compte des conséquences déraisonnables et des inconvénients résultant de l'application d'une maxime qui, ayant perdu sa raison d'être, ne subsistait plus que par la force de l'habitude. Cette maxime envahissante était mise en échec dans bien des cas — nous en avons cité le témoignage de Froland — et le champ de la personnalité s'était agrandi sous l'action du progrès lent et continu des idées. Au dix-huitième siècle, si Boullenois fait fléchir son libéralisme devant l'opinion des réalistes à outrance comme d'Argentré, Voet, et les autres statutaires hollando-belges ; si, après avoir bien hésité, il refuse tout effet exterritorial au statut de la capacité testamentaire (2),

54, 1, 268. D. P.,54, 1, 61, 62. Sur l'arrêt de 81, *Note* de M. Renault. Sir., 83, 1, 65, 66.

(1) Dumoulin, *in. l. cunctos populos*, 6ᵉ col.

(2) Boullenois introduit une distinction fort subtile. Pour lui, la capacité de faire un testament dépend du statut personnel ; mais le droit de disposer d'un bien fait partie du statut réel, car le souverain du territoire a seul qualité pour permettre ou défendre de disposer d'un bien assis sur son territoire. Il n'en est pas de même de la capacité requise pour les actes entre vifs, elle se porte partout parce qu'elle est de droit public, nécessaire et indispensable, tandis que la

Ricard (1), la Thaumassière (2), Henrys, Bretonnier (3), Froland (4) décident nettement que cette capacité se règle par la coutume du domicile du testateur. La jurisprudence elle-même avait suivi le mouvement de progrès et, par de nombreux arrêts, elle avait fait triompher la personnalité du statut. Ainsi le Parlement de Paris avait jugé qu'une femme, domiciliée dans la capitale, avait pu valablement tester sans autorisation maritale des biens situés en Bourgogne où cette autorisation était nécessaire (5). Ainsi un testateur domicilié dans un lieu où l'âge requis était fixé à 14 ans, avait pu valablement disposer des héritages situés en Angoumois, où l'on ne pouvait tester qu'à 25 ans, encore bien qu'il n'en eût que 17 (6). De ce qui précède il

capacité de tester est de grâce et de faveur. Il conclut que la capacité de tester est tout à la fois personnelle et réelle-personnelle. Quant à l'incapacité de tester, elle se porte partout ; c'est une incapacité de nature, dont la loi de la situation qui est étrangère à la personne ne saurait la relever parce que l'impotent est impotent partout. *(Traité de la personnalité et de la réalité des statuts*, t. I. titre II, ch. V. Observ. 28, p. 706 et suiv.) On voit que BOULLENOIS n'attribue pas, comme la Cour de Paris, une double fonction au statut réel. S'il rend inefficace l'acte fait par un capable, il n'habilite pas un incapable.

(1) *Don mutuel*, 311.

(2) *Coutume du Berry*, titre 18, art. 1er.

(3) Tome II, *Question* 105. 2 et 3. Observations 14 et suivantes.

(4) *Op. cit.*, t. II, p. 842 et suiv. ; t. 1er, p. 65.

(5) BOULLENOIS, *loc. cit.*

(6) RICARD, *op. cit.*, n° 311. FROLAND, *op. cit.*, t. 2, p. 843 et 1587. FŒLIX, *op. cit.*, t. I, p. 122 et *note 4*, cite Ricard au nombre des auteurs qui font dépendre du statut réel la capacité de disposer d'un immeuble ou de le recevoir par donation entre vifs ou par testament, mais c'est là une erreur. Ricard dit simplement (n° 314) que la coutume territoriale décide jusqu'à quelle concurrence le donateur a pu disposer,

résulte que si la tradition était quelque peu flottante, ce qui se comprend aisément dans une matière où l'influence du passé se faisait si durement sentir, elle penchait plutôt vers la personnalité. Mais la tradition n'est pas notre seul appui, nous avons un texte formel, le troisième alinéa de l'art. 3 du Code civil qui décide que les lois concernant l'état et la capacité des personnes régissent les Français, même résidant en pays étranger, d'où il faut conclure par analogie que l'état et la capacité des étrangers en France sont régis par la loi étrangère (1). Vainement Merlin (2), après les statutaires réalistes, reproduit la distinction que Fœlix reprendra plus tard sur la capacité ou l'incapacité générales qui forment, à proprement parler, l'état d'une personne et les exceptions apportées à cette capacité ou à cette incapacité, exceptions qui, dérogeant à l'état, n'en font point partie et ne peuvent que constituer des statuts réels (3). Cette distinction purement arbitraire n'a aucun fondement en droit ni en raison. Nous nous sommes assez étendu sur ce point et il est inutile d'y revenir.

en d'autres termes, que la réserve fait partie du statut réel. Voy. dans le même sens HENRYS, *loc. cit.*, n° 3.

(1) Cass., 20 février 82, D. P., 82, 1, 119.

(2) *Répertoire*. Testament, sect. 1, § V, art. 2.

(3) Un excellent auteur allemand, M. de Bar, soutient la même doctrine (*Das internationale Privatrecht*, § 43, p. 140, 142), mais pour des motifs tout autres que ceux des statutaires réalistes qui invoquent la souveraineté des coutumes ou des Etats. Il semble bien que sa distinction vise les incapacités de contracter à titre onéreux qui peuvent mettre en péril l'intérêt des tiers. Dans notre matière des donations entre époux, il se prononce, avec tous les auteurs allemands, pour l'application de la loi personnelle des conjoints (loi de leur domicile) au temps du contrat, § 97.

Cependant un dernier exemple montrera à quelle conséquence aboutirait cette doctrine.

L'art. 904 Code civil français permet au mineur parvenu
à l'âge de 16 ans, de tester dans une certaine limite. Voilà
au premier chef une disposition qui déroge à l'incapacité
générale du mineur et qui, dans l'opinion de Merlin, fait
partie du statut réel. Sur quoi se base le législateur français pour établir cette capacité spéciale? Sur des considérations toutes personnelles tirées du développement de la
raison chez le mineur qui a atteint sa 16ᵉ année. A tort ou
à raison, il a pensé que la volonté du mineur parvenu à
cet âge a acquis une maturité suffisante pour qu'il soit
le maître, sinon de la totalité de sa fortune, du moins
de la moitié des biens dont il est permis au majeur
de disposer (1). Le fondement de la capacité spéciale
n'est donc point autre que celui de la capacité générale ;
on ne comprend plus dès lors que l'une forme un statut
réel et l'autre un statut personnel. La vérité est qu'il
faut dire avec Prévost de la Jannès : quand un statut
n'est que la modification d'un autre, il en suit toujours la
nature.

Les lois qui établissent la capacité ont le même but que
celles qui la limitent ou la suppriment ; les unes estiment
que la déclaration de volonté émanée des personnes offre
les garanties nécessaires pour qu'elle ait son effet légal ;

_____

(1) Bigot-Préameneu, *Exposé des Motifs*. Locré, t. 11, Commen-
taires XIV, p. 363. La loi présume que dans les donations entre vifs, le
mineur serait la victime de ses passions ; tandis que dans les dispositions testamentaires, l'approche ou la perspective de la mort ne lui
permettra plus de s'occuper que des devoirs de famille ou de reconnaissance. *Ibid*.

les autres refusent cet effet aux actes faits par des personnes qui sont considérées comme hors d'état de se rendre suffisamment compte de leur nature ou de leur portée. Ce sont là des recherches qui ne peuvent être faites que par le législateur national. Il suffit au surplus de se reporter à l'art. 1124 du Code civil pour être convaincu que la loi française n'établit, au point de vue de la nature du statut, aucune distinction entre l'incapacité générale et les incapacités spéciales.

En reconnaissant que l'art. 1054 du Code civil italien vise l'état et la capacité des personnes, l'arrêt de la Cour de Paris se réfute lui-même. Du moment qu'il s'agit de capacité, peu importe la nature mobilière ou immobilière des biens, le caractère onéreux ou gratuit de la disposition (1). La capacité, ou l'incapacité, se porte partout ; elle régit les biens en quelque territoire qu'ils soient situés. Si l'on invoque le 2e § de l'art. 3 pour empêcher l'application de la loi étrangère aux immeubles français, il faut, pour être logique, déclarer que la loi française gouverne, à l'exclusion de toute autre, la capacité du disposant en matière immobilière et soumettre tout ce qui concerne l'acquisition ou la transmission des immeubles à la *lex rei sitæ*. Ainsi, avec la doctrine de la Cour de Paris, un Suisse majeur de 20 ans, ou même de 18 ans par l'effet d'une déclaration anticipée de majorité (2), ne pourrait disposer

---

(1) Pour apprécier la validité d'un don manuel fait par une femme étrangère, il faut considérer, non la loi du lieu où la donation a été faite, mais la loi nationale de la femme qui règle seule sa capacité. Trib. Seine, 5 août 1881. Journal de Clunet, 1882, p. 617. Paris, 17 décembre 1883, Journal de Clunet, 1884, p. 289.

(2) Loi fédérale du 22 juin 1881, art. 1 et 2. *Annuaire de législation*

de ses immeubles situés en France avant 21 ans, âge
auquel le Code fixe la capacité d'accomplir tous les actes
de la vie civile. En sens contraire, l'étranger mineur de
25 ans à qui sa loi nationale défend de disposer de ses
immeubles, pourra aliéner ceux qu'il possède en France,
car la loi française permet cette aliénation.

Mais alors, c'est non seulement se mettre en contradiction avec la doctrine et les arrêts qui font dépendre la
capacité de disposer du statut personnel du testateur (1) ;
c'est encore supprimer par analogie le 3e § de l'art. 3 du
Code civil, effacer tout le progrès accompli dans la période
coutumière, remonter jusqu'à Burgundus et d'Argentré.
Cela est impossible, et c'est pourquoi nous concluons que
l'arrêt du 27 mai 1892 est la négation absolue de la règle
qui fait régir l'état et la capacité des personnes par leur
loi nationale.

En résumé, trois systèmes ont été soutenus : le premier,
celui de la Cour de cassation (arrêt du 4 mars 1857),
décide que l'art. 1054 du Code italien contient une règle
de statut réel, ce que nous nions ; le deuxième, celui du
tribunal de la Seine (jugement du 3 mars 1891), qui fait
entrer dans le même statut réel les lois qui prohibent certains modes de disposition ou restreignent la faculté de
disposer à l'égard de certaines personnes. Nous avons
montré que cette doctrine, en pleine décroissance à la fin
du droit coutumier, est formellement condamnée par les
textes du Code civil. Enfin, le système de la Cour de Paris

étrangère, 1882, p. 518. LEHR, *Code civil de Zurich*, Intr. p. XXXIII.

(1) Trib. Seine, 8 avril 1875. Journal de Clunet, 1876, p. 106.
Trib. Seine, 21 juillet 1883. Journal de Clunet, 1884, p. 405 ; Paris,
7 août 1883. Journal de Clunet, 1884, p. 192.

(arrêt du 27 mai 1892) reconnaît dans la prohibition du Code italien une véritable question de capacité, ce qui pour nous est la vérité, mais, inconséquente avec elle-même, la Cour n'applique pas la loi italienne aux immeubles situés en France, alors que la capacité, qu'il s'agisse de meubles ou d'immeubles, dépend uniquement de la loi nationale (1).

De l'influence du changement de nationalité ou de domicile sur le sort des donations entre époux. — La loi qui régit la capacité en matière de donations entre époux est, suivant l'esprit des diverses législations, la loi nationale ou celle du domicile des parties à l'époque où intervient la libéralité. Il nous faut donc envisager les effets qu'entraînerait un changement de nationalité ou de domicile sur le sort de donations faites sous l'empire d'une autre loi. Supposons donc qu'une donation a été faite entre époux de nationalité autrichienne. Les conjoints sont naturalisés français ; la donation, d'irrévocable qu'elle devient-elle révocable ? En sens contraire, une donation

---

(1) Comp. l'excellente note de M. P. de Loynes, professeur à la faculté de Bordeaux, D. P., 1892, p. 553, 556. — Par arrêt du 8 mai 1894, la Cour de cassation a rejeté le pourvoi formé par Mme veuve Zammaretti contre l'arrêt de la Cour de Paris. La Cour suprême dit que la transmission de la succession mobilière d'un étranger, non admis à domicile, n'est pas régie par la loi française. (Journal *le Droit* du 6 juin 1894; D. P., 1894, 1, 355.) Il nous est impossible de suivre la Cour suprême sur le terrain où elle s'est placée. A notre avis, la question qui lui était soumise, n'était pas de savoir si la succession mobilière d'un étranger, non admis à domicile, est régie par la loi étrangère, mais bien si la donation entre vifs, faite par un époux étranger à son conjoint, violait une règle de statut réel ou de statut personnel.

entre époux français qui se font naturaliser autrichiens, deviendra-t-elle irrévocable ? A notre avis la réponse n'est pas douteuse. La libéralité conserve, malgré la naturalisation, le caractère qu'elle avait au moment où elle est intervenue ; elle restera donc toujours irrévocable dans le premier cas et révocable dans le second.

La raison de décider ainsi nous est fournie par ce principe supérieur inscrit dans les diverses législations : que les lois n'ont pas d'effet retroactif. Le changement de patrie n'a d'effet que pour l'avenir, il ne peut donc nullement réagir sur une donation consommée au moment où il se produit. Les Codes de France et d'Italie s'expriment nettement à ce sujet : les individus qui acquerront la qualité de Français ne pourront s'en prévaloir que pour les droits ouverts à leur profit depuis cette époque (art. 20 modifié par la loi du 26 juin 1889) (1).

Fœlix, dont nous adoptons le sentiment, en donne pour motif la convention tacite des parties, idée qui ne nous paraît pas tout à fait exacte. « Lorsque, dit-il, la loi du lieu où le contrat a été passé autorise les parties ou l'une d'elles à le changer, modifier ou résilier, cette faculté leur doit être reconnue par les tribunaux d'un autre pays, devant lesquels la convention peut être portée ; les contractants sont censés, en traitant sous l'empire d'une loi, en adopter toutes les dispositions relatives à la mutabilité ou à l'immutabilité de leurs engagements. Ainsi la donation entre époux, immutable d'après la loi du pays où elle a été

____

(1) L'obtention ou le recouvrement du droit de cité n'a d'effet que du jour qui suit celui où ont été remplies les conditions et formalités établies par la loi. Art. 15 du Code italien. V. Huc, *op. cit.*. t., 1, p. 30.

passée, ne saurait être révoquée par l'un d'eux, lorsque, par leur naturalisation en France, ils se trouvent soumis à l'art. 1096 du Code civil ». Nous croyons, suivant l'opinion de Savigny, développée plus loin, qu'il faut écarter l'idée de convention tacite dans la matière qui nous occupe. Sans doute l'opinion de Fœlix est vraie lorsqu'il s'agit de contrats en général, mais les restrictions apportées aux donations entre époux sont déterminées par des considérations morales sur lesquelles la volonté des parties n'a aucune influence. Donner la convention tacite pour fondement à la perpétuité de la loi personnelle au temps de la donation, c'est reconnaître que les époux pourraient avoir une volonté contraire. Or cela n'est pas et cela ne peut être, car le législateur ne saurait tolérer que les parties violent une loi qu'il juge nécessaire pour la dignité de l'union conjugale. Si nous différons sur les motifs, nous n'en sommes pas moins d'accord avec Fœlix sur la conclusion ; la donation, irrévocable en Autriche, demeure irrévocable en France après la naturalisation des conjoints.

L'époux donataire a un droit acquis au bien donné ; ce bien est devenu définitivement sa propriété en vertu d'un acte fait valablement en conformité du statut qui gouvernait la personne des conjoints ; le nouveau statut ne peut rien changer au caractère d'une libéralité qui a produit tout son effet.

Cette solution est contestée par M. Demangeat. Pour lui la révocabilité des donations entre époux dépendant du statut personnel, par cela seul que deux époux étrangers se sont fait naturaliser Français, la loi française est devenue leur loi personnelle et dès lors ils se sont trouvés soumis à l'article 1096 du Code civil. De plus cet article tenant à l'ordre public, on n'est pas recevable, pour en éviter l'application, à parler de droits acquis. Le savant professeur nous paraît faire des applications inexactes de principes certains. Il est vrai que la loi française est devenue la loi personnelle des conjoints et gouverne leur capacité, mais elle n'a d'empire sur eux que pour les actes qu'ils accompliront après le décret de naturalisation ; les actes qu'ils ont passés antérieurement sont régis par la loi de leur ancienne patrie (1). Il est non moins vrai que le principe de révocabilité des donations entre époux tient à l'ordre public, en ce sens que le donateur ne peut renoncer à son droit de révocation ; nous avons dit pourquoi. Mais ce principe ne s'applique qu'aux époux français, pour les donations faites quand ils sont soumis à la loi française ; il fait partie de ce qu'on est convenu d'appeler l'ordre public interne : c'est-à-dire un ordre public qui ne s'impose pas aux étrangers comme celui des lois pénales ou des lois basées sur l'intérêt social, sur la conservation de l'Etat. En ce qui concerne les libéralités qu'ils peuvent se faire, les conjoints sont soumis à leur loi nationale, et un Autrichien ne pourrait, d'après les principes de droit international, révoquer en France une libéralité au préjudice de son conjoint, sous le prétexte que l'article 1096 est d'ordre public. Pour les Français certainement, pour les étrangers, non, et il s'agit précisément d'époux étrangers au temps de la donation, ce qui suffit d'après nous, pour écarter l'article 1096 (2).

(1) Cass., 14 juillet 1863. D. P. 63, 1, 411 et la note : Chambéry, 19 juin 61, D. P. 62, 5, 86 ; Chambéry, 26 juin 69, D. P. 69, 2. 154.

(2) Fœlix, *op. cit.*, 1. p. 246, n° 108. Laurent, *op. cit.*, VI, p. 497,

Causes de révocation des donations entre époux. —
La donation entre époux est soumise aux règles des
donations ordinaires, elle est révocable pour les mêmes
causes, celle de la survenance d'enfants exceptée. On
pourrait se demander de quelle utilité peut être pour un
donateur la révocation pour cause d'inexécution des
charges ou pour ingratitude, alors qu'il lui est loisible
d'anéantir la libéralité *ad nutum*. Mais on s'aperçoit aisément que si ces causes de révocation ne sont pas utiles
au conjoint donateur, elles peuvent l'être pour ses héritiers, au cas par exemple où le donataire n'a pas rempli
les conditions du contrat, ou encore lorsqu'il a donné la
mort au donateur.

Nous devons donc examiner la nature du statut de ces
deux causes de révocation. La première, l'inexécution des
conditions, repose, c'est l'évidence même, comme le pacte
commissoire tacite dans les contrats synallagmatiques, sur
la volonté présumée des parties ; elle dépend donc de
l'autonomie des contractants. C'est dire que l'idée de personnalité ou de réalité du statut doit être écartée ; la volonté des parties produit, il est vrai, le même effet que le
statut personnel en ce sens qu'elle n'est pas limitée à un
territoire, mais la loi applicable ne sera pas nécessairement la loi personnelle des parties ; ce sera la loi à
laquelle elles ont entendu se référer.

La révocation pour cause d'ingratitude paraît, au premier abord, reposer sur d'autres bases que la précédente.

n° 293. *Contrà*. DEMANGEAT sur FŒLIX, *op. cit.*, note A. PALLAMARY,
*Des conflits de législations relatifs aux conventions matrimoniales
en Droit français*, p. 240. DE FOILEVILLE. *De la naturalisation*,
n° 675.

Elle semble résulter d'un délit ou d'un quasi-délit et dépendre de la loi du lieu où intervient le fait répréhensible (1). On serait tenté de lui attribuer un caractère pénal à ne consulter que l'art. 958 qui fait supporter au donataire seul les conséquences de son ingratitude, à la différence de la révocation pour inexécution des conditions qui préjudicie aux tiers. Mais à bien considérer, on constate que, là encore, la loi a eu en vue l'intention probable des parties.

Le donataire qui se rend coupable d'ingratitude manque à une obligation morale, celle de la reconnaissance, et la loi présume que si le donateur avait pu prévoir ce qui arrive, il n'aurait certainement pas fait sa libéralité. La preuve en est que le donateur et ses héritiers restent libres de se prévaloir ou non de cette cause de révocation,

______

(1) Dans son *Nouveau traité de droit international privé*, n° 96, M. Brocher fait la remarque énoncée au texte, mais tout en hésitant, il conclut pour l'application de la loi successorale aux causes de révocation, les exceptions faites au principe de l'irrévocabilité lui paraissant rentrer sous la même compétence que le principe. Dans son *Cours de droit international*, t. 2, n° 143, p. 30, il se montre plus affirmatif. « La cause tirée de l'ingratitude est, dit-il, un fait juridique, rattaché légalement à une institution qui le domine et qui lui communique le statut auquel elle appartient elle-même; une telle dépendance s'oppose à ce qu'on puisse recourir à la loi du lieu où le fait est intervenu, pour tirer les conséquences qui doivent en dériver. Il faut ajouter que ce fait est indépendant de l'état et de la capacité des personnes ; il n'a rien qui doive le faire rentrer dans le statut personnel. L'exception doit, par conséquent, rester soumise à la même compétence que le principe auquel elle déroge ». Cette doctrine a, selon nous, le tort grave de ne tenir aucun compte de la volonté du donateur qui reste le maître de donner ou non effet à la donation, faculté qui ne peut évidemment se concilier avec la théorie des statuts. Comp. LAURENT, *op. cit.*, t. VI, n° 290.

et, de leur inaction pendant un certain temps, le législateur conclut au pardon (1). Une cause de révocation qui dépend ainsi d'une volonté particulière ne peut être assimilée à un quasi-délit dont la réparation est d'ordre public et doit être régie par la loi territoriale. Par application de ces principes, la Cour de Chambéry a décidé que les donations par contrat de mariage faites à une femme mariée sous l'empire de la loi sarde ne sont pas révoquées par l'effet de la séparation de corps prononcée contre elle postérieurement à l'annexion de la Savoie à la France, le Code sarde qui a continué à régir ces donations quant à leur validité, leurs effets et révocabilité, n'admettant la révocation de telles donations ni par suite de séparation de corps, ni même pour cause d'ingratitude.

C'est par interprétation de la volonté des parties que l'arrêt écarte une cause de révocation à laquelle les contractants n'ont pas dû se soumettre.

Mais cette doctrine ne nous paraît devoir être acceptée que sous les plus expresses réserves. Il est plus exact de dire, à notre avis, que le changement de patrie ne peut réagir sur une donation déclarée irrévocable, même en cas de séparation de corps, par la loi personnelle des époux au temps de la donation (2).

---

(1) Plus radical que le Code français, l'art. 450 du *Projet du C. c. allemand* n'accorde aux héritiers du donateur le droit de révoquer pour ingratitude que dans le cas où le donataire a donné volontairement la mort au donateur.

(2) L'arrêt solennel du 23 mai 1845 ayant appliqué à la séparation de corps l'art. 299 édicté pour le divorce, la révocation des avantages faits à l'époux coupable s'opère de plein droit par le seul fait de la séparation. L'époux donateur n'est donc pas libre d'empêcher cette révocation ; il n'a pas à intenter d'action spéciale pour ingratitude ; et

Forme des donations entre époux. — La forme des actes juridiques est régie par le principe : *Locus regit actum* (1). En vertu de cette règle, la forme d'un acte juridique est suffisante dès qu'elle s'accorde avec la loi du lieu où intervient l'acte, alors même que, dans le lieu où le rapport de droit à son siège, d'autres formes seraient établies par la loi. Cependant, unanime sur le principe, la doctrine est divisée sur son application.

Des jurisconsultes autorisés, au premier rang desquels il convient de citer M. Laurent, estiment que les solennités des actes ne sont pas régies par la *lex loci actus*. Lorsque, disent-ils, la loi personnelle du donateur ou du testateur

partant, il n'est pas soumis au délai de l'art. 957. Il semble donc impossible de confondre cette cause de révocation spéciale avec l'action ordinaire pour ingratitude et de lui donner pour base la convention tacite des contractants, puisqu'au besoin elle opère malgré eux. Voy. Chambéry, 26 juin 69, D. P. 69, 2, 154. Cass., ch. réunies, 23 mai 45, D. P. 45, 1, 225. D'autre part le droit de révocation pour cause d'ingratitude d'une donation faite par un époux à son conjoint, ne passe pas aux héritiers du donateur, encore bien que les faits établissant l'ingratitude aient donné lieu à une poursuite en séparation de corps de la part de l'époux donateur, si la révocation n'a pas été demandée par l'époux donateur décédé après l'année du délit. Les héritiers ne peuvent reprendre l'action en séparation pour établir la révocation sur les faits relevés par le défunt. Paris, 6 juillet 1814, SIREY, 1815, 2, 272. Aix, 24 octobre 1894, journal *le Droit* du 27 janvier 1895. De tout ceci il résulte que les deux actions sont bien distinctes.

(1) L'édit perpétuel des archiducs Albert et Isabelle donné pour la Belgique en 1611 semblait réaliser même le statut des formes. Mais les auteurs de l'édit déclarèrent que l'art. 13 ne concernait point les formes extérieures qui servent à établir la preuve de l'acte et à rendre certaine la volonté du disposant. V. BOULLENOIS, *Questions qui naissent de la contrariété des lois.* 1re Question, p. 9.

exige un acte solennel, elle a pour but de protéger le disposant, de l'éclairer sur l'importance de ce qu'il fait ; donc cette loi doit recevoir partout son application. La loi française exigeant que la donation soit faite par acte authentique à peine de nullité, il en résulte que la donation consentie par un Français à l'étranger devra toujours être faite par acte authentique, bien que la loi étrangère n'exige pas cette formalité (1). Pour les mêmes motifs, ce sera la loi personnelle du donateur qui décidera de la nécessité d'une acceptation expresse et authentique. A l'appui de cette doctrine on cite un article du projet primitif du titre des donations ainsi conçu : Un Français qui, se trouvant en pays étranger, veut donner entre vifs soit à un Français, soit à un étranger, doit en faire dresser acte public et authentique, avec les formalités usitées dans le lieu où l'acte a été passé et se conformer au surplus aux lois françaises (art. 47 du projet). L'article fut retranché comme inutile (2), ce qui ne laisserait aucun doute sur la pensée des rédacteurs du Code (3). Cette solution qui peut

(1) Cette solution avait été préconisée par la Commission chargée de présenter un avant-projet sur la forme des actes à la conférence de la Haye : « Lorsque la loi qui régit une disposition exige comme condition substantielle que l'acte ait une forme solennelle, les parties ne peuvent se servir d'une autre forme ». Mais la matière des formes a été écartée comme n'étant pas suceptible de prendre place parmi les règles pratiques destinées à servir de base à un traité international. Voy. LAINÉ, Journal de Clunet, 1894, p. 25 et 244, 245 à 247.

(2) FEVET, t. XII, p. 355, 370.

(3) En ce sens, LAURENT, *Dr. civ. inter.*, t. 1, n° 99, p. 155, t. 6, nos 391, 398, p. 651, 662. DUGUIT, *Des conflits de législation relatifs à la forme des actes*, p. 113, 114. BERTAULD, *Questions doctrinales*, t. 1, n° 154, p. 121. DEMANGEAT, *Condition des étrangers*, p. 341 à 343.

présenter dans la pratique de grandes difficultés, dans le cas par exemple où il serait impossible de dresser un acte authentique, est rejetée par la jurisprudence française, qui, en l'absence d'un texte formel, se refuse à restreindre la portée de la règle : *Locus regit actum* (1).

Plusieurs législations établissent des dérogations importantes à la règle (2). Ainsi le Code prussien déclare expressément que dans tous les cas où le contrat a pour objet la propriété, la possession ou l'usage d'un immeuble, on doit suivre, pour les formes du contrat, les lois du pays où l'immeuble est situé (3).

En Angleterre et aux Etats-Unis, le *statute of frauds* exige que tous contrats concernant des biens immeubles soient faits par écrit; une donation faite en pays étranger en la forme orale, conformément à la loi de ce pays, sera donc sans effet sur les biens situés en Angleterre et aux Etats-Unis (4). Il en est de même au Chili, où l'acte au-

Journal de Clunet, 1880, p. 385. — *Contrà*, DEMOLOMBE, t. 1, n° 106, p. 121 ; AUBRY et RAU, t. 1, § 31, p. 110.

(1) Paris, 11 mai 1816, S., 1817, 2, 10. Paris, 22 nov. 1828, S., 1829, 2, 77. Cass., 11 juillet 55, S., 55, 1, 699. Cass., 18 avril 1865, S., 65, 1, 317.

(2) Nous ne comprenons pas, comme dérogeant à la règle, les mesures de publicité ordonnées dans l'intérêt général comme les formalités de transcription ou autres analogues prescrites par la loi de la situation pour qu'un contrat de donation immobilière soit opposable aux tiers. Ce ne sont là que des mesures se rapportant à l'organisation de la propriété foncière ; entre les parties, la convention est parfaite.

(3) I., 5, § 115. SAVIGNY, t. 8, p. 350 de la traduction.

(4) V. pour plus de détails LAWRENCE, t. 3, p. 74 ; ASSER et RIVIER, p. 59 et suiv. avec les autorités citées. WEISS, 2e édition, p. 250 et s.

thentique est requis pour toute cession d'immeubles, sis dans ce pays (article 1801) (1).

Ceci posé, abordons la difficulté qui résulte de l'article 1097 du Code français défendant aux époux de se faire, pendant le mariage, aucune donation mutuelle et réciproque par un seul et même acte. Nous avons vu, dans la partie de cette étude consacrée au droit français, que cette prohibition ne vise que la forme des donations entre époux. Faut-il en conclure qu'une donation conjonctive passée entre époux français à l'étranger, conformément aux lois du pays, est valable? La question s'est présentée devant les Cours de Toulouse et de Caen qui, toutes deux, se sont prononcées pour la validité par application du principe *Locus regit actum* (2). Les dispositions des articles 1097 et 968, disent ces arrêts, ne concernent que la forme des donations et testaments ; en conséquence le testament conjonctif de deux époux français est valable

(1) Aux termes de l'art. 992 du Code de Hollande, « un Néerlandais en pays étranger ne pourra faire son testament que par acte authentique et en observant les formes usitées dans le pays ou cet acte sera passé ». La question de savoir si le testament olographe fait à l'étranger par un Hollandais, doit être déclaré nul ailleurs qu'en Hollande est très controversée. Voy. pour la nullité, Laurent, *op, cit.*, t. 6., n° 695. Fœlix, t. 1, n° 82 à 86. Liège, 18 juin 1874. *Pasicrisie*, 1874, p. 301. Duguit, *op. cit.*, p.137, note 4. — *Contra*, Asser et Rivier, p. 69, en note. Orléans, 4 août 59, D. P., 59, 2, 159. Comp. Demangeat, sur Fœlix, t. 1, p. 191, note *b*. Ricard, *Don mutuel*, n° 307. Nous croyons que la disposition précitée a pour but de garantir la liberté du Hollandais qui teste en pays étranger, en lui donnant un conseiller qui le guide. La conséquence est que l'art. 992 de ce Code, affectant la capacité des personnes, les suit en tout lieu.

(2) Toulouse, 11 mai 1850. D. P. 1852. 2. 64. Caen, 22 mai 1850, D. P. 1853, 2. 179.

s'il a été fait de bonne foi dans un pays dont la législation permet de tester en cette forme. Nous avons, sur la solidité de ce raisonnement, des doutes sérieux que nous tenons à exposer.

Dans l'ancien droit, les testaments conjonctifs étaient une source de difficultés. Actes de couleur indécise, ayant toutes les apparences d'une convention, certains Parlements comme celui de Grenoble, les déclaraient révocables *ad nutum* ; d'autres, comme le Parlement de Paris, exigeaient l'entente préalable entre les testateurs. Pour couper court à ces difficultés, l'ordonnance de 1735 en prononça l'interdiction que le Code a reproduite et étendue aux donations entre époux révocables par la seule volonté du donateur. « Il fallait, dit l'exposé des motifs, interdire une forme incompatible soit avec la bonne foi, soit avec la nature des testaments (1) ». C'est donc par crainte de complications que le législateur prohibe les donations conjonctives entre époux, il redoute les embarras pouvant résulter de la révocation par l'une des parties. Ces embarras ne se présenteront pas toujours, mais il suffit que dans le but de les éviter, certaines mesures aient été prises, pour qu'elles s'imposent au Français en quelque lieu qu'il se trouve. D'un autre côté, on ne peut pas dire que l'application de l'art. 1097 au cas qui nous occupe tend à violer la règle acceptée d'un commun accord dans un but d'utilité générale, car, il est tout aussi facile de faire en tous pays deux actes séparés qu'un seul et même acte contenant les dispositions de deux personnes distinctes. La règle *locus regit actum* signifie simplement que la manifestation de la volonté des parties doit être tenue pour certaine et suffi-

(1) FENET, XII, p. 553.

sante lorsqu'elle satisfait aux formes établies dans le lieu où l'acte intervient et c'est l'étendre au-delà de sa portée que de l'appliquer à des formalités qui sont tout à fait indépendantes de l'acte instrumentaire. Le législateur étranger a pensé qu'il n'y avait pas d'inconvénient à autoriser les testaments conjonctifs, il a dû prévoir les conséquences de cette permission, le plus souvent il s'en est expliqué. Ainsi, d'après le *fuero* de Navarre (loi 41 des Cortès de 1765 et 1766), l'un des époux ne peut, sans en avoir informé son conjoint, anéantir par une disposition postérieure la donation mutuelle qu'ils se sont faite. Après la mort de l'une des parties la révocation est impossible (1). La Cour de Pau ayant eu à connaître d'un cas pareil à propos d'une donation mutuelle que des époux français s'étaient faite en Espagne, a déclaré que si la faculté de faire des testaments mutuels dans le même acte peut sans

(1) Miranda. *De los Fueros de Navarra*, p. 400.

Les solutions sont extrêmement divergentes en cette matière. Ainsi, dans les deux demi-cantons de Bâle, on trouve deux règles tout à fait opposées. L'art. 72 de la loi de Bâle-Ville *(Annuaire de législation étrang.,* 1884, p. 357) dispose que les testaments conjonctifs de deux ou plusieurs personnes sont regardés comme autant de testaments unilatéraux dont chacun est soumis aux dispositions concernant les testaments et peut être révoqué et changé à l'insu de l'autre testateur. A Bâle-Campagne au contraire *(Annuaire* 1891, p. 690, § 69), les dispositions contenues dans un testament fait en commun par deux ou plusieurs personnes peuvent être modifiées ou révoquées librement par chaque testateur aussi longtemps que les autres sont vivants, pourvu qu'il porte à la connaissance des autres testateurs la modification projetée, à un moment où il leur est également possible de modifier leurs dispositions. Après le décès de l'un des testateurs, les survivants peuvent librement modifier les dispositions prises par eux relativement à'leur part de fortune, à moins que le testament fait en commun ne dispose expressément le contraire. »

doute tenir à la forme des testaments et être par conséquent régie par les lois du pays où l'acte est passé, il en
est tout autrement du principe de révocabilité des donations entre époux qui tient à la capacité de disposer ou de
recevoir à titre gratuit (1).

Cette dernière affirmation est exacte, mais il faut aller
plus loin, à notre avis, et dire qu'une forme qui se rattache aussi directement au fond doit être soumise à la
même règle. La loi navarraise, comme l'ancien droit coutumier, voit dans le don mutuel un contrat ne pouvant
être révoqué que sous certaines conditions; la veuve se
basait précisément sur ce fait pour soutenir que son mari
n'avait pu, après le don mutuel, disposer à son préjudice;
en un mot elle établissait un lien de dépendance entre la
forme et le fond de la libéralité réciproque. Pour n'avoir
pas à se prononcer sur les conséquences de la révocation
par l'une des parties, la loi française défend de disposer
réciproquement par un seul et même acte; cette défense
s'adresse au Français qui doit s'y soumettre alors même
que la faculté contraire existe dans le pays où il se trouve.
L'arrêt de Toulouse, ci-dessus mentionné, reconnaît que
le législateur a vu des inconvénients dans les donations
conjointes, qu'il a voulu les proscrire dans un intérêt public, mais, dit-elle, la prohibition n'intéresse pas l'ordre
public à un point tel que la nullité doive être prononcée.
Assurément la prohibition des donations conjointes n'intéresse pas l'ordre public absolu ou international, et nous
croyons qu'un acte de cette nature fait hors de France par
des étrangers dont la loi nationale ou domiciliaire autori-
serait un pareil mode de disposer, serait parfaitement va-

(1) Pau, 13 décembre 1836, DALLOZ, 1838, 2, 86.

lable en France. Le législateur veut sans doute éviter les procès et la diversité de jurisprudence, mais ce n'est là, à notre avis, qu'une façon d'envisager les conséquences du principe de révocabilité ; un autre législateur peut, tout en posant le même principe, ne pas s'inspirer des mêmes préoccupations ; la question nous semble donc devoir rentrer dans le fond du droit (1). L'arrêt invoque aussi le respect dû aux contrats et aux droits qui en dérivent, l'équité qui s'oppose à l'annulation d'un acte fait de bonne foi en pays étranger, d'après les conseils des officiers publics dont on est obligé d'employer le ministère.

Le premier argument aurait une grande portée si nous étions en matière de contrats onéreux, mais il s'agit ici de dispositions gratuites, de transmission des biens par voie testamentaire, et l'acte attaqué, qu'on lui reconnaisse ou non le caractère d'une convention, peut être révoqué *ad nutum* par chacune des parties, du moins pour la disposition qu'elle a faite. Quant au second, il ne saurait nous arrêter. L'officier public, ignorant d'une loi qui n'est pas la sienne, peut tout aussi bien conseiller la passation d'un acte qui contrevient aux dispositions de fond de la loi française — les pactes successoraux entre personnes autres que des conjoints par exemple — cet acte n'en sera pas moins nul. Enfin, si l'on veut faire intervenir l'équité, il suffira de répondre par un exemple pris dans ce sujet même. Dans l'affaire soumise à la Cour de Pau, l'équité était certainement du côté de la veuve. Espagnole, elle

(1) Sur la notion de l'ordre public en droit international. V. Laurent, t. 2, p. 341 et suiv., t. 8, p. 149 et suiv. Brocher, *Cours de dr. int. priv.*, t. 1, p. 108 et suiv. Weiss, p. 245 et suiv. avec les autorités citées. Despagnet, Journal de Clunet, 1889, p. 207 et suiv.

s'était mariée en Espagne avec un Français qui y habitait depuis longtemps ; le don mutuel avait eu lieu en Espagne ; elle devait croire que son mari ne pourrait le révoquer sans lui en avoir donné connaissance, conformément aux lois du pays ; et cependant on ne pouvait accueillir sa prétention sans violer le principe de révocabilité des donations entre époux qui tient à la capacité des parties contractantes. Nous croyons en avoir assez dit sur ce point et nous concluons, avec le tribunal de Villefranche, pour la nullité de la donation conjonctive passée entre époux français à l'étranger, en conformité de la loi étrangère. (1)

§ 3. — Traité franco-suisse.

La convention franco-suisse du 15 juin 1869 a donné lieu à de nombreuses difficultés dont nous ne retiendrons, pour ne pas trop excéder les limites de notre sujet, que celles strictement relatives à la matière des donations entre époux.

---

(1) En ce sens : Laurent. *Principes de droit civ.* t. 15, n° 323. Idem *Dr. int.*, t. 6. n° 314 à 320. Marcadé sous les art. 968 et 999. Duguit., *Des conflits de législations relatifs à la forme des actes civils*, p. 115. Bertauld, *op. cit.*, p. 121. *Contrà.* Aubry et Rau, t. 7. p. 101, § 667. Coin-Delisle, sur l'art. 968, n° 5. Demolombe, XXI. 20 et 476. Brocher, *C. de Dr. int. priv.* 2. p. 35. Cet auteur manifeste cependant quelque hésitation. Comp. Pothier (t. 7. p. 564 n° 5. *Coutume de Dunois)* qui voit dans le testament mutuel non une simple question de forme soumise à la *lex loci actus*, mais une question de fond rentrant par conséquent pour lui dans le statut réel.

1° Les tribunaux français ont eu à connaître d'une question de quotité disponible entre époux bâlois dont l'un avait des enfants d'un précédent mariage.

M. Fœsch, citoyen de Bâle, veuf, ayant deux enfants habitant comme lui Lyon, se remaria à Bâle. Les époux firent précéder leur union d'un contrat dressé dans cette ville et contenant la stipulation suivante : « Si l'un des époux meurt sans qu'il y ait des enfants issus du mariage, la moitié de l'héritage reviendra aux héritiers du décédé et l'autre moitié au conjoint survivant (1) ».

Après le mariage, ils vinrent habiter Lyon où le mari décéda sans laisser d'enfants de sa seconde union.

Le tribunal de cette ville, saisi par la veuve d'une demande en liquidation de la communauté, rendit le 19 décembre 1880, un jugement réduisant au quart en vertu de l'art. 1098 du Code français, la moitié réclamée par la veuve (2). Il y avait là assurément une question de quotité disponible, et, partant, une question successorale. Même en admettant le système de la jurisprudence qui ne permet aucune atteinte à la réserve sur les immeubles français, il est certain que le tribunal se mettait en opposition avec un autre principe généralement appliqué par elle et qui veut

_____

(1) A cette époque la communauté universelle constituait comme aujourd'hui le régime légal de Bâle-Ville, mais avec cette différence qu'à la dissolution du mariage la masse se partageait dans la proportion de 2/3 au mari ou à ses héritiers et de 1/3 à la femme ou à ses ayants droit. Depuis la nouvelle loi, l'époux survivant, mari ou femme, reçoit, sauf stipulation contraire, les deux tiers de la fortune commune.

(2) Journal de Clunet, 1882, p. 419 et suiv. Le tribunal reconnaissait donc au mari la propriété de l'intégralité des biens, ce qui était peut-être inexact (art. 1098, 1496, 1527, C. C. fr.).

que la succession mobilière d'un étranger non admis à domicile soit régie par sa loi nationale. Mais, ce qui est plus grave, il violait ouvertement l'art. 5 de la convention franco-suisse du 15 juin 1869 qui attribue compétence au tribunal du lieu d'origine en Suisse pour toute action relative à la liquidation et au partage de la succession d'un Suisse décédé en France. En appel, la veuve soutint pour la première fois l'incompétence du tribunal de Lyon, qui aurait dû, d'après elle, se dessaisir d'office en vertu de l'art. 11 du traité. Se fondant sur ce que l'incompétence absolue des tribunaux français aurait les plus graves inconvénients, même pour les Suisses, la Cour confirma le jugement au point de vue de la compétence, mais le réforma à propos de la loi applicable, sauf exception pour les immeubles français : « Dit et prononce que les droits des parties et le contrat de mariage des époux Fœsch seront appréciés d'après la loi du canton de Bâle, sauf au notaire à se conformer à la disposition de l'art. 3 du Code civil sur les immeubles et aux dispositions d'ordre public dont la méconnaissance empêcherait l'exécution d'un jugement rendu par les tribunaux suisses ».

Dans un mémoire présenté pour la veuve, M. Roguin avait soutenu, entre autres moyens, que le régime matrimonial devait être déterminé par la loi nationale des parties, mais le professeur de Lausanne reconnaît que c'était là le point faible de son argumentation, en raison de la jurisprudence plus nombreuse qui fait dépendre ce régime de la loi du domicile. A notre avis, la question du régime était étrangère au débat. Dans l'espèce il y avait un contrat exprès et les deux législations permettaient aux époux de régler l'association quant aux biens, comme ils l'avaient fait. Le point litigieux consistait uniquement dans la disposition du Code français (art. 1527), qui considère comme un avantage sujet à réduction « toute convention qui tendrait, dans ses effets, à donner à l'un des époux au-delà de la portion réglée par l'art. 1098, lorsqu'il y a des enfants d'un précédent mariage ». Quelle que fût la loi matrimoniale des conjoints, il n'y avait là qu'une question de quotité disponible dont la solution appartenait à la loi qui régit la succession, donc à la loi bâloise ; et le tribunal de Bâle était seul compétent en vertu du traité de 1869.

Cette incompétence est-elle d'ordre public et doit-elle être toujours prononcée, même quand les parties sont d'accord pour en saisir les tribunaux français ? C'est là une question que nous n'avons pas à examiner. Nous penchons cependant pour l'affirmative, malgré les inconvénients et les difficultés qui peuvent en résulter, car il n'appartient pas aux tribunaux, pour donner satisfaction aux intérêts individuels, de redresser les conventions internationales (1).

2° Par acte passé devant notaire, Diggelmann, citoyen zurichois, marié en France où il résidait depuis longtemps, avait fait à sa femme, également d'origine suisse, « donation entre vifs de l'universalité des biens qui, au jour de son décès, se trouveraient lui appartenir ».

A sa mort, son frère et son neveu, à qui la loi zurichoise réservait un tiers de la succession, adressèrent au tribunal de première instance de Zurich une demande tendant à la liquidation de l'hérédité et à l'attribution à

____

(1) Voy. Journal de Clunet, 1882, p. 62, un article de M. Lehr blâmant l'arrêt de la Cour de Lyon au point de vue de la compétence

leur profit de la quotité réservée, le tout en conformité de
la loi du canton. Leur prétention était basée sur l'article
5 de la convention dont le premier alinéa est ainsi conçu :
« Toute action relative à la liquidation et au partage d'une
succession testamentaire ou *ab intestat* et aux comptes
à faire entre les héritiers ou légataires sera portée devant
le tribunal de l'ouverture de la succession, c'est-à-dire,
s'il s'agit d'un Français mort en Suisse, devant le tribunal de son dernier domicile en France, et, s'il s'agit d'un
Suisse décédé en France, devant le tribunal de son lieu
d'origine en Suisse. Toutefois, on devra, pour le partage,
la licitation ou la vente des immeubles, se conformer aux
lois du pays de leur situation ». La veuve répondait que le
règlement d'intérêts matrimoniaux (1) ne rentrait pas
dans les termes ni dans l'esprit de la convention, et quant
à la donation, elle admettait bien que les biens en faisant
l'objet formaient la succession de son mari, et qu'à cet
égard l'article 5 du traité rendait compétents les tribunaux zurichois ; mais elle niait le caractère de testament
donné à l'acte par ses adversaires et refusait en tout
cas compétence à la juridiction saisie pour l'immeuble
situé en France.

Le tribunal de district et la Cour supérieure du canton

(1) Les époux s'étaient mariés sans contrat et, en conséquence du
principe de convention tacite admise par la jurisprudence française,
étaient soumis au régime de communauté légale. Le Code de Zurich au
contraire (ancien art. 142, nouveau 593), obligatoire pour les Zurichois
se remariant en dehors du canton, soumet les époux au régime d'exclusion de communauté où tous les acquêts appartiennent au mari.
Dans l'espèce, tous les biens étant acquêts, la femme, en supposant
l'application de la loi zurichoise, n'avait sur la succession de son époux
qu'un droit d'usufruit plus ou moins étendu.

ayant donné raison aux demandeurs, la veuve recourut
au tribunal de la Confédération siégeant à Lausanne. Par
arrêt du 10 juillet 1885, le tribunal déclare que la récla-
mation par laquelle un époux, sur le fondement du droit
matrimonial, revendique la remise des choses comprises
dans la fortune délaissée par son conjoint ou d'une partie
aliquote de cette fortune, n'est pas de nature héréditaire.
Mais la décision de la Cour zurichoise a été maintenue en
tant qu'elle attribue compétence au tribunal du pays d'origine, en vertu de l'art. 5 de la convention, pour l'appré-
ciation des questions soulevées par l'existence d'une
donation entre époux au point de vue de la quotité disponible. Plus tard la juridiction française fut appelée à
connaître du litige ; par jugement du 21 avril 1886, le
tribunal de Versailles se déclara incompétent en ce qui
concerne la communauté prétendue entre les époux, mais
statuant sur la donation, il décida qu'elle constituait une
véritable donation entre vifs, que « le donataire est réellement saisi dès le jour du contrat, de la propriété des
biens qui ne seront peut-être déterminés qu'au jour du
décès du donateur, qu'il en est saisi sous la condition
seulement que le donateur ne fera pas usage de son droit
de révocation, en sorte que les biens donnés sont placés en
dehors de la succession du donateur ; qu'en conséquence
la donation dont s'agit échappe à l'application de l'art. 5
du traité diplomatique ; que la matière des donations
appartient au statut réel ; que l'acte dont s'agit a été passé
sur le territoire français, reçu par un officier public français, conçu et rédigé suivant les dispositions du Code civil
français ; que ces circonstances révèlent suffisamment,
chez Diggelmann, au jour du contrat, la volonté de se soumettre à la juridiction française, etc. » Sur appel, la Cour

de Paris réforma le jugement sur le chef d'incompétence pour la détermination du régime matrimonial et le confirma en ce qui concerne la donation (1).

L'arrêt du tribunal fédéral nous paraît fort judicieux ; il établit le départ exact entre deux questions essentiellement différentes. La première, celle de savoir quel est le tribunal compétent pour le règlement des intérêts matrimoniaux, n'entre ni dans les termes ni dans l'esprit de l'art. 5 de la convention, qui n'envisage que les actions relatives à la liquidation et au partage d'une succession testamentaire ou *ab intestat*. Ce qui prouve jusqu'à l'évidence que cette solution est la vraie, c'est que, comme le remarque le tribunal fédéral, lorsqu'un époux élève une prétention à une partie des biens communs en invoquant un régime matrimonial exprès ou tacite, il ne se dit nullement héritier du défunt ; au contraire, c'est en qualité de propriétaire qu'il revendique et, par là même, il entend exclure l'application de la loi successorale. Ce n'est qu'après avoir résolu cette première question et déterminé la consistance des biens formant la succession propre du conjoint décédé que se pose la deuxième question qui rentre, elle, véritablement dans l'art. 5 du traité franco-suisse. Nous sommes ici en présence d'une hérédité laissée par un Suisse décédé en France ; le tribunal d'origine du défunt est évidemment seul compétent pour juger les actions relatives à la liquidation et au partage de cette succession. Les héritiers suisses prétendent que la quotité disponible a été dépassée et demandent la réduction de la libéralité faite par le défunt (2).

(1) Journal de Clunet, 1890, p. 323 et suiv.

(2) Nous écartons la question de validité de la donation quant à la

Peu importe que l'acte soit une donation entre vifs ou
une donation testamentaire, qu'il soit révocable ou non ;
du moment qu'une question de quotité disponible est sou-
levée, c'est au tribunal d'origine en Suisse, qu'il appartient,
en matière mobilière tout au moins, d'apprécier si la libéralité attaquée empiète ou non sur la réserve des héritiers.
Les deux États contractants ont certainement voulu que
la succession mobilière soit régie par la loi nationale du
défunt, ce qui n'a rien que de très explicable, la jurisprudence française étant fixée dans ce sens pour les étrangers
non admis à domicile qui forment l'immense majorité des
étrangers vivant sur le sol français. Or, la quotité disponible n'est, comme la réserve, qu'une partie de la succession ; elle est déterminée par la loi successorale, c'est
donc le tribunal de cette loi, soit le tribunal suisse dans
l'espèce, qui doit juger si, oui ou non, elle a été dépassée.
Pour ce qui est de l'immeuble compris dans la donation,
la difficulté est grande. Le tribunal fédéral a déclaré la
Cour de Zurich compétente pour se prononcer même sur
la réduction de la donation immobilière ; d'autre part, la
jurisprudence française invoque l'art. 3 du Code civil pour
soustraire les immeubles à toute application de la loi
étrangère. A ne consulter que le texte de l'art. 5 du traité,
on ne peut douter que la compétence n'appartienne au
tribunal suisse ; cet article ne fait aucune exception pour
la compétence en matière immobilière, il se borne à dire
qu'on devra se conformer aux lois du pays de leur situa-

forme et quant à la capacité des parties contractantes ; elle se résoud,
pour le droit applicable, par les principes généraux développés dans
cette étude et le tribunal compétent ne sera pas forcément celui d'origine, mais aussi celui du domicile ou de la résidence des parties.

tion pour le partage, la licitation ou la vente des immeubles. Mais le message du Conseil fédéral explique que la Suisse a vainement cherché à obtenir que la succession immobilière, aussi bien que mobilière, fût soumise à la loi du pays d'origine. « Le gouvernement français ayant déclaré qu'il ne pouvait appliquer aux immeubles situés en France aucune législation étrangère, il n'eût guère été possible d'arriver à un arrangement sur une autre base que celle de la réciprocité, de sorte qu'en Suisse, pour le partage des immeubles faisant partie de la succession, il faut se conformer aux lois du canton dans lequel ces immeubles sont situés ». C'est donc la *lex rei sitæ* qui reste applicable ; mais la compétence législative entraîne-t-elle la compétence judiciaire ? Le tribunal étranger ne pourrait-il pas faire lui-même la répartition de la partie immobilière en suivant la loi de la situation ? Un des commentateurs du traité, M. Curti, professe cette seconde opinion ; d'après lui, la compétence de la juridiction territoriale ne peut être admise en présence du silence du traité. Mais là encore, le message se prononce en sens contraire : « Le *forum rei sitæ* reste toujours réservé pour les immeubles.... Il est convenu que le juge compétent appliquera toujours sa propre loi ; les délégués français ont refusé de le mentionner formellement dans le traité parce que cela se comprend de soi ; ils ont déclaré qu'aucun doute ne pouvait exister à cet égard (1). »

(1) V. pour plus de détails, ROGUIN, *Régime matrimonial des Suisses mariés en France*, Journal de Clunet, 1886, p. 404 et suiv., 557 et suiv. Id. *Conflit des lois suisses*, p. 264 et suiv., 273 et suiv. BROCHER, *Commentaire du Traité* du 15 juin 1869. — CURTI, *Der Staatsvertrag Swichen der Schweiz und Frankreich betreffend*

Concluons donc que le tribunal de Versailles et la Cour de Paris, en se déclarant compétents pour statuer sur une donation mobilière entre époux suisses, attaquée comme excédant la quotité disponible, ont violé l'art. 5 de la convention du 15 juin 1869.

gerichtsstand und Urteils vollziehung vom 15 juin 1869. — LUCAS et WEISS, *Pandectes françaises*, 1890, 5, 10. Comp. Journal de Clunet, 1889, p. 670, 673.

CHAPITRE III

§ Ier. — Droit interne.

Nous diviserons les législations étrangères en quatre groupes : 1° Celles qui, comme le Code français, autorisent la donation révocable entre époux ; 2° Celles qui prohibent les donations entre conjoints ; 3° Celles qui les soumettent à la loi commune ; 4° Celles qui, tout en les soumettant à la loi commune, leur imposent certaines limites ou édictent des mesures de précaution à l'égard de la femme.

Pour compléter l'étude de notre sujet, il nous a paru utile, en raison du lien de dépendance qui peut exister entre ces différentes matières et aussi du rapport entre la donation et la dévolution de l'hérédité, de donner quelques brèves indications sur le régime matrimonial, les droits successoraux du conjoint, la condition de la femme mariée, la réserve des héritiers.

PREMIER GROUPE.

Belgique. — La Belgique est régie, sauf en matière hypothécaire, par le Code civil français.

Sur la demande de M. Bara, ministre de la Justice du cabinet Frère-Orban, M. Laurent, l'éminent et fécond professeur de Gand, enlevé il y a quelques années à la science du droit, avait préparé un projet de revision. En 1884, le nouveau ministère lui retira la mission qui lui avait été confiée et institua une commission chargée de présenter un nouveau projet. Le texte de M. Laurent maintenait les art. 1096 et 1097 du Code français en supprimant, pour le premier, les deux derniers alinéas devenus inutiles. A l'exemple du Code italien, le disponible exceptionnel entre conjoints était supprimé, et une part héréditaire attribuée au survivant.

Portugal. — Les principes du Code portugais sont les mêmes que ceux du Code français pour la donation de biens présents entre époux (art. 1178, 1180, 1181, 1182, 1183). Cependant, aux termes du § 2 de l'art. 1181, la révocation devra toujours être expresse, ce qui permet de supposer que si le conjoint donateur a aliéné le bien donné et qu'il est mort sans avoir exprimé sa volonté de révoquer, le donataire aura une action en indemnité contre la succession ou une action en revendication contre le détenteur. Quant aux donations qui ne doivent produire leurs effets que par la mort du donateur (donation à cause de mort et donations de biens à venir), elles ont le caractère de dispositions de dernière volonté et sont soumises comme telles aux règles établies pour les testaments. (1) Le contrat de vente est prohibé entre époux, à moins qu'ils

____

(1) Ce principe ne s'applique pas aux donations faites en vue du mariage.

ne soient séparés judiciairement de corps et de biens. Les conventions matrimoniales sont libres ; la communauté universelle constitue le régime légal.

La protection des enfants du premier lit est assurée par une série de mesures qui se résument ainsi : les biens recueillis dans la succession de son enfant par le conjoint qui se remarie sont exclus de la communauté lorsqu'il existe des frères germains du prédécédé. Il en est de même des deux tiers des biens possédés par ce conjoint ou de ceux qu'il acquiert dans la succession de ses parents.

L'époux qui convole ne peut transmettre à son nouveau conjoint, ni lui donner à quelque titre que ce soit, plus du tiers de ses biens, de ceux possédés à l'époque du mariage ou acquis depuis par donation ou succession. La femme qui se remarie après avoir dépassé la cinquantaine est l'objet d'une mesure rigoureuse ; le législateur portugais se défie de sa raison, il lui interdit d'aliéner, à quelque titre que ce soit, la propriété des deux tiers de ses biens, tant qu'elle a des enfants ou descendants au degré successible. Notons encore une déchéance portée contre la veuve qui convole avant l'expiration du délai de viduité sans avoir fait constater son état ; elle perd tous les avantages reçus ou à recevoir de son premier mari. A défaut de descendants, d'ascendants, de frères ou sœurs et de leurs descendants, le conjoint survivant est appelé à la succession, si toutefois il n'existe pas contre lui une sentence de séparation de corps et de biens. Lorsqu'il est dans l'indigence, il a droit à des aliments sur les revenus de la succession.

Écosse. — Dans l'ancien droit écossais, la personnalité de la femme ne disparaissait pas aussi complètement que dans la loi anglaise (1). La femme avait la propriété de sa garde-robe, de ses ornements personnels *(paraphernalia)*, du pécule qu'elle avait pu se réserver avant le mariage ou que son mari lui avait reconnu par contrat anténuptial. Avec le consentement de son mari, elle avait la faculté de disposer de ses biens propres (2). Plusieurs lois sont venues apporter des restrictions successives aux droits du mari ; l'acte du 18 juillet 1881 (44 et 45, Vict., ch. 21) donne à la femme la libre administration de ses biens ; le consentement marital ne lui sera nécessaire que si elle veut céder ses revenus futurs ou disposer de sa fortune. Toute la fortune mobilière de la femme, qu'elle soit acquise avant ou pendant le mariage, lui appartient en propre et est soustraite au *jus mariti* (3). Aux termes de l'art. 8, aucune atteinte n'est portée aux contrats faits ou à faire entre époux avant ou pendant le mariage, à la loi qui régit ces contrats, à la loi qui régit les donations entre époux (4).

Les époux peuvent contracter ensemble, mais les actes faits à titre gratuit ou sans valeur équivalente *(equivalent consideration)* sont révocables. La loi présume la donation ; cependant une égalité absolue n'est pas exigée pour faire obstacle à la révocation. Les contrats vraiment onéreux

(1) BELL, *Principles of the law of Scotland, the seventh edition by William Guthrie, advocate. Edinburgh*, 1876, nᵒˢ 1609 et suiv.

(2) *The wife may with her husband's consent, dispose of her own estate, or of her peculium, ibid.*

(3) Il s'agit, bien entendu, de mariages contractés après la mise en vigueur de l'acte.

(4) *Annuaire de législation étrangère*, 1882, p. 35 et suiv. Notice et trad. de la loi par M. Eug. Duval.

ont autant d'effet entre les époux qu'entre étrangers ;
quant aux actes à titre gratuit, ils n'ont d'effet que s'ils
ne sont pas révoqués. Les donations entre époux peuvent
être révoquées après la dissolution du mariage, leur sort
reste en suspens durant la vie du donateur. La révocation
peut être expresse ou tacite. La révocation tacite résulte
d'actes incompatibles avec la donation, mais non d'une
simple dette contractée par le donateur. Le pouvoir de
révocation subsiste malgré la ratification, il peut être
exercé par les créanciers du donateur en cas d'insolvabi-
lité ; les époux ont la faculté d'agir réciproquement l'un
contre l'autre. Enfin la prononciation du divorce fait perdre à
l'époux coupable les avantages légaux et conventionnels (1).

Grèce. — Le recueil d'Harménopule (2), compilation
du droit byzantin, a conservé jusqu'à nos jours, force de
loi en Grèce et dans quelques autres pays de l'Orient. Il
reproduit exactement la doctrine romaine dans son dernier
état ; les donations entre époux sont prohibées, voilà la
règle ; elles sont cependant confirmées par la mort du
donateur : « *Si vir qui conjugi donavit, moriatur
adquiescens in donatione, confirmatur donatio et a
nemine rescinditur* ». Si l'on ne peut dire qu'un des conjoints a survécu à l'autre, la donation tombe : « *Quod si
facta constante matrimonio, donatione eveniat, ut maritus et uxor simul commoriantur, neuter agit ; siquidem
neuter eorum alteri supervixit* ». On y trouve une inno-
vation consacrée par les Basiliques et tendant à déjouer
les fraudes possibles ; les donations *mortis causâ* entre

(1) BELL, *op. cit.*, n⁰ˢ 1616 à 1624.
(2) Célèbre juge de Thessalonique.

les beaux-parents et le gendre ou la bru sont prohibées, alors même que le conjoint, cause de l'alliance, est exhérédé par ses parents. Enfin les constitutions *Feminæ quæ*, *Hac edictali et Generaliter* s'appliquent aux secondes noces.

La Cour d'Alexandrie a eu à s'occuper d'une question de preuve de donation entre époux hellènes (1). Une veuve, qui se trouvait en possession de valeurs ayant appartenu à son mari, soutenait qu'elles lui avaient été données par son conjoint. Par arrêt du 18 juin 1890, la Cour décide que les donations entre époux sont nulles en droit hellénique, qu'elles ne deviennent valables comme donations *mortis causâ*, lorsqu'elles n'ont pas été révoquées jusqu'au décès, qu'à la condition d'être légalement établies ; que le seul fait de l'existence après la mort, entre les mains de l'époux survivant, des objets prétendûment donnés, ne constitue pas cette preuve légale, que la maxime « en fait de meubles possession vaut titre » du droit français ne s'applique pas aux actions en pétition d'hérédité (2).

Il est certain qu'en admettant le système de la défense, les héritiers, qui ne sont déjà que trop souvent dépouillés, seraient livrés à la merci de personnes peu scrupuleuses. La preuve d'un don manuel ne peut s'induire d'une possession équivoque (3).

---

(1) On sait que les ressortissants des pays d'Europe et d'Amérique sont, en vertu des capitulations, régis en Orient par leurs lois nationales.

(2) *Recueil des ordonnances des empereurs byzantins* ayant force de loi en Grèce. (Harmenopulus, liv. IV, tit. XIV. 4. 18. *De donationibus inter virum et uxorem*, tit. IX. 13-26, éd. Heimbach). Journal de Clunet 1891, p. 1019.

(3) Cp. Jugement Saint-Etienne. *Le Droit* des 7-8 mai 1894. Lyon,

Wurtemberg. — Dans le Wurtemberg, les donations entre époux sont révocables par la seule volonté du donateur. L'époux qui se remarie ne peut donner à son conjoint qu'une part d'enfant du premier lit, et cette libéralité ne fait pas obstacle à la portion héréditaire accordée par la loi au conjoint survivant. A défaut de stipulation spéciale, le mariage contracté dans ce pays est régi par les règles de la communauté d'acquêts (1).

Japon. — *Monaco.* — Le Code civil du Japon, promulgué à Tokio en 1890, reproduit les dispositions du Code français en matière de donation et de contrat de vente entre époux. Il en est de même du Code de Monaco (articles 951, 953, 1437.)

Roumanie. — Les articles 937 à 941 du Code civil roumain reproduisent les articles 1096 et suivants du Code civil français. La donation de biens à venir est permise entre toute personne, mais elle est révocable. Le conjoint survivant ne succède qu'à défaut de parents au douzième degré et d'enfants naturels; seule, la femme qui n'a pas de fortune vient à la succesion de son mari. En l'absence de stipulation, les époux sont mariés sous le régime dotal (2).

28 décembre 1838, DALLOZ, *Répertoire* au mot *dispositions*, p. 502, en note. Cass. Req. 15 avril 1890, *Pandectes françaises* 1890, 1, 265 et la note de M. BEAUCHET. Voy. aussi Cass., 25 janvier 59. SIREY, 60, 1, 255. Cass., 18 décembre 1894, Journal *le Droit* du 27 janvier 1895.

(1) A. DE SAINT-JOSEPH, *Codes étrangers*, t. 4. p. 456-57. LEHR. *D. civ. germ..*, t. I. p. 49.

(2) *Extraits de la législation roumaine*, C. c. BUCHAREST, 1889.

Pays de droit commun allemand. — Saxe. — Le droit commun germanique et le Code saxon posent la même règle que le Code civil français. Les donations entre époux sont révocables (1).

Pologne. — Luxembourg. — Provinces Rhénanes. — Grand duché de Bade. — Genève. — La Pologne, le Luxembourg, les provinces Rhénanes, le Grand Duché de Bade et le canton de Genève sont régis jusqu'à nos jours par le Code civil français dont certaines dispositions ont été abrogées et remplacées par des lois nouvelles (2). Par application de l'article 947 du Code français, le tribunal de l'empire d'Allemagne a jugé que des époux domiciliés à Cologne peuvent se donner même des biens à venir, par exemple une fraction de succession, non seulement par contrat de mariage passé avant la célébration, mais aussi pendant le mariage, par acte de donation entre vifs (3).

DEUXIÈME GROUPE.

Italie. — Le Code italien prohibe la donation entre époux, ainsi que l'institution contractuelle jugée immorale comme portant sur une succession future (4). La sépara-

---

(1) Windscheid, § 509. C. sax. 1647-1649. E. Lehr. *Dr. civ. ger.*, 2, p. 282.

(2) Ainsi en Pologne, l'union des biens constitue le régime légal et le conjoint survivant a droit à une part d'enfant en usufruit.

(3) Journal de Clunet, 1880, p. 491.

(4) Rapport de Pisanelli, *Raccolta dei lavori preparatori del*

tion de corps a, pour l'époux coupable, les mêmes conséquences qu'en droit français (1).

Espagne. — La loi espagnole déclare nulle toute donation entre époux pendant le mariage. Sont exceptés les
cadeaux de peu d'importance qui se font à l'occasion des
fêtes de famille. Est pareillement nulle, comme s'adressant
à personne interposée, toute donation faite pendant le
mariage, par l'un des conjoints, aux enfants que l'autre
conjoint a d'un précédent mariage et aux personnes dont
il était héritier présomptif à l'époque de la donation. Les
époux peuvent se donner par contrat de mariage le dixième
de leurs biens présents ; une donation de biens futurs
n'aura d'effet qu'après le décès du donateur et dans les
limites de la quotité disponible. Elle n'est considérée au
surplus que comme une disposition de dernière volonté, et
soumise, comme telle, aux règles établies pour les testaments (art. 620). La loi reconnaît la liberté des conventions
matrimoniales, elles ne peuvent être modifiées après la
célébration du mariage. A défaut de contrat, les époux
sont mariés sous le régime de la société d'acquêts (2).

Codice civile del regno d'Italia, t. 2. p. 40. Pacifici Mazzoni, *Trattato
delle successioni*, t. 1. p. 67 et 69. Gaetano Foschini, *Motivi del
Codice civile, titolo 3, Delle donazioni*, p. 450. « L'institution contractuelle constitue une exception non justifiée au principe qui défend
de renoncer à la faculté de disposer par testament et à cet autre principe qui ne permet pas de disposer de biens ou de droits qui ne sont
pas encore dans le patrimoine. » *Relazione governativa.*

(1) Pour un exposé plus détaillé des dispositions de ce Code relatives
à notre sujet, nous renvoyons à la partie qui traite du conflit en droit
français.

(2) A défaut de contrat de mariage, c'est la loi nationale des époux

Les testaments mutuels sont prohibés et la réserve des enfants est des deux tiers des biens (1).

République argentine. — Aux termes de l'art. 1807 du Code civil argentin, l'époux ne peut, durant le mariage, faire aucune donation à son conjoint ni aux enfants que celui-ci a d'un précédent mariage, ni aux personnes dont il serait héritier présomptif au temps de la donation. Les donations mutuelles ne sont pas exceptées (art. 1820). La loi argentine n'admet pas la liberté des conventions matrimoniales ; elles ne peuvent porter que sur les points suivants : désignation des biens que chaque futur apporte en mariage ; réserve pour la femme du droit d'administrer quelques-uns de ses immeubles présents ou de ceux qu'elle peut acquérir personnellement après la célébration ; donations de l'époux à l'épouse, donations que les époux peuvent se faire des biens qu'ils laisseront à leur décès. Dans le cas où cette dernière libéralité porte sur des biens déterminés, meubles ou immeubles, le consentement des deux conjoints est nécessaire pour leur aliénation pendant le mariage. Dans le cas où le donataire décède sans postérité légitime, le donateur peut révoquer sa libéralité par acte entre vifs ou testamentaire.

Le régime matrimonial obligatoire consiste en une so-

qui détermine le régime des biens. La femme prenant la nationalité de son mari, c'est donc au régime de la société d'acquêts que seront soumis les époux, lorsque l'Espagnol se mariera sans contrat en pays étranger (art. 1325).

(1) La moitié de cette réserve, soit donc 1/3, peut être donnée en préciput à un des enfants. Le conjoint survivant a droit à une part en usufruit dans la succession de son conjoint.

ciété dont le capital se compose des biens propres qui constituént la dot de la femme, et des biens du mari (1). Le droit de disposition est très restreint, la réserve ou portion légitime des descendants est des 4/5 des biens de la·succession, celle des ascendants, du tiers. Le conjoint survivant est mieux traité que dans la plupart des autres législations : en concours avec des descendants ou ascendants, il prend une part virile ; seul, il hérite de la totalité des biens en excluant les collatéraux, et sa légitime est de moitié. Si la veuve se remarie avant le délai de viduité (300 jours), elle perd les libéralités testamentaires à elles faites par son premier conjoint. Enfin la loi argentine impose au veuf ou à la veuve qui se remarie l'obligation de réserver aux enfants du premier mariage et à leurs descendants légitimes la propriété des biens dont il a hérité de l'un d'eux par testament ou *ab intestat* ; il ne conserve que l'usufruit . Cette obligation cesse, si au décès de l'époux qui a convolé, il ne reste ni enfants, ni descendants du premier lit (art. 237, 238) (2).

(1) Lorsque les époux se marient sans contrat, leur fortune entière forme le capital de la société conjugale, dont ils partageront les bénéfices par moitié; il y a donc là une communauté d'acquêts. Mais nous ne croyons pas qu'il faille dire avec M. Daireaux (*Bulletin de la soc. de législation comp.*, 1885, p. 218) que le seul régime légal de la République argentine est celui de la séparation de biens avec communauté réduite aux acquêts. Dans le régime de la séparation de biens, tel qu'il existe en France, la femme conserve l'entière administration de ses biens, meubles et immeubles, et la jouissance libre de ses revenus, tandis que dans le régime argentin le mari est seul administrateur des biens de sa femme. Il semble plutôt exact de dire que le régime légal est celui de la société d'acquêts. Voy. notamment art. 1217, 1218, 1226, 1253 à 1300.

(2) *Codigo civil de la Republica argentina*, Buenos-Aires, 1884.

Hollande. — Le Code des Pays-Bas (art. 1715) défend aux époux de se faire des libéralités pendant le mariage. Cette disposition n'est pas applicable aux cadeaux ou dons manuels d'objets mobiliers corporels dont la valeur n'est pas excessive, eu égard à la fortune du donateur. La loi hollandaise reproduit les dispositions du Code français pour ce qui concerne la quotité disponible entre conjoints, lorsque le donateur a des enfants d'un premier lit, pour les avantages déguisés ou indirects, le contrat de vente, l'institution contractuelle, le rang du survivant dans l'ordre de succession (art. 223, 224, 233, 237, 238, 239, 879, 949, 1503 holl. ; 1090, 1091, 1082, 1089, 1099, 1100, 723, 1098, 1595 franç.). La communauté universelle constitue le régime légal auquel les conjoints sont libres de se soustraire par contrat passé avant la célébration du mariage (1).

Voilà donc une législation qui prohibe les dons entre époux pendant le mariage et qui, en même temps, brise complètement la cohésion des patrimoines (2). Le fondement de la prohibition ne peut être discuté ; le législateur estime que les époux ne sont pas assez libres dans leurs rapports respectifs pour qu'une donation ou même un contrat passé entre eux soit considéré comme l'expression de deux volontés réfléchies.

____

(1) Art. 175. La communauté se compose activement de tous les biens, meubles et immeubles, présents et à venir, même ceux acquis à titre gratuit, à moins que dans ce dernier cas le testateur ou le donateur n'ait exprimé le contraire dans l'acte.

(2) Voy. *supra*, p. les conclusions de M. l'avocat général Jacomy, dans l'*affaire Zammaretti*, p. 142 et suiv.

Finlande. — La Finlande, bien que faisant partie de l'empire russe, est toujours régie par le droit de la Suède dont elle dépendait autrefois. Une loi du 15 avril 1889, sur le régime des biens et des dettes entre époux, a abrogé les chapitres 9, 10 et 11 du titre du mariage au Code suédois de 1736 (1). L'article 6 de cette loi dispose que les époux ne peuvent, pendant le mariage, se faire aucune donation réciproque ni contracter aucun accord sur leurs droits respectifs dans la communauté ou autrement. Les libéralités testamentaires sont permises entre époux dans les limites de la quotité disponible.

Les conventions matrimoniales doivent être passées avant la célébration du mariage, elles ne peuvent avoir pour objet que de déterminer la composition de la communauté et les droits d'administration de la femme sur ses biens propres (2).

Suisse. — (*Cantons du Tessin, de Vaud, de Fribourg.*) — Les Codes du Tessin (article 1000), de Vaud (article 567), de Fribourg (article 1371) prohibent la donation entre époux pendant le mariage (3).

Il s'ensuit qu'une donation faite en France par des époux vaudois serait nulle et devrait être considérée comme telle tout au moins par les tribunaux de leur pays. Cette

(1) Trad. P. DARESTE, *Annuaire de législation étrangère*, 19, 1890, p. 821 et suiv.

(2) A noter que, suivant la tendance constatée dans les pays d'Europe et d'Amérique et qui a inspiré divers projets dont le législateur français est saisi, la nouvelle loi attribue à la femme la disposition de tout ce qu'elle peut acquérir par son travail personnel.

(3) A. DE SAINT-JOSEPH, *op. cit.*, t. 4, p. 313 ; t. 1, p. 87 ; t. 4, p. 145.

conséquence logique de principes certains n'est cependant pas pleinement acceptée par les auteurs et la jurisprudence du canton de Vaud. S'ils hésitent lorsqu'il s'agit de donations entre vifs de biens présents, ils semblent unanimes à assimiler à un testament la donation de biens à venir, en raison, disent-ils, de l'art. 618 du Code vaudois qui porte : « Sont réputés héritiers, quelle que soit la dénomination sous laquelle ils sont appelés, ceux en faveur desquels le testateur dispose de l'universalité de ses biens ou d'une quote-part dans l'universalité de ses biens, ou du reste, ou du surplus, ou de l'excédent de ses biens(1) ». Bien que ce texte ne paraisse s'appliquer qu'au testament, acte unilatéral de volonté, la jurisprudence et les auteurs vaudois l'étendent à la donation qui exige le concours et le consentement de deux personnes. C'est dans ce sens que se prononce M. Roguin ; il estime que les Codes de Fribourg et de Vaud permettent, *ordonnent* même de considérer la donation entre époux de biens présents et à venir comme un testament. Sur une consultation signée de l'auteur, le tribunal du canton de Vaud a rendu, le 10 novembre 1887, un arrêt où l'on relève les considérants suivants : « Que ces donations ne sont pas comprises dans les donations entre vifs, mais qu'elles forment une classe à part de dispositions à titre gratuit, réglée à la suite des dispositions testamentaires ; qu'elles se distinguent en effet des donations entre vifs en ce qu'elles ont pour objet des biens dont le disposant ne se dépouille pas actuellement et irrévocablement ; qu'ainsi, si elles participent des donations entre vifs quant à la forme, elles sont en réalité, quant au fond, des dispositions testamen-

____

(1) A. d. S.-JOSEPH, t. 1, p. 92.

taires ; — Considérant que l'acte du 20 février 1853 n'est pas une donation entre vifs, car, par cet acte, Henri Pinard ne s'est pas dépouillé actuellement et irrévocablement des choses données en faveur de sa femme, qu'il constitue plutôt une disposition à cause de mort, puisque Henri Pinard a disposé, pour un temps où il n'existerait plus, de la totalité de ses biens, et qu'il pouvait révoquer cette libéralité ; — Qu'en effet Pinard a disposé, en faveur de sa femme, de l'universalité des biens qu'il laisserait à son décès ; que cette donation est dès lors un acte de dernière volonté, puisque le testateur ne l'a pas révoquée ainsi qu'il aurait pu le faire ; — Que l'on ne doit pas s'attacher à l'intitulé de l'acte, et cela, vu les dispositions des art. 617, 643 et 645 du Code civil (1) ; — Que l'acte du 20 fév. 1853 a été passé en France, dans les formes usitées dans ce pays pour les actes authentiques par lesquels un mari peut disposer, pour cause de mort, en faveur de sa femme, avec faculté de pouvoir révoquer l'acte ; — Qu'un pareil acte est pleinement valable et fait dans les formes voulues par la loi, puisqu'en vertu de l'art. 659 du Code civil, un Vaudois qui se trouve en pays étranger peut faire des dispositions à cause de mort par acte authentique avec les formes usitées dans le lieu où cet acte est passé (2). »

(1) Les art. 617, 643 et 645 C. vaud., sont à peu près conformes aux art. 895, 967 et 1002. C. franç. L'art. 645 est ainsi conçu : « Un acte qui renferme une institution d'héritier, quoiqu'il ne soit pas intitulé testament, vaudra néanmoins comme testament ». Le chapitre des testaments se rapproche beaucoup des dispositions du droit romain : « La disposition à cause de mort qui ne vaudra pas comme testament, pour défaut ou caducité de l'institution d'héritier, vaudra néanmoins comme codicile. » (art. 644).

(2) *Journal des trib. vaudois*, 1887, 698. Voy. dans un sens

La différence qui existe entre la donation entre époux, telle
qu'elle est réglée par le Code français, et les libéralités
testamentaires ne porte pas uniquement sur une question
de forme, comme le dit le tribunal ; c'est essentiellement
une question de fond entraînant à sa suite d'autres questions, telles que celles de capacité, d'acceptation expresse
par le gratifié, de temps à considérer pour la validité de la
libéralité, etc. Sans doute, la loi étrangère peut attribuer
à un acte passé en France des effets que ne lui reconnaît
pas la loi française, et un tribunal étranger, en présence
d'un texte impératif qui ne laisse aucune place au doute,
ne doit pas se demander comment l'acte serait jugé en
France, mais bien comment il doit l'être au point de vue
de la loi étrangère. M. Roguin a donc parfaitement raison
de dire que les tribunaux suisses doivent prendre l'acte
tel quel, en sa teneur, et lui appliquer les dispositions de la
loi suisse. Mais si les articles du Code vaudois cités plus
haut ont la portée que leur attribue le tribunal — et il est
malaisé de soutenir le contraire en présence d'autorités
aussi considérables — on peut se demander quel est le sens
de la disposition de ce Code qui défend aux époux de
« faire, pendant le mariage, aucune donation entre vifs en
faveur l'un de l'autre, lors même qu'elle serait mutuelle
et réciproque ». Si ce n'est pas pour garantir la liberté des
conjoints, c'est encore moins pour conserver les biens
dans la famille, puisque la voie testamentaire leur est
ouverte et aussi celle de l'institution contractuelle ou de la
donation entre vifs révocable lorsqu'ils sont dans un pays
où ces modes de disposer sont admis (1). Nous n'aperce-

analogue l'arrêt du même tribunal du 18 avril 1860, *op. cit.*, n° 300.
ROGUIN, *Conflit des lois suisses*, p. 435 et suiv.

(1) L'époux survivant succède à la moitié des biens lorsque le défunt

vons plus dès lors le but de la prohibition ; ce qui nous permet de penser qu'on se trompe peut-être sur l'intention du législateur de Vaud qui, s'il avait voulu assimiler en tous points une donation révocable à un testament, se serait sans doute borné à reproduire la règle romaine dans son dernier état (1).

TROISIÈME GROUPE.

Angleterre. — L'étude du droit anglais, en ce qui concerne les effets du mariage sur la personne des époux, est particulièrement attrayante. Elle nous fait assister à une évolution lente des idées qui se terminera par une mesure radicale (l'acte du 10 août 1882).

Depuis les temps les plus reculés jusqu'à nos jours, l'effet du mariage, quant à la personne des époux, put se résumer en un seul mot : absorption de la personnalité de la femme par celle du mari, avec toutes ses conséquences. Aux yeux de la *common law*, le mari et la femme ne forment qu'une seule et même personne *(una sola et unica*

---

ne laisse ni père, mère, frères, sœurs ou descendants d'eux, et au quart s'il est décédé sans enfants. L'art. 705 permet au conjoint de donner à son conjoint par contrat de mariage un quart de ses biens en propriété dans tous les cas, et l'usufruit du reste, s'il ne laisse point d'enfants ni descendants.

(1) *Quid* pour la donation cumulative de biens présents et à venir au cas où, les formalités ayant été remplies, l'époux donataire opte pour les biens présents ? Il nous semble difficile que les tribunaux vaudois assimilent à un testament une donation qui, par l'événement, se trouvera ne comprendre que des biens présents qui peuvent ne plus appartenir au donateur au moment de son décès.

persona) ; tant que dure le mariage, la femme n'a pas d'existence propre, elle ne vit plus que sous le couvert (*the coverture*) de son mari. Ne constituant qu'une même personne, les époux ne peuvent rien se donner, car on ne peut se donner à soi-même. Cette fiction, la loi anglaise la pousse jusqu'à l'absurde, elle refuse à la femme le droit de tester, car son testament ne peut être considéré que comme un acte du mari. Mais celui-ci a le droit de gratifier sa femme par acte de dernière volonté, parce que la disposition ne doit avoir effet qu'après sa mort, et, par conséquent, après la disjonction de la personnalité des époux (1). Une seule femme, la reine ou plutôt la femme du roi d'Angleterre, a toute capacité pour accomplir les actes de la vie civile. Coke en donne cette raison fort peu juridique que les soucis du pouvoir ne laissent pas au souverain le loisir de s'occuper de choses privées de si minime importance (2). Dans l'ancien droit, les biens meubles (*personal property*) de la femme, le produit

(1) Littleton, *Tenures* 168. *Also, though a man may not grant, nor give his tenements to his wife during the coverture, for that his wife and he be but one person in the law, yet by such custome he may devise by his testament his tenements to his wife, to have and to hold, for that such devise taketh no effect but after the death of the devisor.*

(2) *But by the common law, the wife of the king of England is an exempt person from the king and is capable of lands or tenement of the gift of the king, as no other feme covert is, and may sue and be sued without the king; for the wisedome of the common law would not have the king (whose continual care and study is for the publike et* circa ardua regni) *to be troubled and disquieted for such private and petty causes : so asthe wife of the king of England is of ability and capacity to grant and to take, to sue and be sued as a feme sole by the common law.*

de son travail devenaient la propriété du mari, qui n'était pas tenu d'en rendre compte après la dissolution du mariage. Quant aux immeubles, ils continuaient à appartenir à la femme ; le mari ne pouvait les aliéner même avec le concours de la femme, mais il en avait la jouissance et l'administration.

Pour les classes aisées, ce droit si peu équitable avait été remplacé, depuis plusieurs siècles, par un régime différent fondé sur l'équité. A l'aide de divers expédients, la Cour de chancellerie, remplissant un véritable office de préteur romain, avait permis à la femme de conserver la propriété de ses biens. Au moment du mariage, ses biens étaient remis à des fidéicommissaires (*trustees*) pour être affectés à l'usage séparé de la femme. Celle-ci pouvait en disposer comme si elle n'était pas mariée. Mais le vieux droit continuait à s'appliquer aux femmes de condition pauvre. Après une première tentative faite en 1857 pour le cas d'abandon de la femme (*Divorce act.* st. 20 et 21, Vict. c. 85), l'acte du 9 août 1870 institua un régime qui se rapprochait sensiblement de la séparation de biens contractuelle du droit français. Enfin une dernière loi promulguée le 10 août 1882 (st. 45 et 46, Vict., c. 75) a accompli une véritable révolution dans l'ancien droit anglais sur la matière. La femme mariée jouit maintenant, en Angleterre, d'une indépendance que la plupart des autres législations européennes sont loin de lui reconnaître. Elle peut désormais acquérir, aliéner, contracter, faire en un mot, quant à ses biens séparés, tous les actes de la vie civile comme si elle n'était pas mariée. A l'égard de ces biens sa capacité est pleine et entière, elle échappe complètement à l'autorité maritale.

c. 14

Aux termes de la loi de 1882 qui régit seule aujour-d'hui les biens de la femme mariée (1), toute femme qui se marie après le 1er janvier 1883 est en droit d'avoir et de détenir comme sa propriété séparée, et d'en disposer libre-ment, tous les biens mobiliers et immobiliers qui lui appar-tiennent au jour du mariage, ceux qu'elle acquiert ou dont elle hérite après le mariage, y compris les gages, salaires, sommes d'argent et biens qu'elle gagne dans l'exercice d'une profession exercée indépendamment de son mari ou par ses talents littéraires, artistiques, scientifiques (art. 2).

En vertu de cet article, tous les biens de la femme lui appartiennent donc en propre et elle en est aussi maîtresse que si elle était *feme sole*. L'art. 5 donne à la femme mariée avant 1883, les mêmes droits sur les biens qu'elle peut acquérir après cette date.

Les époux anglais, ayant maintenant une person-nalité séparée, peuvent se faire donation entre vifs de leurs biens, et cette donation est irrévocable (2). Il faut dire que, depuis longtemps déjà, la jurisprudence des Cours d'équité avait permis à la femme de possé-der un *separate estate*, même en l'absence de *trustee*. Le mari pouvait faire des donations à sa femme pour lui permettre de s'acheter des vêtements et des bijoux appropriés à sa condition sociale. Il pouvait encore, par un arrangement conclu avec elle, postérieurement au mariage, lui reconnaître la propriété des gains ou béné-fices par elle réalisés dans un commerce ou dans une

____

(1) *An act to consolidate and amend the acts relating to the property of married women* (45, 46. Vict. ch. 75).

(2) *Cason. C. Rideout*, Mac. et G. 601, *Reports in chancery*.

profession (1), enfin lui abandonner, pour son usage personnel, un legs à elle fait sans la clause que le bien légué formerait un propre pour la femme (2). Quant à la femme, elle avait la faculté de disposer, au profit de son mari, du fonds même du *separate estate* ; mais, préoccupées du danger que le mari abusât de son influence pour obtenir des libéralités, les Cours d'équité interdirent souvent à la femme d'anticiper sur ses revenus, elle ne pouvait donner à son mari que les sommes touchées. Aux termes de la loi de 1882 (art. 19), cette obligation peut encore être imposée à la femme mariée par un donateur ou un testateur quant aux biens donnés ou légués, mais la Cour supérieure peut l'affranchir de cette restriction (3).

États-Unis d'Amérique. — Le droit des États-Unis est le même que celui de l'Angleterre ; la *common law* ayant été transplantée en Amérique par les émigrants colonisateurs.

Dans la plupart des Etats de l'Union, la femme mariée a été complètement émancipée (4). Les statuts ont fait de

(1) STORY, *Eq. Jurispr.*, § 1374.

(2) *Ib.*, § 1372 ; *Anderson C. Anderson*, 23, Beav. 457.

(3) Voy. *Conveyancing and law of property*, 44 Vict ; ch. 41, 22 août 1881, art. 39. *Annuaire de législat. étrang.*, t. 11, p. 59. Cons. sur tous ces points *Bullet. de la Soc. de législat. comp.* Décem. 1871, p. 6 et suiv., Notice de M. Ribot sur la loi du 9 août 1870 concernant la condition civile et les biens des femmes mariées. Même *Annuaire*, 1883, p. 329 et suiv., loi du 8 août 1882, Notice par M. Barclay, avocat du barreau de Londres.

(4) New-York, lois du 21 mai 1878, du 5 mai 1879. *Annuaire de législation étrangère* 1878-1879. Idem, loi du 14 mai 1892. Une femme mariée peut contracter avec son mari ou avec toute autre per-

la femme et du mari deux êtres juridiques distincts, ce qui a entraîné la séparation des deux patrimoines. La Cour suprême du Mississipi a même déclaré par un arrêt du 20 février 1888 que les époux peuvent contracter entre eux une société (1).

Les donations entre époux sont autorisées. Toute donation faite en fraude des droits des créanciers tombe sous le coup de la loi d'Elisabeth (loi 13, chap. 5) qui annule les actes faits par le débiteur avec des biens rentrant dans le gage général de ses créanciers. L'indemnité d'assurance stipulée par un mari au profit de sa femme n'est pas considérée comme une donation ; seul le montant des primes a ce caractère, mais pourvu qu'il ne s'élève pas à un taux excessif, les créanciers ne peuvent le réclamer alors même que leur débiteur était déjà insolvable au moment de la signature de la police (2).

Autriche. — En Autriche, les donations entre époux sont régies par les mêmes principes que celles entre non-conjoints. Lorsqu'il y a doute, est réputée donation et non prêt la remise par le mari à sa femme de bijoux, pierre-

sonne, dans la même mesure, avec les mêmes effets et dans la même forme qu'une femme non mariée, et elle s'oblige elle-même et elle oblige tout son patrimoine personnel au paiement de la dette contractée, *Annuaire* 92, p. 922.

(1) *Toof. c. Brewer, Albany law Journal*, vol. 37, p. 312. *Contra.* Cour sup. de la Caroline du Sud, 29 nov. 87 ; *Alb. l. j.*, vol., 37, p. 198. Cour Sup. de la Cité de Brooklyn, 1885. Voy. Journal de Clunet, 90, p. 371.

(2) Cour suprême des Etats-Unis, 12 novembre 1888. *Central National Bank c Hume, Alb., l. j.*, vol. 38, p. 498. Voy. Journal de Clunet, 90, p. 363.

ries et autres ornements. Les contrats de donation sont en général irrévocables, mais la donation peut être révoquée pour ingratitude grave du donataire, si les faits qui lui sont reprochés tombent sous l'application du Code pénal. Le testament conjonctif est permis aux époux qui peuvent toujours le révoquer, mais la révocation faite par l'une des parties n'autorise pas à présumer celle de l'autre.

Le Code autrichien autorise les pactes successoraux entre époux, ces pactes doivent être établis en la forme testamentaire; ils ne peuvent être révoqués au préjudice de l'un des contractants, mais seulement annulés conformément aux dispositions de la loi. Malgré ce pacte, les époux conservent le droit de disposer librement de leurs biens pendant leur vie (1). En outre, ils ne peuvent renoncer entièrement au droit de tester; la loi réserve dans tous les cas, à la libre disposition des parties, un quart net des biens affranchi de toute légitime au profit d'autrui et de toute autre charge. Si le *de cujus* est mort *intestat*, cette part revient à ses héritiers.

Suède. — Le Code de 1734, amendé par la loi du 19 mai 1845, ne contient aucun article ayant trait aux donations entre époux (2). Il est donc permis de penser

(1) Le conjoint qui a accordé à l'autre l'usufruit de ses biens en cas de survie, n'en conserve pas moins sans restriction le droit d'en disposer librement par acte entre vifs; le droit d'usufruit ne s'applique qu'aux biens laissés par le *de cujus*. Si toutefois la donation de l'usufruit d'un bien immobilier a été inscrite sur les registres publics avec le consentement du donataire, il ne peut plus être porté préjudice à cet usufruit par rapport au bien sur lequel il est assis.

(2) ANTHOINE DE ST-JOSEPH, *Codes étrangers*, t. 3, p. 502 et suiv.

que ces donations suivent la loi commune. On peut disposer librement, à titre gratuit, de ses acquêts mobiliers ou immobiliers. Quant aux biens patrimoniaux, on ne peut en donner que l'usufruit.

La donation est révocable quand le donataire a porté un préjudice considérable au donateur, à ses enfants ou à ses héritiers. Celui qui a des enfants ou descendants ne peut disposer que de la sixième partie de ses biens meubles ou immeubles, acquêts ou biens patrimoniaux. Les époux peuvent faire un testament mutuel par lequel ils s'instituent héritiers ; chacun d'eux n'en conserve pas moins le droit de changer ses dispositions, sans prévenir l'autre.

Les conventions matrimoniales sont libres, mais le régime presque universellement suivi est celui de la communauté universelle qui se partage par moitié entre le conjoint survivant et les héritiers du prédécédé, après un prélèvement d'un vingtième pour le premier.

L'époux qui convole doit d'abord partager la communauté avec ses enfants ou avec les autres héritiers du prédécédé, il est déchu de sa part s'il n'a point fait ce partage.

Notons aussi que le divorce fait perdre à l'époux coupable ses droits dans la communauté ; si c'est la femme, elle perd, en outre, le *morgengœfva*.

Danemark. — La législation danoise ne contient pas de dispositions spéciales aux dons entre époux.

Les donations sont en général irrévocables et ne paraîs-

La loi du 11 décembre 1874 sur le mariage n'apporte pas de changement essentiel à l'ancienne législation.

sent pas limitées dans l'intérêt de la réserve des héritiers. Une loi du 7 mai 1880 a apporté une exception au régime de communauté universelle en donnant à la femme mariée la capacité de disposer, sans autorisation, du produit de son industrie personnelle (1).

Russie. — La loi russe permet de disposer librement par donation de ses acquêts meubles ou immeubles (2), elle ne fait aucune différence pour les dons entre époux et ceux entre personnes étrangères l'une à l'autre. La distinction entre les acquêts et les biens patrimoniaux n'existe pas dans les gouvernements de Tchernigof, de Poltawa ; chacun peut, par donation, disposer librement des uns et des autres, même au préjudice de ses enfants.

La donation une fois acceptée ne peut être révoquée que dans des cas exceptionnels prévus par la loi. Est considérée comme une disposition testamentaire, celle qui, bien que qualifiée donation, a pour objet de transmettre la propriété après la mort du disposant ; il n'y a de donation que lorsque la jouissance du bien n'est pas subordonnée au décès du donateur (3).

En Esthonie et en Livonie, les époux peuvent se donner les biens d'acquêts, lorsqu'ils n'ont pas d'enfants ; dans le cas contraire ils peuvent, avec le consentement de ceux-ci, se faire donation même des biens héréditaires.

(1) A. DE ST-JOSEPH, t. 2, p. 134 et suiv. Loi du 7 mai 1880. *Annuaire*, 1881, p. 533.

(2) Les biens patrimoniaux sont, au contraire, réservés aux héritiers qui ne peuvent en recevoir chacun que leur part.

(3) Arrêt du dép. civil de cass., 1878, n° 21. *Code civil de Russie* avec préface de M. Victor Foucher, art. 577 à 594. Ernest LEHR, *Éléments de droit civil russe*, passim, p° t. 2, p. 435.

En Courlande, la liberté des époux n'est limitée que par les règles sur la réserve, mais toute donation de plus de 75 roubles doit être insinuée en justice et reste révocable jusqu'au décès du donateur ; elle devient même caduque par le prédécès du donataire. Dans les mêmes parties du pays où les époux sont mariés sous le régime de la communauté universelle, ils peuvent se donner leurs biens propres et, en général, toute donation du mari à la femme est valable à la condition de ne pas être faite en fraude des créanciers (C. Baltique, 110-116). Dans ces diverses législations, le conjoint survivant a droit à une part de la succession, quels que soient les héritiers avec lesquels il concourt ; à défaut d'héritiers, il recueille la succession tout entière.

Prusse. — Le Landrecht prussien n'établit pas de différence entre les donations conjugales et celles faites entre non-conjoints. Elles sont irrévocables les unes et les autres ; toutefois si le mari tombe en déconfiture, ses créanciers peuvent faire révoquer les donations faites dans les trois années qui ont précédé cet état. Mais si la donation a été faite à une époque où les dettes ne dépassaient pas la valeur des biens, il n'y a lieu à révocation que dans le cas où le conjoint jouit encore d'un avantage provenant de la donation. Quant à la donation à cause de mort, elle suit les règles de la donation entre vifs, à moins que le donateur ne se soit réservé la faculté de la révoquer jusqu'à son décès ; dans ce cas elle est assimilée à un legs. Les pactes successoraux sont permis entre époux, ils sont révocables, mais la femme devra être assistée d'un conseil pour exercer son droit de révocation (1).

(1) Ces pactes ne peuvent être conclus et révoqués qu'en justice.

Par testament mutuel, les conjoints peuvent aussi se faire des libéralités, mais il suffit du changement de volonté d'une des parties pour annuler l'acte. L'exclusion de communauté constitue le régime légal, cependant lorsque les époux transportent leur domicile dans un lieu où la communauté est de droit commun, tous les actes passés par eux dans leur nouvelle résidence sont jugés à l'égard des tiers d'après la loi du nouveau domicile. Enfin la loi prussienne permet aux conjoints de déroger par contrat, même postérieur à la célébration du mariage, aux règles du régime sous lequel ils se sont unis (1).

Pays musulmans. — Turquie. — Afrique du Nord. — La loi musulmane autorise la donation entre époux pendant le mariage et la déclare irrévocable alors même que le donataire aurait attenté à la vie du donateur. Ce caractère d'irrévocabilité de la donation conjugale est d'autant plus remarquable que tous les disciples de l'Islam ne l'attribuent pas à la donation ordinaire. Tandis que les docteurs du rite malékite suivi dans l'Afrique du Nord admettent le principe de l'irrévocabilité (2), ceux du rite hanéfite, auquel appartiennent les Turcs, le repoussent et soutiennent que le donateur est toujours libre de reprendre ce qu'il a donné. Mais estimant que la révocation est chose peu louable en soi, ils se sont efforcés de res-

_____

(1) *Landrecht pruss.* Contr. de mar., part. 2, tit 1, § 310, 317, 351 355, *Donat. entre vifs et testam.*, part. 1re, tit. XI. Voy. Avt. de Saint-Joseph, *op. cit.*, t, 3, p. 226, 245, 246.

(2) Ils n'apportent qu'une exception à ce principe : la donation faite aux enfants par les père et mère est révocable au gré du donateur, sauf quelques restrictions.

treindre cette faculté en la refusant dans certains cas,
celui par exemple où la donation a été faite par un
époux à l'autre au cours du mariage. Dans ce dernier
rite, la donation entre époux jouit donc d'un véritable
privilège inconnu aux autres législations.

Les époux peuvent, en conséquence, se donner valablement leurs biens meubles ou immeubles. Toutefois, le
mari ne peut disposer de la maison conjugale en faveur
de sa femme, exception fondée sur ce qu'un tel don tendrait à assujettir le mari à la femme et porterait atteinte
à la dignité et à la puissance maritales. Un arrêt de la
Cour d'Alger du 30 avril 1861 a cependant décidé que
rien ne s'oppose à ce que les époux, le mari aussi bien
que la femme, se donnent leurs immeubles, spécialement celui qu'ils habitent. Mais il n'est pas douteux que
cette décision, isolée d'ailleurs, viole manifestement les
prescriptions de la loi.

En Kabylie, la coutume n'excepte pas la maison conjugale des biens que le mari peut donner à sa femme. Dans
l'usage, les donations faites en faveur des femmes par
leurs maris ne portent guère que sur l'usufruit des immeubles ou sur des valeurs mobilières. Toutefois, cet
usage n'a pas force de loi et aucune limite n'est, en droit,
imposée à la libéralité du donateur qui est libre de disposer de son bien. Si donc les donations faites au profit
des femmes portent habituellement sur des meubles, sur
l'usufruit des immeubles, ou sur des droits d'usage ou
d'habitation, il n'en est pas moins certain que tout Kabyle
est investi de la faculté de disposer, quand il le veut, en
leur faveur, de la propriété des immeubles (Alger, 31 octobre 1888. *Journal jurisp. Alger. 88*, p. 490 ; *Rev. Alger.*, 1889, p. 495). La même Cour a cependant rendu

une décision en sens contraire (3 novembre 90 ; *Journal jurisp., Alger*, 1891, p. 82). En droit musulman, les libéralités entre vifs ne sont soumises ni à réduction ni à rapport ; cette règle absolue est admise par les docteurs de tous les rites. Mais, par analogie avec le principe posé dans l'art. 1167 du Code civil français, la législation musulmane permet à tout créancier d'attaquer l'aliénation à titre gratuit, faite en fraude de ses droits. Ainsi une donation de tous ses biens est faite par une veuve au profit de son petit-fils, à charge par ce dernier de pourvoir à l'entretien de la donatrice. La Cour dit que le donataire est au premier chef une personne suspecte et annule la donation comme faite en fraude du créancier (Alger, 18 février 91, *Journal jurisp., Alger*, 91, p. 180)(1).

Allemagne. — Projet de Code civil. — Le projet de Code civil allemand ne contient aucune disposition spéciale à notre matière, il soumet donc les donations entre époux à la loi commune(2); ses rédacteurs n'ont même pas cru devoir admettre les restrictions à la capacité de disposer en faveur du nouveau conjoint lorsque l'époux qui se remarie a des enfants d'un précédent lit (art. 1098 du Code français), pour le motif que ces mesures constituent une peine réprouvée des secondes noces et aussi parce qu'elles

---

(1) Voy. *Pandectes françaises.* Répertoire, t. 3, au mot Donations, nᵒˢ 14029 et suiv.

(2) 1272 à 1283. Aux termes de l'art 1308, l'autorisation du mari n'est pas nécessaire pour tout acte juridique qui est accompli par la femme envers son mari. *Motive zu dem Entwurfe eines burgerlichen Gesetzbuches*, t. IV, p. 113 et suiv,

ne se justifient pas elles-mêmes et sont trop faciles à
éluder (1).

Le conjoint survivant est appelé à la succession au
rang d'héritier légitime ; le projet lui attribue une
réserve de la moitié de sa part légale qui ne peut être
inférieure au quart de la succession (2).

QUATRIÈME GROUPE.

Cantons Suisses. — *Zurich.* — *Grisons.* — *Bâle-Ville.*
— *Bâle-Campagne.* — Dans le canton de Zurich, les
donations entre époux sont permises. Comme les donations
entre non-conjoints, elles ne peuvent, à moins d'une
clause expresse insérée dans le contrat, être révoquées,
que pour cause d'ingratitude du donataire et de prodiga-
lité de la part du donateur. Les restrictions auxquelles
sont soumises les libéralités testamentaires dans l'intérêt
de la réserve des héritiers ne s'appliquent pas aux donations entre vifs. Ce principe, qui est tout à fait contraire à
celui de notre droit, se rencontre fréquemment dans les
codes de la famille germanique (3). On en donne pour
raison que dans une donation, le donateur s'appauvrit au

----

(1) *Motive*, t. 5, p. 15. Lehr, *op. cit.*, t. 2, p. 428.

(2) Art. 1971, à 1975.

(3) Voy. *Code des Grisons, Landrecht prussien, loi norvégienne,
infrà.* Il va sans dire que si la donation a été faite dans le but de
faire échec à la réserve des héritiers, elle pourra être annulée comme
frauduleuse. *Projet de C. c. allemand*, art. 1985 : « La réserve se
détermine d'après l'état du patrimoine du défunt au moment de
l'ouverture de la succession. »

profit du donataire, tandis que par une libéralité purement testamentaire, il ne se prive personnellement de rien, mais dépouille ses héritiers au profit d'un tiers. La donation entre vifs n'est donc que l'exercice légitime par le propriétaire du droit de disposition dont il jouit sur ses biens, tandis que des legs excédant la quotité disponible constituent un empiètement sur les droits garantis à ses héritiers par la loi. C'est sur le même fondement que notre ancien droit coutumier prohibait la donation testamentaire des quatre quints des propres, et c'est aussi, en partie, sur ce caractère beaucoup plus dangereux pour les héritiers de l'acte de dernière volonté que nous avons contesté la réalité du statut de l'art. 1054 du C. civ. italien.

La femme zurichoise étant sous la tutelle de son mari, le législateur a pris certaines précautions pour garantir sa liberté. L'assistance et le consentement d'un tuteur extraordinaire sont nécessaires à la femme pour faire avec son mari un contrat par lequel elle lui cède des droits ou assume envers lui des obligations ou pour plaider contre lui autrement qu'en divorce. Cette disposition ne s'applique pas aux menus dons usités entre époux, par exemple à l'occasion de certaines fêtes ou d'événements de famille. Dans le cas où il y a lieu à l'assistance de ce tuteur, la Direction des orphelins (*Waisenamt*) examine tout d'abord la nature de l'affaire, elle se renseigne sur la manière de voir de la femme et aussi, dans les cas graves, de ses plus proches parents majeurs, adresse son rapport et ses propositions au Conseil de district, qui nomme le tuteur extraordinaire et lui adresse les instructions et les pouvoirs voulus.

Contrairement à la règle posée pour les donations, la

femme mariée a le droit de faire, sans autre autorisation, un pacte de succession réciproque avec son mari (1). Ces pactes doivent être faits en la forme testamentaire.

Le régime légal est celui dit la *Güterverbindung* ou de l'union des biens, analogue à celui décrit dans le Code civil français, sous le nom de régime sans communauté (art. 1530 et suiv. C. c. f.). Le conjoint survivant a une part héréditaire en pleine propriété, il est protégé jusqu'à concurrence des trois quarts de cette part contre les libéralités testamentaires du *de cujus*. Cette même quotité est réservée aux descendants, les père et mère n'ont qu'une réserve de moitié.

Grisons. — Dans les Grisons, le principe est le même qu'à Zurich (2). La donation entre époux est donc permise et irrévocable à moins de stipulation contraire. Elle peut de même être attaquée, comme toute autre donation, après le décès du donateur, et pendant une année à partir de l'adition d'hérédité, lorsqu'elle a été faite avec intention de faire fraude aux dispositions de la loi successorale relative à la légitime. On conclut à l'intention illicite lorsque le don a été fait à l'approche de la mort, lorsque le donateur s'est réservé la faculté de le révoquer jusqu'à son décès, ou même, quand la donation est irrévocable,

____

(1) Elle peut aussi, avec la seule autorisation de son mari et sans l'intervention d'un tuteur extraordinaire, renoncer par contrat, au profit de ses frères et sœurs, à la succession future de ses parents, moyennant un avantage immédiat.

(2) Ce canton est de ceux, très rares dans la Suisse allemande, où existe la liberté des conventions matrimoniales. Les autres sont Zug, Thurgovie et Bâle-Campagne.

s'il a disposé de telle sorte que ses héritiers seuls aient à en ressentir les effets.

Pendant le mariage, le consentement d'un curateur extraordinaire est nécessaire pour que la femme puisse s'obliger valablement envers son mari, ou lui céder quelque droit au moyen de conventions matrimoniales (1), ou par tout autre acte.

Les donations peu importantes et d'usage sont exceptées. Les biens sont divisés en biens de succession, et biens d'acquêts. La quotité disponible n'est que du dixième pour les premiers, et du tiers pour les seconds, si le *de cujus* laisse des descendants. Le conjoint survivant a un droit d'usufruit légal.

En sus du disponible, les époux peuvent disposer en faveur l'un de l'autre de la jouissance de tous leurs biens, à la charge cependant pour le donataire d'élever les enfants, de pourvoir à leur établissement, etc. Cet usufruit universel prend fin en cas de convol, lorsque le *de cujus* laisse des descendants; dans le cas contraire, il peut durer toute la vie du survivant. Les dispositions de dernière volonté de la femme au profit de son mari et de ses parents, ne sont valables qu'avec l'approbation d'un curateur spécial.

Les pactes sont permis entre époux sur leur propre succession, ils sont soumis à la forme testamentaire.

Bâle-Ville. — *Bâle-Campagne.* — Deux lois récentes ont réglé, dans les deux demi-cantons de Bâle, le régime matrimonial, les successions et les donations. Celle de

____

(1) Les conventions matrimoniales peuvent être passées après la célébration du mariage.

Bâle-Ville du 10 mars 1884 (1), porte que les donations entre époux qui excèdent la quotité consacrée par l'usage et ne sont pas conformes à la position sociale des parties sont nulles.

Aux termes de la loi de Bâle-Campagne du 20 avril 1891 (2), ces donations, ainsi que celles faites par des personnes ayant des descendants sont permises en tant qu'elles ne dépassent pas cette quotité et qu'elles sont proportionnées à la situation de fortune du donateur. Du rapprochement de ces deux textes qui doivent sans doute s'expliquer l'un par l'autre dans tout ce qu'ils n'ont pas de contradictoire (3), on doit conclure que le juge est chargé d'apprécier souverainement si la libéralité attaquée excède ou non la quotité permise et, dans le premier cas, de la réduire (4).

La communauté universelle constitue le régime légal, mais les époux sont libres de stipuler la séparation de biens ou tout autre régime par contrat anténuptial. Pour empêcher que les conventions matrimoniales ne

(1) *Annuaire*, t. 14., 1885, p. 546 et suiv. Traduction WOLFF.

(2) *Annuaire*, t. 21, 1892, p. 696.

(3) Les deux gouvernements avaient tenté un accord sur ces matières.

(4) Une donation exécutée ne peut être révoquée pour aucun motif elle peut seulement être attaquée par les héritiers réservataires, les créanciers ou la femme, lorsqu'ils ont été lésés frauduleusement dans leurs intérêts. Les donations *mortis causa* suivent les règles propres aux dispositions testamentaires.

Une différence assez notable semble exister entre les deux lois. Tandis que celle de Bâle-Ville ne permet aux héritiers réservataires d'attaquer la donation entre vifs que s'ils ont été lésés *frauduleusement* dans leurs intérêts, celle de Bâle-Campagne leur accorde l'action par le seul fait que leur réserve est atteinte.

servent à déguiser des libéralités excessives, le législateur
bâlois décide que les héritiers du conjoint prédécédé ne
pourront recevoir moins du tiers de la communauté. Si
l'époux survivant contracte un nouveau mariage, il devra
en outre leur abandonner un sixième des biens communs
(Bâle-Campagne) (1). Enfin, le conjoint ne succède qu'à
défaut de parents au cinquième degré.

Norvège. — La loi du 29 juin 1888 sur le régime des
biens entre époux a réglé notre matière dans les articles
24 et 30 (2). Les donations entre époux pendant le mariage, pour être valables, doivent être faites par contrat
de mariage dûment enregistré et revêtu de la sanction
royale, à moins qu'elles ne consistent en objets servant
à l'usage personnel, ou en une assurance sur la vie ou une
rente viagère au profit de la femme (3). Sont considérées

----

(1) Le convol fait donc perdre à l'époux tout ce qui a pu constituer
pour lui un avantage, puisqu'il est réduit à sa moitié.

(2) Traduction P. DARESTE, *Annuaire*, t. 18, 1889, p. 768 et suiv.

(3) Les art. 4, 5 et 6 de la loi disposent que les contrats de mariage,
passés avant ou après la célébration, doivent, pour être opposables
aux tiers, remplir certaines conditions de forme et de publicité sans
lesquelles ils n'obligent que les époux et leurs héritiers. Si le contrat
passé postérieurement à la célébration modifie un contrat antérieur,
la sanction royale est nécessaire. S'il rend propre à l'un des époux
une partie des biens communs ou s'il lui transfère des propres de
l'autre conjoint, un état doit y être annexé portant le détail exact et
la valeur de ces biens et faisant connaître que ce qui reste de la masse,
joint aux biens dont l'époux débiteur a la disposition, est au jour de
l'enregistrement, notoirement suffisant pour payer l'intégralité de
ses dettes. Cet état doit être certifié par des experts en ce qui concerne
l'estimation de l'actif. On voit que le régime légal admis par le législateur norvégien est celui de la communauté universelle. Le mari ne
peut sans le consentement de sa femme en aliéner plus du dixième à

comme donations les ventes et autres transmissions de propriétés ou d'usage, lorsqu'à raison de la disproportion qui existe entre la valeur réciproque des objets aliénés, elles renferment des donations déguisées. La donation faite à personne interposée est régie par les mêmes principes. Pour déjouer les fraudes qui peuvent s'exercer au détriment des créanciers, la nouvelle loi entre dans de nombreux détails et pose des règles applicables en cas de faillite du conjoint donateur.

Les donations sont des contrats, et comme tels, sont irrévocables. Seuls, les dons faits au lit de mort ou ceux qui sont encore incomplets à la mort du donateur sont limités dans l'intérèt de la réserve des héritiers, alors même qu'ils ont été faits par contrat de mariage revètu de la sanction royale. Pour eux s'appliquent les prescriptions de la loi successorale relative aux actes de dernière volonté révocables. Les époux peuvent se donner, pour le cas de survie, la jouissance de leurs biens, à condition d'en réserver la nue-propriété aux héritiers légitimes ; par testaments mutuels ils peuvent se léguer la totalité de leur fortune, mais ces testaments ne sont exécutoires qu'après avoir reçu la sanction royale qui n'est refusée que dans le cas où il existe des descendants directs.

§ 2. — Conflit des lois.

Après avoir étudié, dans le droit coutumier ainsi que dans le droit positif français, le conflit des lois qui règlent

titre gratuit. Quant à la femme, elle a le droit de disposer des produits de son industrie personnelle et de demander la séparation de biens.

la donation entre époux, nous devons rechercher les solutions que donnent sur ce point les législations et les jurisprudences étrangères. Nous arriverons ainsi à une connaissance complète de notre sujet.

Ces législations peuvent se diviser en trois groupes.

PREMIER GROUPE.

Ce groupe comprend les législations qui font régir la substance et les effets des donations entre époux par la loi nationale des disposants, quelle que soit la nature des biens donnés.

Italie. — Le législateur italien a eu le mérite de proclamer les vrais principes du droit international privé dans les articles 6, 7, 8, 9, 10, 11 et 12 de son Code civil.

Les successions légitimes et testamentaires, en ce qui concerne soit l'ordre successoral soit la quotité des droits successoraux, et la validité intrinsèque des dispositions, sont réglées par la loi de la nation de celui dont l'hérédité est ouverte, quels que soient la nature des biens et le pays où ils se trouvent (article 8).

Les formes extrinsèques des actes entre vifs et de ceux de dernière volonté suivent la loi du lieu où ils se font.

Les disposants ou les contractants ont la liberté de s'en tenir aux formes fixées par leurs lois nationales, pourvu qu'elles soient communes à toutes les parties.

La substance et les effets des donations et des dispositions de dernière volonté sont censés réglés par les lois de la nation des disposants. Le fond et les effets des obli-

gations sont censés réglés par les lois du lieu où les
actes sont faits, et, si les contractants étrangers sont
d'une même nation, ce sera par leurs lois nationales, sauf
l'expression d'une autre volonté (articles 8 et 9) (1).

Espagne.— Aux termes de l'article 10 du Code civil
espagnol, les biens meubles sont régis par la loi du pays
de leur propriétaire, les biens immeubles par celle du
pays où ils sont situés. Néanmoins les successions légales
ou testamentaires, comme tout ce qui touche à l'ordre
des successions, à l'importance des droits successoraux et
à la valeur intrinsèque de ces dispositions, se réglent
d'après la loi du pays du défunt, quels que soient la nature
de ses biens et le pays où ils se rencontrent.

Avant la promulgation du Code de 1889, ces principes
avaient été consacrés par la jurisprudence du tribunal
suprême de Madrid. Dans une affaire relative à la succession d'un Français décédé à Palma (Majorque), le tribunal avait décidé que l'hérédité devait être dévolue d'après
la loi française, loi nationale du défunt, qui régit seule
ses droits personnels, sa capacité de transmettre par testament ou *ab intestat*, ainsi que le régime de son mariage
ou de sa famille (2).

L'article 10 soumet les Espagnols qui résident en
pays étranger aux lois qui règlent les droits et les de-

---

(1) Voy. les art. 10, 11 et 12. *Code Civil Italien*, par Huc et Orsier.
Le Droit international privé dans la législation italienne, par
Esperson, professeur à l'Université de Pavie. Journal de Clunet 1879,
p. 329; 1880, p. 245 et 337; 1881, p. 206.

(2) Journal de Clunet, 1874, p. 40. Voy. aussi des décisions dans le
même sens, même Journal, 1882, p. 407. Étude de M. Salmeron,
ancien ministre de la Justice en Espagne.

voirs de famille, l'état, la condition et la capacité légale
des personnes. Le Code ne parle pas des étrangers résidant en Espagne, mais aucun doute ne peut s'élever à
cet égard, toutes ses dispositions indiquent clairement la
volonté d'appliquer aux étrangers leur loi nationale dans
la plus large mesure.

Le nouveau Code appartient, on le voit, à la même
famille que le Code italien, dont il s'est manifestement inspiré. Adoptant le principe de la personnalité des lois en ce
qu'il a de légitime, il marque un progrès dans le développement du droit international privé.

Toutefois l'unité de législation n'est pas réalisée ; le
fuero, ou droit local, subsiste dans toute son intégrité, et
le nouveau Code ne constitue une loi générale que dans
les cas non prévus par ces lois spéciales. Le titre du mariage est seul obligatoire dans toutes les provinces. C'est
là un sacrifice que le législateur a dû consentir à d'anciennes traditions, encore vivaces dans certaines contrées.
Les conflits qui pourront naître de la coexistence de ces
diverses lois sur un même territoire sont résolus par les
mêmes principes qui servent à la solution des conflits entre
la loi espagnole et les lois étrangères (1). Heureusement
l'art. 15 tend à restreindre le nombre des personnes soumises aux *fueros*, en permettant, sous certaines conditions,
de se soumettre au droit commun, sans reconnaître à ceux
qu'il régit la faculté de l'abdiquer (2).

---

(1) Il n'y a qu'une exception pour la Biscaye où l'on suit le droit
commun dans les villes et le droit provincial dans les campagnes. Le
§ 3 de l'art. 10 dispose que : « Les habitants de la Biscaye, même
résidant dans les villes, seront soumis à la loi 15, titre 20 du *Fuero*
de Biscaye pour les biens qu'ils possèdent dans la campagne. »

(2) *Droit int. privé dans le nouveau Code Civil espagnol*, AUDINET,

En conséquence des règles posées par le Code espagnol, des époux français domiciliés en Espagne pourront se faire donation entre vifs et révocable d'immeubles sis en Espagne ; la donation de biens à venir sera également valable. D'autre part, pour apprécier, en pays étranger, la capacité des conjoints espagnols, on devra se référer au droit qui régit la province d'origine du mari. Il pourra ainsi arriver que les époux soient soumis à un droit local qui permette la donation entre époux ; tel le *fuero* de Navarre qui autorise le don mutuel.

Canton de Zurich. — Aux termes des art. 3 et 4 du Code de Zurich, les relations de famille des personnes étrangères au canton, mais y demeurant, sont régies par la loi de l'État auquel elles appartiennent en tant que cette loi le prescrit (1). Il en est de même en matière de succession. Le droit civil zurichois s'applique à tous ceux qui demeurent dans le canton, ou qui y séjournent, ou qui y estent en justice, et à toutes les relations privées qui sortissent effet dans le canton, *en tant que, dans un cas donné, la nature spéciale de la relation juridique n'exige pas l'application d'un droit étranger sur le territoire zurichois ou l'extension du droit zuricois sur un territoire étranger* (art. 1er). Il en résulte que la capacité des époux étrangers de se faire des donations de biens mobiliers ou

Journal de Clunet, 91, p. 1106 et suiv. M. Torres-Campos, traduction Périé, *Revue prat. de Dr. int. privé*, 92, p. 45 et suiv., C. C. espagnol, trad. Levé.

(1) Comp. *Affaire Forgo*, Sirey, 1882, 1, 394. Labbé, *Dissertation sur le conflit entre la loi nationale du Juge saisi et une loi étrangère relativement à la détermination de la loi applicable à la cause.* Journal de Clunet, 1885, p. 5 et suiv.

immobiliers sis dans le canton est régie par leur loi nationale, car la nature spéciale de la relation juridique
exige l'application de la loi étrangère (1). Tels étaient les
principes du droit zurichois (il faut en dire autant de celui
des Grisons). Mais la loi fédérale du 25 juin 1891 sur les
rapports de droit civil des citoyens établis ou en séjour,
ayant réglé le conflit des lois suisses entre elles et aussi
avec les législations étrangères, c'est à cette loi qu'il faut
se reporter pour trouver la solution des questions de droit
international sur tout le territoire helvétique. (Voy. *infra*,
p. 345 et suiv.)

Portugal. — Le Code portugais contient une disposition semblable à celle de l'art. 1325 du Code espagnol : si
le mariage est contracté en pays étranger, entre un Portugais et une étrangère ou entre un étranger et une Portugaise, en l'absence de stipulation relative au régime des
biens, les époux seront réputés mariés conformément au
droit commun du pays du mari, sans préjudice des dispositions du Code relatives aux immeubles (art. 1107).

Le sens de cet article est assez obscur dans sa partie
finale. Signifie-t-il qu'à l'égard des immeubles sis en Portugal, ce sera la loi portugaise qui déterminera le régime
matrimonial ? ou simplement que la loi du pays est seule
compétente pour décider quels sont les droits qui peuvent
grever ces biens ? La première explication paraît plus
simple, mais la seconde est plus conforme à la nature des
choses et à l'autonomie de la volonté des parties consa-

______

(1) C. C. de Zurich, traduction et notes par Ernest Lehr, Voy. art.
1, 3, 4, 5, 428, 429, 600, 601, 615, 1054, etc. C. C. GRISONS, trad. de
la Grasserie, art. 1, 48, 370, 511, etc.

crée par le législateur. Cette difficulté ne se présente pas
pour l'art. 1325 du Code espagnol, qui reproduit la même
restriction; car ce Code, postérieur de 22 ans, répudie nettement la doctrine des réalistes, lorsque la nature de la
relation juridique exige l'application d'une loi étrangère.
Quoiqu'il en soit, l'art. 27 du Code de Portugal fait dépendre de leur loi nationale l'état et la capacité civile des
étrangers ; et ce principe est si absolu qu'on n'a pas voulu
le faire fléchir devant des considérations d'utilité commerciale, notamment en matière de lettres de change (1).

Grand duché de Bade. — Saxe. — En Saxe et dans le
Grand duché de Bade, la loi personnelle des parties est
leur loi nationale. C'est aussi cette même loi qui régit la
succession (2). Il s'ensuit qu'elle doit également s'appliquer
aux donations entre époux.

Serbie. — On ne peut douter qu'en Serbie, la loi applicable ne soit la loi nationale des parties. De la convention
consulaire passée entre ce pays et l'Allemagne, il résulte
que le droit à la succession, de même que le partage des
biens laissés par le défunt, doit être régi d'après les lois
de son pays (3). Il faut en conclure *a fortiori* que la donation est régie par la loi nationale du disposant.

(1) Voy. E. Lehr, Journal de Clunet, 1888, p. 352 à 354., *Code Civil
portugais*, traduction Lepelletier.

(2) Voy. *infra*, p. 340.

(3) Journal de Clunet, 1884, p. 28. *Étude* de M. Paulowitch, prési
dent de la Cour d'appel de Belgrade.

DEUXIÈME GROUPE.

Font partie de ce groupe les législations et les jurisprudences qui appliquent la loi du domicile au temps du contrat.

Allemagne. — Les jurisconsultes allemands, qui, sous l'influence du droit romain, se sont prononcés depuis plus d'un siècle pour la personnalité du statut successoral, sont unanimes à faire régir les donations entre époux par la loi du domicile au temps de la donation (1).

Savigny écrit à ce propos : « Les lois qui restreignent la libéralité d'un époux envers l'autre demandent une mention particulière, et notamment la prohibition du droit romain qui interdit toute donation entre époux. En cette matière, on applique la loi du domicile, non du domicile primitif, mais de celui existant à l'époque où intervient la libéralité. Le motif de cette décision, contraire aux principes établis plus haut (2), est que les lois de cette espèce ayant pour but de maintenir la pureté des mœurs dans le mariage, sont, par là-même, rigoureusement obligatoires. Si l'on compare ce cas à celui traité précédemment, on ne saurait prétendre que

(1) Roth, *Deutsches Privatrecht*, § 51, II, 1, f. Unger, § 23, 127 ; Stobbe, § 34 ; Bar, *op. cit.*, § 97.

(2) Dans le numéro précédent, Savigny se prononce pour la doctrine qui admet que le droit local du premier domicile régit les biens des époux pendant toute la durée de l'association conjugale et qu'il ne peut être changé par le choix d'un domicile nouveau.

des époux qui se marient dans un pays de droit romain, et qui, plus tard, transportent ailleurs leur domicile, sont convenus tacitement que jamais ils ne pourraient se faire de donations valables. Cette prohibition est une pure restriction de la liberté que les époux doivent subir, et non une institution à laquelle ils se soumettent volontairement par le fait de leur mariage.

D'un autre côté, on ne doit pas admettre que les lois dont il s'agit s'appliquent à tous les immeubles situés dans le pays, mais possédés par des époux qui habitent un pays où cette restriction de la liberté n'existe pas (1). En effet, le but de ces lois n'est pas de protéger les biens contre un dommage que pourrait leur occasionner une donation entre époux, mais, on l'a déjà dit, de maintenir la pureté des mœurs dans le mariage.

Ainsi donc le législateur dispose pour les époux soumis à ses lois, sans égard à la situation de leurs biens (2).

Dans un autre passage il développe la même idée (3).

---

(1) Ici se trouve une note ainsi conçue : Telle est l'opinion de RODENBURGH, tit. 2, C., 5, § 1 ; de J. VOET, *in Pand.*, XXIV, 1, § 19 ; de MEIER, p. 44. Phillimore (485, p. 342) et Wharton (202) expliquent que Savigny partage l'opinion des auteurs précités *(is of opinion with)*, ce qui nous paraît être le contraire de la pensée de l'auteur allemand. A notre avis, Savigny note que la doctrine qu'il combat a pour défenseurs Rodenburgh et Voet ; car si sa pensée est telle que la traduisent Phillimore et Wharton, il aurait commis une erreur. Il suffit de se reporter aux passages indiqués des deux statutaires hollandais pour se convaincre qu'ils sont des réalistes absolus, partisans de l'application de la *lex situs* aux donations entre époux, opinion qui est du reste en parfaite harmonie avec toute leur doctrine. V. *supra*, p. 48, 49.

(2) *Traité de Droit romain*, trad. GUENOUX, t. 8, 379, 4. p. 330 et s.

(3) *Op. cit.*, § 399, p. 514, 515 de la traduction.

Cependant la loi du domicile, que Savigny présentait comme une opinion universellement admise, perd chaque jour du terrain. Dans le grand duché de Bade, c'est la loi nationale qui est la loi personnelle des parties ; le tribunal de Carlsruhe a rendu plusieurs décisions d'après lesquelles la succession d'un étranger doit être régie par sa loi nationale (1). Il en est de même en Saxe où le Code de 1863, le plus récent des Codes allemands, pose nettement le principe : « La capacité juridique d'une personne doit être appréciée d'après les lois du pays dont elle est le ressortissant » (art. 7) (2).

Les auteurs les plus considérables s'engagent dans cette voie. M. Mommsen insiste avec énergie pour que le Code civil projeté pour l'Empire allemand tienne compte désormais non plus du domicile, mais de la nationalité, lorsqu'il s'agit de régler l'état des personnes et les relations de famille (3). M. de Bar se prononce dans le même sens pour tous les cas où il ne s'agit pas simplement d'interpréter la volonté des parties. Le professeur de Göttingen demande ce remplacement, même dans les États fédératifs où coexistent deux ou plusieurs nationalités distinctes, comme l'Allemagne, où l'on trouve, outre la nationalité d'empire commune à tous les sujets allemands, une nationalité d'État, propre aux citoyens de la Prusse, de la Bavière, etc. (4).

(1) 27 janvier 1880 ; 10 février 1881 ; *Rev. de Dr. int. privé*, 1886 p. 465.

(2) L'art. 8 fait une réserve : Toutefois elle l'est d'après la loi saxonne, lorsqu'il s'agit d'une obligation découlant pour l'étranger d'un acte accompli en Saxe.

(3) *Archiv. fur die civil Praxis*, LXI, p. 152 et suiv.

(4) Journal de Clunet, 1888, p. 441.

Enfin, à la question suivante : Dans quels cas de conflit du droit international privé y a-t-il lieu de préférer la loi de la nationalité à celle du domicile? le congrès des juris-consultes allemands réuni à Wiesbaden pour sa dix-huitième session, a répondu : Dans les matières de capa-cité et d'état, des droits de famille et de succession (1).

République argentine. — Nous avons vu que la loi argentine n'admet pas la liberté des conventions matri-moniales.

Cependant, le contrat de mariage fait en pays étranger régit les biens des époux, même après changement de domicile et possession de domicile dans la République (art. 1220). Le législateur, qui enchaîne si étroitement la liberté de ceux qui contractent mariage sur son territoire, se montre ici respectueux de la volonté des parties et considère avec raison qu'un contrat fait pour régir les biens du mariage ne peut avoir une durée moindre que le mariage lui-même.

Les biens immeubles sont exclusivement régis par les lois du pays quant à leur qualité, aux modes de transmis-sion et aux solennités qui doivent accompagner ces actes; les meubles qui ont une situation permanente sont régis par les lois des lieux où ils se trouvent. Mais cette règle ne s'applique pas à la capacité des parties qui dépend de la loi du domicile. L'art. 6 dispose en effet que la capa-cité ou l'incapacité des personnes, nationales ou étran-gères, domiciliées sur le territoire de la République, dépend de la loi argentine, alors même qu'il s'agit d'actes exécutoires ou de biens existant en pays étranger, et l'art. 7

(1) Journal de Clunet, 1886, p. 629.

contient une disposition analogue pour les personnes domiciliées hors du territoire de la République.

C'est la même loi du domicile qui régit le droit de succession au patrimoine du défunt. Par cet exposé, on voit que le Code argentin s'est appliqué à résoudre les conflits de lois qui résultent de la présence sur son sol d'une foule d'étrangers d'origine et de nationalité différentes.

En soumettant à une loi unique la capacité des contractants ainsi que la transmission de l'hérédité, il a facilité la tâche du juge et rendu aisée la solution des conflits; mais, par la préférence accordée à la loi du domicile sur la loi nationale, il marque un recul sur les idées en honneur à notre époque (1).

Autriche. — Les étrangers sont admis à transmettre et à succéder *ab intestat*, ainsi qu'à disposer et à recevoir par donation ou par testament, à la condition que les mêmes droits soient accordés aux Autrichiens dans le pays de l'étranger. Quant à la dévolution de l'hérédité, elle se fait d'après la loi nationale du défunt pour les meubles, et d'après la loi de la situation pour les immeubles; anomalie d'autant plus inexplicable que l'art. 531 du Code dispose que la succession d'une personne décédée se compose de l'ensemble de ses droits et obligations autres que ceux qui s'attachaient exclusivement à sa personne.

Cependant, la succesion aux meubles est régie par le droit autrichien lorsque le *de cujus* a eu son domicile en Autriche et que toutes les personnes intéressées se sont soumises aux lois autrichiennes (2).

(1) *Codigo Civil de la Republica Argentina*, Buenos-Aires, 1884.

(2) *Revue de dr. int.*, 1875, p. 403. Loi autrich. du 9 août 1854.

En ce qui concerne la capacité, le paragraphe 4 du Code dispose que les citoyens demeurent soumis aux lois civiles pour les actes et affaires entrepris hors du territoire de l'Etat, en tant que ces lois restreignent leur capacité personnelle de contracter et que ces mêmes actes ou affaires doivent également produire des effets légaux en Autriche-Hongrie.

La capacité personnelle des étrangers pour les actes de la vie civile dépend, en général, du droit en vigueur au lieu du domicile ou de la loi nationale à défaut d'un domicile réel.

De ces deux textes il résulte que c'est seulement dans le cas où les actes doivent sortir effet en Autriche, que l'Autrichien est régi par sa loi nationale quant à sa capacité de contracter en pays étranger. La capacité de l'étranger dépend non de sa loi nationale, mais de celle de son domicile ; c'est là une contradiction dont on n'aperçoit pas bien le motif (1).

D'après les principes, il est permis de croire que la jurisprudence appliquerait aux donations entre époux étrangers la loi du domicile, qu'il s'agisse de meubles ou d'immeubles.

Confédération helvétique.— Une loi fédérale du 25 juin 1891 « sur les rapports de droit civil des citoyens établis ou en séjour » règle le conflit des lois suisses entre elles et aussi avec les législations étrangères (2). Chose digne

---

(1) Voy. St.ERK. Journal de Clunet, 1880, p. 329 et suiv.

(2) Notice et notes par M. LAINÉ, *Annuaire de législ. étrang.*, 1892, p. 664 et suiv. Cette loi issue d'une transaction entre les partisans de la loi du canton originaire et ceux de la loi du domicile n'embrasse qu'un certain nombre de rapports de droit civil.

de remarque, le principe du domicile, qui perd tous les jours du terrain et semble devoir s'effacer dans l'avenir devant celui de la nationalité, obtient la prépondérance dans la loi nouvelle. Cette dérogation aux idées qui prévalent en droit international privé s'explique dans un pays où les habitants, bien qu'appartenant à des cantons divers, sont unis par un lien national supérieur. L'immense circulation qui se fait de canton à canton aurait rendu nécessaire l'unification du droit, déjà accomplie pour plusieurs matières, mais les esprits n'y étant pas entièrement préparés, on s'est arrêté à la règle qui a paru répondre le mieux aux nécessités de la pratique. L'art. premier est ainsi conçu : « Les dispositions en vigueur dans un canton sur le droit des personnnes, le droit de famille et le droit successoral sont applicables aux Suisses établis ou en séjour, originaires d'autres cantons, dans les limites fixées par la présente loi ».

Les effets du mariage, quant aux biens des époux, sont déterminés par la loi du domicile du mari au moment du mariage. En cas de changement de domicile, le régime matrimonial, tel qu'il a été constitué, est maintenu dans les rapports des époux entre eux, sauf le droit qui leur est reconnu d'adopter, avec l'assentiment de l'autorité compétente, la législation du nouveau domicile ; dans les rapports des époux avec les tiers, la loi du nouveau domicile s'impose, réserve faite des droits acquis (1).

La succession est régie par la loi du dernier domicile du

(1) Dans une étude sur la Loi fédérale de 1891 *(Bulletin de la Société de législation comparée,* 1894, p. 128 et suiv.), M. Lainé fait ressortir le caractère fâcheux de cette distinction entre les rapports des époux entre eux et leurs rapports avec les tiers On a séparé ce qui est indivisible et mutilé le principe de l'immutabilité du régime matri-

défunt. Toutefois, on peut, par une disposition de dernière volonté ou un pacte successoral, soumettre sa succession à la législation du canton d'origine (1). Les pactes successoraux sont régis, quant au fond, par le droit du premier domicile conjugal lorsqu'ils ont été conclus entre fiancés et, dans tous les autres cas, par le droit du lieu où le défunt était domicilié lors de la conclusion du pacte. En ce qui concerne la réserve, les donations entre vifs ou à cause de mort et les pactes sont soumis à la législation qui régit la succession du disposant.

Quant aux Suisses domiciliés à l'étranger, la nouvelle loi les soumet au droit du canton originaire, en tant que le droit étranger ne s'applique pas (2).

Les étrangers domiciliés en Suisse, sont régis par les mêmes principes.

En résumé, s'il s'agit d'époux suisses domiciliés sur le territoire de la Confédération, la loi applicable, quant à la capacité, aux donations, testaments, pactes successoraux, est celle de leur domicile au moment de l'acte ; il importe seulement de noter que la loi du dernier domicile

monial ; l'avenir montrera que la sécurité des époux qui devrait être le but essentiel de la loi a été sacrifiée à l'intérêt des tiers. Comp. sur le régime matrimonial, SAVIGNY, *op. cit,*, § 379 ; ROTH, § 51, II, 1. f. *in fine.* — WEISS, *op. cit.*, 2e édition, p. 517 avec les autorités citées à la note 2. — FIORE, *Diritto internazionale privato*, 1889, volume II, p. 130 et suiv.

(1) Ici la loi n'est plus impérative, elle s'efface devant une volonté contraire. C'est un succès considérable remporté par les partisans de la loi du canton originaire.

(2) Le législateur suisse, ne pouvant en effet prescrire au législateur étranger l'application de la loi suisse, a dû se borner à déclarer quel est le droit cantonal applicable lorsque la loi étrangère est écartée. Mais, revenant au principe de nationalité, il réserve à juste titre le droit du canton originaire pour les immeubles situés en Suisse.

du *de cujus* ou celle du canton d'origine, s'il y a une volonté exprimée, règlera le sort de ces actes au point de vue de la quotité disponible. Si les conjoints suisses sont domiciliés à l'étranger, la loi étrangère une fois écartée, ils sont pour ces mêmes actes régis par le droit du canton originaire, et quant à la capacité et quant à la quotité.

Enfin les conjoints étrangers domiciliés en Suisse, la loi cantonale suisse une fois écartée, sont régis par leur droit national. Le tout sans préjudice des dispositions spéciales des traités internationaux (1).

TROISIÈME GROUPE.

A ce groupe appartiennent les États où la jurisprudence, s'appuyant sur la tradition, distingue entre les meubles

---

(1) Voy. *Traité Franco-Suisse* du 15 juin 1869. La loi fédérale du 22 juin 1881 fait dépendre la capacité civile des étrangers de leur loi nationale. Toutefois l'étranger qui, d'après le droit suisse, posséderait la capacité civile, s'oblige valablement par les engagements qu'il contracte en Suisse, lors même que cette capacité ne lui appartiendrait pas d'après le droit de son pays. Cette dérogation au principe, admise seulement en matière de contrats onéreux peut être expliquée par les nécessités du commerce, elle n'en est pas moins fâcheuse. Consulter sur tous ces points, M. Lainé, *op. cit.*, qui expose les motifs étranges invoqués par les rapporteurs à l'appui de la loi du domicile considérée non point comme loi personnelle, mais comme loi territoriale. Si des raisons d'utilité pratique ont pu amener le législateur suisse à soumettre à la loi du domicile le règlement des conflits entre les diverses lois cantonales, on n'aperçoit pas de motifs suffisants pour expliquer l'extension de ce principe au droit international. La portée de la loi est heureusement bien restreinte pour les étrangers, et par les dérogations à la règle qu'elle contient, et par les conventions conclues avec d'autres puissances.

auxquels elle applique la loi du domicile ou la loi du lieu du contrat et les immeubles soumis à la loi de la situation.

Belgique. — La jurisprudence belge applique en général la *lex rei sitœ* à la transmission des immeubles (1).

Dans le projet de revision présenté par M. Laurent, la condition des étrangers était réglée par la disposition suivante : « Les rapports de famille et les droits qui en résultent sont régis par la loi du pays auquel les personnes appartiennent. Les successions déférées par la loi ou par la volonté de l'homme dépendent du statut personnel du défunt. »

L'art. 6 de l'avant-projet de la Commission (2) est ainsi conçu : « Les successions sont réglées d'après la loi nationale du défunt. La substance et les effets des donations et des testaments sont régis par la loi nationale du disposant. L'application de la loi nationale du défunt ou du disposant a lieu quels que soient la nature des biens et le pays où ils se trouvent. »

(1) M. Haus (*Droit privé des étrangers en Belgique*, n° 131) enseigne que les immeubles situés en Belgique sont soumis à la loi belge, même en ce qui regarde la capacité du testateur. Pour lui (n° 49), l'art. 3, alinéa 2 du C. C., est général et ne distingue pas ; dès que la capacité porte sur des immeubles, on doit suivre la loi territoriale pour la capacité générale comme pour la capacité spéciale. Il faut noter que cette doctrine ne prévaut pas absolument dans la jurisprudence belge. Par arrêt du 18 juin 1874 (*Pasicrisie*, 1874, p. 301) la Cour de Liège a déclaré nul, comme fait en violation de son statut personnel, le testament olographe par lequel un Hollandais avait disposé de biens situés en Belgique. V. *supra*, p. 176, note 1. Journal de Clunet, 1881, p. 487.

(2) Voy. *supra*, Belgique, au droit interne.

Il faut espérer que le législateur belge sanctionnera ce texte qui consacre la personnalité du statut successoral.

Russie. — En Russie, les étrangers sont, en général, traités sur le même pied que les nationaux (1).

En vertu du principe de territorialité qui domine dans ce pays, une donation d'immeubles entre époux étrangers serait régie par la loi de la situation (2).

Grande-Bretagne. — Le principe de la *common law* étant essentiellement féodal, le droit anglais n'admet que dans une faible mesure l'application d'une loi étrangère sur son territoire ; il pousse même le réalisme jusqu'à localiser le droit dans les diverses parties d'une même souveraineté. Il paraît surprenant qu'une nation qui s'enorgueillit à juste titre de sa puissance commerciale, suive, en plein dix-neuvième siècle, des principes qui remontent à l'époque de la conquête normande. Cette anomalie s'explique par un culte quelque peu exagéré des formes traditionnelles joint à un certain exclusivisme national (3). On connaît la fière réponse du Parlement de Merton aux évêques qui lui demandaient d'admettre la

(1) Un ukase de 1887 leur enlève le droit d'acquérir, dans les dix gouvernements de Pologne, des droits de propriété ou de jouissance sur des immeubles situés en dehors des ports et des villes.

(2) MARTENS, *Droit international*, 2, p. 455.

(3) « La possession de la terre impose des devoirs sociaux qui ne peuvent être remplis que par des nationaux. » (Déposition de Lord Ashburton à la Commission d'enquête de 1843). Voy. M. BERTRAND, *Bulletin de la Société de législation comparée*, février 72, p. 71 et suiv.

règle de droit civil et de droit canon d'après laquelle
l'enfant né avant le mariage est légitimé par le mariage
subséquent de ses père et mère : « Les comtes et les
barons ne veulent pas changer les lois d'Angleterre en
usage jusqu'à ce jour ».

Avec des idées aussi arrêtées, on comprend que les
règles de la féodalité se soient conservées dans les institutions d'un pays, longtemps après la disparition du régime
qui les avait engendrées.

Aussi jusqu'à une époque récente, l'étranger était-il considéré comme un être sans droit contre lequel il paraissait
légitime de répéter le cri de guerre antique. Il ne s'agissait pas seulement d'exercer le droit d'aubaine après sa
mort ; de son vivant même, il était frappé de l'incapacité
absolue de posséder une parcelle du sol britannique et, s'il
avait réussi à déjouer la prohibition de la loi, l'immeuble était confisqué au détriment de ses enfants, même nés
en Angleterre et par conséquent sujets anglais.

Les coutumiers anglais expliquent ces rigueurs par ce
fait que toutes les terres relèvent de la couronne et que,
l'étranger vivant en dehors de son allégeance, ne peut
lui être uni par les liens de la hiérarchie féodale. A vrai
dire, la suzeraineté royale était, par la suite des temps,
devenue une simple fiction, mais cette fiction n'en constituait pas moins le fondement de la propriété et des institutions anglaises (1). Ce droit exceptionnel était heureusement tempéré par la *denization*, sorte d'admission à
domicile qui s'accordait assez facilement et qui avait pour
but de relever l'étranger des incapacités portées contre
lui. Sa condition, améliorée par l'acte de 1844, a été, par

____

(1) BLACKSTONE, *Commentaries*, t. 1, p. 370, 372.

celui du 12 mai 1870 (St. 33, Vict. Ch. 14) (1), assimilée
à celle des sujets britanniques pour tout ce qui concerne
la possession, la jouissance, l'acquisition ou la transmission par les modes légaux de la propriété mobilière ou
immobilière. Mais le vieux principe de la *common law*
continue à s'appliquer à l'étranger citoyen d'un pays en-
nemi de l'Angleterre. Il faut dire cependant qu'en fait, ce
vestige des idées barbares est limité aux biens apportés
dans le royaume après la déclaration de guerre et sans
sauf-conduit (2). Quant aux meubles, le droit de les acquérir et d'en disposer avait été reconnu depuis longtemps aux étrangers (3).

Ces préliminaires nous mettent en mesure de comprendre l'esprit dans lequel les auteurs anglais acceptent l'application d'une loi étrangère sur leur territoire. A l'exemple des statutaires hollandais, ils proclament la territorialité absolue; la loi étrangère ne peut être admise
qu'exceptionnellement, par bienveillance et courtoisie,
par convenance mutuelle (4). Donner pour fondement au

(1) Voy. le texte dans PHILLIMORE, *International law*, t. 1, p. 546
et suiv., t. 4, p. 265 et suiv.

(2) BLACKSTONE, *Comm.*, édit. fr., III, 351.

(3) BLACKSTONE, *Comm.*, éd. f. II,-p. 67.

(4) Voy. HARRISSON, *Le droit int. privé ou le conflit des lois au
point de vue historique, particulièrement en Angleterre*, Journal
de Clunet, 1880, p. 417 et suiv. Il faut dire cependant que la doctrine
de la courtoisie a été vivement attaquée par Lord Brougham. (STORY,
Conflict of lavs, p. 321, note), par LAWRENCE (*Comment. sur Wheaton*, 3, p. 56 à 66), même par WESTLAKE. (Voy. LAWRENCE, *op.* et *loc.
cit.*). Un des plus récents auteurs anglais, Phillimore, bien qu'il intitule
Comity, son livre sur le droit international privé, sans doute par
respect pour la tradition anglo-américaine, déclare formellement
qu'il ne s'agit pas de savoir, dans la question du statut de minorité,

droit international la courtoisie, c'est-à-dire une chose essentiellement contingente et variable, qui dépend de l'intérêt de chaque Etat, et même, dans chaque cause, de l'intérêt des nationaux, c'est en réalité le nier. Aussi nous allons voir dans la jurisprudence anglo-américaine (1), les conséquences déplorables de cette doctrine utilitaire.

La jurisprudence maintient le principe suranné de la common law en vertu duquel la propriété immobilière (*land or real property*) est exclusivement régie par la loi de la situation des biens, non seulement en ce qui concerne les droits des parties, les modes de transmission et les formalités qui les accompagnent, mais encore quant à la capacité d'aliéner ou d'acquérir. Ainsi cette capacité, pour les biens-fonds, dépend absolument des règles ordinaires du droit anglais, sans aucun égard à la loi du domicile du propriétaire (2). La *lex sitûs* a été, en cette matière, appliquée dans des circonstances telles, qu'à voir ce réalisme outré, on peut se demander si la féodalité n'existe pas encore en Angleterre. Un enfant né en Écosse avait été,

ce que demande la convenance d'un Etat particulier, mais bien ce que réclame la Justice universelle, *Op. cit.*, p. 260, nº 383. Voy. aussi nᵛ 4 à 11, p. 5 et suiv.

(1) Voy. plus loin. Le droit américain est basé comme le droit anglais sur la *common law*.

(2) Story rapporte ainsi les paroles du lord-chief Justice Abbott : « La propriété immobilière n'a jamais été soumise à la loi du domicile, il n'existe pas dans les archives de Westminster-Hall, une seule décision qui permette d'étendre au sol un principe qui ne régit que la personne. Puisqu'il ne se trouve aucune autorité qui puisse autoriser de soumettre la succession immobilière à la loi du domicile, il faut décider avec certitude que la loi de la situation doit être appliquée. » *Conflict of laws*, 8ᵉ édit., § 434, p. 606.

suivant la législation du pays, légitimé par le mariage subséquent de ses père et mère ; il n'en fut pas moins déclaré
incapable de succéder aux biens-fonds laissés par son père
en Angleterre. Le lord-chief Baron nous en donne la
raison : Nous considérons comme une règle de la loi anglaise en ce qui concerne la transmission des biens-fonds
en Angleterre de père en fils, que le fils doit être né après
le mariage effectif de ses père et mère, que cette règle est
positivi juris, comme le sont toutes les lois qui régissent
la transmission des biens-fonds. Cette règle particulière
ayant été établie dans le but exprès d'exclure de la
succession des biens-fonds l'application de la règle du
droit civil et du droit canon en vertu de laquelle le
mariage subséquent des père et mère est considéré
comme légitimant l'enfant né antérieurement au mariage et que cette règle de descendance étant une règle
de droit positif attachée au sol lui-même, on ne saurait
permettre qu'elle fût attaquée ou détournée par la loi du
pays de naissance du plaignant, laquelle peut être admise
à régler son statut personnel, quant à sa légitimité,
sur la base d'une *comitas* supposée des nations (1). »
La justice exigerait que l'enfant déclaré légitime par
les lois de son pays soit légitime partout, mais du
moment que c'est une affaire de courtoisie, on peut
écarter la loi étrangère pour donner la prédominance à la
lex situs.

En ce qui concerne les meubles, la jurisprudence anglaise applique à leur dévolution la loi du domicile du

____

(1) Clark and Finnely's. *Reports*, vol. II, p. 574 ; ibid., vol. VII,
p. 20 ; *Birthwhistle, C. Vardëll.* Voy. STORY, § 93, p. 125, et
LAWRENCE, p. 80, 84.

propriétaire (1). La capacité de les aliéner dépend aussi en principe de la même loi. Il suit de là que la capacité d'une personne domiciliée en Angleterre de faire une donation ou une vente de meubles, doit, en principe, être réglée par la loi anglaise, quel que soit le pays où se trouvent les biens au moment où le rapport juridique s'est établi. La loi française régirait également la capacité de toute personne domiciliée en France, même celle d'un Anglais, à l'égard d'une donation ou d'une vente de meubles situés en Angleterre. Mais cette règle rationnelle (2) est constamment éludée par les tribunaux anglo-américains ; elle ne doit donc être accueillie qu'avec les plus grandes réserves. En premier lieu, les tribunaux font dépendre souvent la validité de l'acte, même en ce qui concerne la capacité des contractants, de la *lex loci contractus*, de la loi du lieu où la convention est intervenue. Ainsi un mineur domicilié en Angleterre, fait en France une vente ou une donation de biens meubles situés en Angleterre. Il se peut que sa capacité d'aliéner soit jugée d'après la loi française. En second lieu, il est possible qu'un titre d'acquisition de biens mobiliers valable d'après la *lex situs*, soit considéré comme

---

(1) Lord Campbell en cause d'*advocate general c.* Thomson. *Vie de sir Leonine Jenkins*, t. 2, p. 785. Lord Hadwick en c. de *Pipon c. Pipon*. (*Pip. c. Pip.* 1744, Ambler. p. 25). — Burge, *Comment. on colonial and foreign laws*, I, 28, II, 19, 28, 622, III, 752, 906 ; IV, 156, 159 et suiv. — Phillimore, IV, n⁰ˢ 875, 877, p. 686, 687. — Westlake, *Private international law*, § 158. — Dicey et Stocquart, *Le statut personnel anglais ou la loi du domicile envisagée comme branche du droit anglais*, III, p. 262 et suiv.

(2) C. à dire conforme aux principes des législations qui font régir l'état et la capacité des personnes par la loi de leur domicile. Quant au principe en lui-même, nous ne le trouvons guère satisfaisant.

valable en Angleterre, alors même que, d'après la loi de son domicile, le donateur, ou le vendeur, serait incapable de faire pareille aliénation. Ainsi, un mineur domicilié en Angleterre fait donation en France des meubles qu'il a dans ce pays en satisfaisant aux conditions exigées par la loi française pour conférer au donataire un titre valable d'acquisition. Il est probable qu'en Angleterre on tiendra le titre pour valable, quoique, d'après la loi anglaise, ce mineur soit incapable de donner (1).

Les tribunaux anglais reconnaissent donc l'existence de l'état créé en vertu de la loi du domicile personnel, mais ils n'admettent pas nécessairemement les effets juridiques qui découlent d'un semblable état. Ainsi on rend hommage au principe directeur en matière de statut personnel, mais on se réserve d'appliquer telle autre loi, soit celle du lieu du contrat, soit celle de la situation, quand on le juge à propos. C'est méconnaître le droit que de lui substituer ainsi l'arbitraire du juge. Voilà où conduit la doctrine de la courtoisie ; on peut en prendre à son aise avec elle, tandis que l'idée de justice s'impose partout, en tout temps et en tout lieu.

De ce qui précède, il résulte que des époux domiciliés en Écosse pourront se donner des immeubles situés en Angleterre, et cette donation sera irrévocable, bien que la loi écossaise ne permette, comme la loi française, que des libéralités révocables entre conjoints (2).

____

(1) C'est là une simple hypothèse d'école pour la donation entre vifs, car en France comme en Angleterre, la majorité est fixée à 21 ans. Mais si la minorité dure dans un pays jusqu'à 25 ans, il est possible qu'un tribunal anglais déclare valable la donation faite en Angleterre de meubles y situés par un mineur domicilié dans ce pays.

(2) Phillimore décide que les donations entre conjoints doivent être

En ce qui concerne les meubles, la capacité des époux sera régie tantôt par la loi de leur domicile, tantôt par celle du lieu du contrat, tantôt par celle de la situation. Mais en raison du réalisme qui domine dans la jurisprudence anglaise, il y a toute probabilité que la *lex situs* sera appliquée, lorsqu'elle sera favorable à la validité de la donation. D'autre part, les tribunaux anglais donneront effet au testament d'une personne qui aura disposé de la totalité de son avoir mobilier placé en Angleterre, alors

régies par la loi du domicile du mari ; c'est, dit-il, une matière qui dépend de l'état des personnes et qui doit, en conséquence, être gouvernée par la loi personnelle. Cette loi personnelle est celle du domicile marital au moment de la donation. Le jurisconsulte anglais rappelle la doctrine de Savigny sur ce sujet ; il dit que l'opinion de l'éminent auteur allemand concorde avec une décision de la Cour de Paris du 6 février 1856, qui a validé la donation faite à sa femme par un étranger domicilié en France, malgré la prohibition de la *lex rei sitæ* (*op. cit.*, nᵒˢ 484, 485. Voy. aussi DEMANGEAT, *Revue pratique de Dr. fr.*, 1856, t. I, p. 59, note 2). Nous croyons que l'excellent auteur anglais s'est trompé à la suite de M. Demangeat. La Cour de Paris n'a point validé la donation parce que les époux étaient domiciliés en France (il semble, du reste, qu'ils n'aient eu qu'un domicile de fait non reconnu par la jurisprudence), mais uniquement par ce motif, inadmissible suivant nous, que la donation révocable aux termes de l'art. 1096 du C. civil, peut être considérée comme rentrant par le fond, dans les dispositions testamentaires autorisées entre époux par le Code sarde ; qu'elle ne s'en écarte que par la forme et que la forme des actes est régie par la loi du lieu où ils sont faits. Au surplus les éléments de la cause permettent de penser que les biens étaient situés en France ; la *lex rei sitæ* aurait donc été la même que celle du domicile de fait. Il n'en serait autrement que si la succession ne contenait que des biens meubles placés fictivement au domicile d'origine du *de cujus* qui n'a pu acquérir en France un véritable domicile. Voy. Dalloz, P., 57, 1, 103. L'américain Wharton reproduit la note de M. Demangeat, § 202.

même que la loi du domicile confère un droit de réserve aux héritiers (1).

En résumé, la loi du domicile ne régit pleinement la capacité du donateur ou du testateur, qu'en matière de dévolution mobilière *ab intestat*.

Etats-Unis d'Amérique. — A la souveraineté fictive du roi d'Angleterre sur les terres de la grande République, a succédé la souveraineté de la nation. Les statuts revisés de l'État de New-York s'en expriment nettement. A la différence de la Grande-Bretagne, les incapacités féodales attachées à la condition d'étranger n'ont pas complètement disparu des États-Unis ; l'autonomie législative des différents Etats de la République a été un obstacle à la réforme complète de la *common law*.

Cette réforme, pleinement achevée dans les Etats du Maine, de Massachusetts, du New-Jersey, de l'Ohio, du Minnesota, du Michigan, du Wisconsin, du Kansas, du Nebraska, de la Géorgie, de l'Orégon, de l'Illinois, de la Floride, du Colorado, de la Colombie, du Rhode-Island, de la Louisiane (qui n'a jamais été soumise à la *common law*), est incomplète dans les autres Etats. Le New-York ne permet aux étrangers d'acquérir et de posséder des immeubles qu'autant qu'ils ont déclaré leur intention de devenir citoyens des Etats-Unis dans la forme requise pour la naturalisation (2). Enfin le Vermont, l'Alabama

____

(1) Asser, *Revue de Dr. int.*, t. VII, 1873, p. 393 et suiv.

(2) Cependant l'acte du 20 mars 1872 a amélioré la condition de l'étranger. Il décide que les immeubles appartenant ou échéant à une femme née aux Etats-Unis, ou qui en a été autrement citoyenne, passeront à sa mort, et, malgré son mariage avec un étranger et sa rési-

et la Caroline du Nord laissent subsister les anciennes incapacités contre tous ceux qui ne sont pas citoyens de l'Union ; le Missouri accorde à l'étranger un délai de trois ans pour disposer des immeubles qui lui adviendraient par succession ou testament (1).

La règle que les immeubles sont exclusivement régis par la *lex situs*, quant à la succession ou à l'aliénation, est appliquée par la jurisprudence des Etats-Unis, non seulement entre les Etats indépendants, mais aussi entre les différents Etats de l'Union américaine.

Quant aux meubles, la capacité de les transmettre ou de les aliéner dépend aussi en principe de la loi du domicile, mais, en fait, les juges américains appliquent le plus souvent la *lex loci contractus* et, quelquefois, la *lex situs*, en cas de vente ou donation (2).

Comme les auteurs anglais, les auteurs américains donnent la courtoisie pour base au droit international privé. La Cour de la Louisiane, dans un arrêt fameux, en a tiré cette conséquence que le juge doit appliquer le statut per-

dence à l'étranger, aux enfants légitimes issus de ce mariage et à leurs descendants, comme s'ils étaient citoyens natifs ou naturalisés des États-Unis.

(1) Lawrence, *Comment. sur Wheaton*, III, p. 89 et suiv. *Addenda*, p. 47¹.

(2) La validité d'une donation faite en Alabama pour avoir son effet en Louisiane doit se déterminer par la loi de ce dernier État. (Cour de la Louisiane 1859, *Tillmann c. Mosely*, 14, *Annual Reports* 710). Journal de Clunet, 1875, p. 41. Cependant la même cour a jugé que la capacité de la femme mariée d'hypothéquer ses biens fonciers pour cautionner une dette de son mari est déterminée par la loi du domicile conjugal. Journal de Clunet 1875, p. 315. Il faut avouer que ces décisions ne concordent guère.

sonnel de l'étranger, lorsqu'il est en harmonie avec l'intérêt des nationaux et le rejeter dans le cas contraire.

Cette décision, que Phillimore qualifie de monstrueuse, témoigne contre le principe d'ou elle découle. Story la combat parce que la loi positive ne donne pas au juge le droit de rendre deux décisions contradictoires sur la même matière. Le jurisconsulte américain observe qu'une pareille loi serait basée sur l'arbitraire et non sur les principes (1).

S'il faut en croire Wharton, le conflit n'a pas dû se poser devant la jurisprudence américaine en matière de donations entre époux. « La prohibition de la loi romaine, qui est, dit-il, une mesure de police locale, se retrouve dans les législations de plusieurs Etats européens et, par sa nature, elle doit être soumise à la loi du domicile des parties au moment de la donation. Les juristes (Bar, Savigny, Demangeat) qui insistent le plus sur le maintien de cette mesure, la considèrent cependant comme uniquement nationale ou locale ; ils sont d'accord pour ne pas l'étendre aux personnes qui résident accidentellement dans les limites d'un Etat, où une pareille loi n'est pas en vigueur. D'où l'on conclut que si un mari, domicilié à Vienne, où la donation entre époux est permise, donne à sa femme une terre sise en Hanovre, où existe la prohibition, la donation est valable. Comme cette question a fait l'objet de nombreuses discussions et que, *vraisemblablement (likely), elle se posera* en Amérique, par exemple si des maris allemands qui ont acquis un domicile chez nous font à leurs épouses donation de leurs immeubles sis en Allemagne, il peut être opportun

____

(1) WHARTON, *Conflict of laws*, § 114. — STORY, § 76. — PHILLIMORE, IV, 260.

d'examiner la question un peu plus à fond. Le principe actuel en Allemagne, semble décider que les lois restrictives de cette nature ne s'appliquent pas à la propriété immobilière des personnes domiciliées sur un territoire étranger, bien que les immeubles soient situés dans un Etat où existe cette restriction apportée au droit des époux (1). »

Monaco. — La jurisprudence monégasque donne au 2ª alinéa de l'article 3 du Code civil la même extension que la jurisprudence française (2).

Mexique. — Au Mexique, la jurisprudence paraît établir une distinction entre la capacité de disposer des meubles et celle de disposer des immeubles.

C'est ce qui résulte d'un arrêt rendu le 26 mars 1874 par le tribunal civil de Mexico (3) : « Considérant que l'opinion de ceux-mêmes qui ont voulu donner plus d'extension à la loi du domicile et du lieu des contrats, et restreindre les effets du statut réel, incline dans le sens de l'application de la *lex rei sitæ* aux immeubles ; que Calvo, même en tenant pour valable tout contrat, *donation* ou testament faits conformément aux lois du pays dans lequel ces actes interviennent, et bien qu'ils se rapportent à des biens immeubles, suppose toujours que les lois du lieu de la situation de ces biens, en autorisent l'aliénation entre vifs, ou par testament ; ce qui fait entendre que si ces lois s'y opposent, ce sont elles qui doivent être res-

_____

(1) § 202.

(2) De Rolland, Journal de Clunet, 1890, p. 237.

(3) Journal de Clunet 1874, p. 276 à 278.

pectées de préférence... ; qu'aux termes de l'art. 18 du Code civil de la Basse-Californie, si les contrats ou testaments qui ont lieu à l'étranger sont faits par un étranger et doivent être exécutés en Californie, celui qui fait l'acte sera libre de choisir la loi à laquelle il désire se soumettre pour les conditions extrinsèqués de cet acte, mais seulement en ce qui touche les biens meubles, etc... »

CONCLUSION

Nous avons exposé les systèmes des diverses législations en matière de donations entre époux ; il ne nous reste plus qu'à formuler la conclusion qui découle de cette étude. On peut hardiment l'affirmer, aucun sujet ne se rattache plus à la loi personnelle. De la façon dont le législateur concevra les rapports des époux entre eux, sortira la règle applicable aux libéralités entre-vifs qu'ils seront autorisés à se faire. Veut-il couper court à des marchandages blessants pour la dignité du mariage ou empêcher l'époux faible d'esprit ou débonnaire de se dépouiller au profit de son conjoint ? Il édictera une prohibition complète ; souvent pour ne point encourir le reproche de restreindre la liberté naturelle qu'a tout homme de disposer de son bien, il se bornera à laisser au repentir le moyen d'être efficace. Si, au contraire, aucun de ces sentiments ne le préoccupe, soit qu'il se repose entièrement sur le bon sens et l'esprit de modération des conjoints, soit que la vénalité dans l'amour conjugal lui paraisse trop peu fréquente pour motiver une mesure d'exception, ou bien encore que l'intérêt national commande de ne rien faire qui puisse diminuer le nombre des mariages, les époux seront considérés comme personnes étrangères l'une à l'autre et leurs donations suivront la loi commune. Que ce soit la loi personnelle qui seule doive être appelée à régler la possibilité des

donations durant le mariage, c'est ce qui résulte de toute
évidence des considérations déjà développées. Quelle
qualité peut avoir le législateur territorial pour régler
l'organisation de la famille étrangère, et avec elle, les
rapports des époux ainsi que les droits et les obligations
qui en dérivent? Comment pourra-t-il attribuer ou refuser
l'esprit de discernement à des époux qui ont accompli un
acte à titre gratuit dont les effets seuls se feront sentir sur
son territoire? Il n'a ni mission, ni capacité pour apprécier la sûreté de leur jugement, il ignore leurs sentiments
et leurs passions, les abus auxquels peut donner lieu le
maintien de telle ou telle faculté. Sa loi ne peut donc
s'adresser à ces étrangers. Sous la féodalité, on en décidait autrement, car ce régime méconnaissant la personnalité humaine, la subordonnait au sol et la hiérarchie féodale exigeait au surplus des services qui rendaient
inapplicable toute autre loi que celle du territoire. Mais, à
mesure que disparaissaient les vestiges de la féodalité,
s'affirmait le principe de la personnalité du statut.
L'histoire de cette lutte est curieuse ; elle nous montre les
jurisconsultes les plus éminents aux prises avec le vieil
adage de la souveraineté absolue des coutumes (1). Tous, ils
ont le sentiment intime que cette doctrine n'est plus qu'un
préjugé, qu'elle ne subsiste plus que par la force de l'habitude ; la nécessité même des choses les amènera à y pratiquer des brèches nombreuses. Entraînés par la raison et
la logique, ils élargissent le champ de la personnalité,
mais tout à coup la maxime surannée se dresse devant
eux ; ils s'excusent, ils tâtonnent et se perdent dans des

(1) On peut en suivre les épisodes dans Rodenburgh, dans Froland
et surtout dans les trois ouvrages de Boullenois.

explications obscures et contradictoires. S'ils placent dans le statut réel les actes d'aliénation permis à certaines personnes, comme les donations ou legs entre époux, c'est qu'ils veulent résolument écarter l'exterritorialité des coutumes permissives, c'est que pour eux la faculté de se donner ou de se léguer entre époux est un présent funeste qu'il faut à tout prix restreindre au territoire. Pour peu que l'on pénètre au fond de leurs idées, on s'aperçoit qu'ils reprendraient volontiers à Bartole la théorie des statuts odieux et des statuts favorables. De là des inconséquences qui frappent l'esprit le moins prévenu. Tantôt ils recourent à une distinction entre l'état général et l'état particulier de la personne, tantôt ils en font litière au gré de leurs préférences. C'est bien la qualité de la personne qui a décidé la prohibition, mais l'acte prohibé est réel, dès lors comment parler de personnalité?

Dans un cas analogue qui leur paraîtra favorable, ils se prononceront en sens contraire. Ce n'est plus la logique qui les guide ; s'étant proposé *a priori* un résultat fixé d'avance, ils mettent tout en œuvre pour le justifier.

Le Code civil a coupé court à ces hésitations en plaçant l'état et la capacité des personnes sous l'empire de la loi nationale. On ne saurait aujourd'hui arguer du passé pour expliquer les décisions d'une jurisprudence naturellement encline à restreindre le champ d'application des lois étrangères. La capacité des époux étrangers, en notre matière, ne relève que de leur loi personnelle. Mais quelle sera cette loi personnelle?

L'homme peut se rattacher à un pays par deux liens : le domicile ou la nationalité. En cas de disposition contraire entre ces deux lois, laquelle doit prédominer? En un mot le statut personnel est-il déterminé par la nationalité ou par le domicile? Suivant la juste remarque de Mancini (1), l'élément antique du domicile a été adopté sous l'influence d'idées féodales qui considéraient l'homme comme un accessoire du sol. Ecoutez Boullenois: « Par rapport aux lois particulières et domestiques faites pour former dans l'homme un certain état et une certaine condition que tout le monde puisse reconnaître en lui soit pour l'administration de ses biens, soit pour les différents engagements qu'il voudrait contracter, n'est-il pas raisonnable de consulter la loi de son domicile? Si les hommes vont et viennent, s'ils n'adhèrent pas à la terre d'une *adhésion d'incorporance*, ils y adhèrent *fictivement et politiquement*, en choisissant un lieu particulier pour y couler leurs jours, et y établir le siège de leurs affaires et de leur fortune. Mais, dès lors, la loi du domicile agit sur sa personne, parce qu'elle agit sur tout ce qui se range sous son autorité et sa protection. L'homme domicilié est donc affecté par la loi de son domicile d'un certain état et d'une certaine condition et cette impression de la loi, le constituant tel civilement, il est tel partout où il se transporte, ne pouvant se dépouiller de cette qualité en continuant son domicile que de sa propre personne ». (2) Ainsi, la loi du domicile doit, à l'exclusion de toute autre, gouverner la personne parce qu'en se fixant dans un lieu, *on adhère fictivement au sol*, et qu'il serait contraire à toute notion de souveraineté que l'homme fût régi par d'autres lois que celles du

______

(1) *Diritto internazionale*, p. 209.

(2) *Dissertations*, 1re quest., p. 4. — Cpr., Fiore, *Dr. inter. priv.*, traduct. Pradier-Fodéré, p. 86. C'est encore cet esprit de féodalité qui règne dans la législation anglo-américaine.

territoire où il vit. C'est méconnaître la personnalité humaine que d'en faire ainsi une dépendance du sol. Cette théorie équivaut à dire que tous ceux qui demeurent sur un territoire, deviennent sujets du souverain territorial (1).

Dans l'ancien droit l'unité de législation n'existant pas, il ne pouvait être question de lois nationales ; il n'y avait pas, au moins dans les limites territoriales de la France, de terrain pratique pour cette antithèse de la patrie demeurant fixe malgré les déplacements du domicile, domicile et patrie ne faisaient qu'un (2). On aurait pu, à la vérité, établir, à l'égard des étrangers, une distinction entre la patrie et le domicile, mais en écartant même la notion de territorialité issue du passé, il se présentait ici de nombreuses difficultés tenant à la variété du droit dans un même pays et aussi à la dépendance politique dans laquelle se trouvaient certains États ; il est probable au surplus que les conflits se présentèrent très rarement entre les lois françaises et les lois étrangères. Mais tout cela appartient au passé. Aujourd'hui l'unité législative est accomplie en France et dans bien d'autres pays, elle se poursuit ou s'achève partout ailleurs, le principe du domicile doit céder le pas à celui de la nationalité, le seul qui soit conforme au rapport de droit existant entre l'être humain et son état. En effet, l'état des personnes ne peut être constitué d'une façon arbitraire, il est la résultante des mœurs, des usages, des traditions, de tout ce qui constitue les quali tés distinctives et immanentes d'une race, de l'ensemble

____

(1) Cpr., Rocco, *Dell'uso e autorita delle leggi del Regno delle Due Sicilie*, p. 6.

(2) Lainé, *op. cit.*, II, p. 216.

en un mot des éléments qui caractérisent chaque peuple ou chaque nation. Dès lors, comment concevoir que les qualités distinctives d'une personne puissent être modifiées par le séjour plus ou moins prolongé qu'elle fait dans un lieu où elle aura établi le centre principal de ses affaires, le plus souvent dans un but d'intérêt, quelquefois pour sa santé ou ses plaisirs. Il arrivera sans doute que par l'effet d'une naturalisation en pays étranger, la fiction succèdera à la réalité ; la loi qui gouvernera l'état ne sera plus alors la résultante des influences naturelles, mais c'est là une conséquence qu'on ne saurait éviter, car l'individu qui a obtenu une autre nationalité, a, par une manifestation précise de volonté, rompu les liens qui l'attachent à son pays. Vouloir, comme le font les défenseurs modernes du principe du domicile, du seul fait de l'établissement en pays étranger, conclure que l'individu a eu la volonté de vivre sous une autre loi est une pure supposition gratuite, tant que, par une abdication volontaire, il n'a pas détruit les rapports intimes et nécessaires qui existent entre lui et sa patrie (1). Si, abandonnant le terrain des principes, on recherche quel est celui des deux systèmes qui présente le plus d'inconvénients, on est forcé de reconnaître que la notion du domicile est incertaine, qu'elle varie avec chaque pays, chaque tribunal et même chaque cause. Comment faire régir un état qui doit être stable par une loi aussi variable ? La nationalité, au contraire, demeure fixe malgré les mutations du domicile ; lorsqu'elle n'est pas le fait de la naissance, elle ne s'obtient qu'après une déclaration formelle de volonté. Ce n'est pas à dire qu'elle ne puisse donner lieu à des dif-

---

(1) Comp., ESPERSON, *Principio di nazionalita*.

ficultés provenant notamment de conflits entre législations qui attribuent toutes à un même individu la qualité de national, mais ces conséquences regrettables auxquelles un accord international pourra seul mettre fin, se présenteront rarement ; au surplus les griefs qu'on adresse au principe de nationalité peuvent être retournés contre le principe du domicile (1).

Le principe de nationalité recueille la presqu'unanimité des suffrages ; en Allemagne, son triomphe est proche. Admis par le Code saxon, il est vivement réclamé par les jurisconsultes les plus éminents (2). L'Institut de droit international, qui comprend des membres de tous les États d'Europe et d'Amérique, s'est prononcé en sa faveur. « L'état et la capacité de la personne, les rapports de famille, et les droits et obligations qui en découlent, doivent être jugés en appliquant les lois de sa patrie, c'est-à-dire de la nation dont elle fait partie. Ils sont régis subsidiairement par les lois du domicile, lorsque différentes législations civiles coexistent dans un même État, ou s'il s'agit de personnes sans aucune nationalité ou qui ont double nationalité (3) ».

La loi qui doit régir le statut personnel une fois reconnue, il reste à observer que ce statut ne pourra pas recevoir son application en pays étranger, s'il contrevient à un principe absolu de droit public en vigueur dans le lieu où

---

(1) Une même personne peut avoir à la fois plusieurs domiciles. Le domicile cesse, quand une personne abandonne sa résidence avec l'intention de ne plus y fixer sa demeure. (Art. 34 du *Projet du Code civil allemand*).

(2) Voy. les témoignages, *supra*, p. 235.

(3) *Revue de dr. international*, 1874, p. 583 et 610.

s'exerce le droit. Ainsi les incapacités résultant de l'escla-
vage, de la mort civile, de l'entrée en religion, de la différence de races, des querelles confessionnelles, des luttes
politiques, des distinctions de noblesse, des règles spéciales aux membres de familles souveraines, ne doivent
avoir aucun effet en France où le droit public est basé sur
l'égalité civile, sur la liberté politique et religieuse. De
même un étranger à qui sa loi nationale permettrait les
substitutions ne pourrait en établir sur les immeubles
français, car l'intérêt économique de la libre circulation
des biens s'y oppose. Mais nous ne pensons pas que cette
exclusion du statut personnel doive s'appliquer au droit
d'aînesse qui s'exerce surtout dans la sphère des intérêts
privés et ne met point en péril les droits supérieurs du
corps social (1).

En ce qui concerne les règles de droit interne adoptées
par les diverses législations et sans prétendre critiquer les
États qui soumettent les donations entre époux à la loi
commune, parce qu'ils y voient sans doute peu d'inconvénients, nos préférences sont acquises au système des
lois italienne, espagnole, hollandaise, argentine, etc., qui
prohibent toute libéralité entre vifs pendant le mariage.

Le tempérament introduit par le sénatus-consulte
de Caracalla et consacré par la loi française nous
paraît inutile. La position du conjoint survivant étant
assurée et les époux disposant de la voie testamentaire pour
témoigner de leurs sentiments d'affection ou de gratitude,
pourquoi ne pas réserver cette manifestation à un acte de
dernière volonté qui semble une parole suprême de remer-

---

(1) Cette opinion nous paraît d'autant plus exacte que la loi anglaise
accorde au testateur la libre disposition de ses biens.

ciement adressée par le défunt au compagnon de sa vie ?
Cet acte a l'avantage de n'entraîner aucune complication
et de laisser intactes les règles des contrats.

Notre avis peut paraître téméraire, nous le plaçons
sous l'égide de l'honnête Plutarque : « Pourquoy est-ce
qu'il est défendu au mary de recevoir don de sa femme,
et à la femme de son mary ? Est-ce point, pour ce, que
comme Solon ordonna que les donations faites par les
mourans teinssent, sinon qu'elles eussent esté faites par
force ou par induction de femme ? Exceptant la force
comme contraignànt la volonté ; et la volupté, comme
decevant le jugement ; aussi ont-ils estimé que les donations entre le mary et la femme estoient telles. Ou bien
pour ce qu'ils estimaient le donner, un mauvais signe
d'amitié, d'autant que les estrangers donnent bien, et
ceulx qui n'aiment point : pour ceste cause ils ont voulu
oster cette flatteuse caresse du mariage à fin que l'amour
mutuel y fust entre les parties, sans salaire ni loyez
mercenaire quelconque, gratuitement et pour le regard
d'eulx-mêmes, et non point d'autres ?... ou plus tost pour
ce qu'il fault, que tous les biens du mary soient communs
à la femme, et de la femme au mary : car celuy qui reçoit
apprent à reputer que ce qui luy est donné n'estait pas
sien auparavant, tellement qu'en donnant pour peu que ce
soit, ils ostent tout le demourant (1). »

(1) *Questions romaines*, VII, traduction **Amyot**.

Vu :

Par le Doyen,
COLMET DE SANTERRE.

Vu :

Le Président de la thèse,
LAINÉ.

Vu et permis d'imprimer :
Le Vice-Recteur de l'Académie de Paris,
GRÉARD

TABLE DES MATIÈRES

DES DONATIONS ENTRE ÉPOUX
en droit international privé

GRANDE IMPRIMERIE DE BLOIS. — PAUL GIRARDOT ET Cie.